浙江省高职院校“十四五”重点立项建设教材

职场沟通技巧

主　编　姜英来　李艳琴
副主编　邵昀泓　张海伟

中国教育出版传媒集团
高等教育出版社·北京

内容提要

沟通技巧可以通过积极思考与实践而不断提升。具备良好的沟通技巧不仅有利于职场人提高工作效率，促进个人职业发展，还有助于团队和组织增强团队意识和组织凝聚力。

本书共分为8个项目：项目一职场沟通认知，项目二克服职场沟通障碍，项目三训练职场沟通技巧，项目四制定职场沟通策略，项目五应对职场沟通场景，项目六建立与维护客户关系，项目七进行商务谈判，项目八培养商务礼仪。本书在理论讲解的基础上，更为重视对职场沟通技巧的训练，具有内容新颖、实践性强、适用面广等特点。本书除了可以作为高等职业教育和学历继续教育职业技能型人才培养的专业课程教材，还可以作为非学历继续教育教材，供各级各类组织工作人员在职培训使用，亦可作为社会人士自学提升用书或阅读参考资料。

图书在版编目（CIP）数据

职场沟通技巧 / 姜英来，李艳琴主编；邵昀泓，张海伟副主编 . -- 北京：高等教育出版社，2025.9.

ISBN 978-7-04-064727-3

Ⅰ. C912.1

中国国家版本馆 CIP 数据核字第 2025M47Z53 号

ZHICHANG GOUTONG JIQIAO

策划编辑 周 睿　　责任编辑 袁 畅　　封面设计 裴一丹　　版式设计 明 艳
责任绘图 李沛蓉　　责任校对 张 然　　责任印制 张益豪

出版发行	高等教育出版社	网　　址	http://www.hep.edu.cn
社　　址	北京市西城区德外大街4号		http://www.hep.com.cn
邮政编码	100120	网上订购	http://www.hepmall.com.cn
印　　刷	北京中科印刷有限公司		http://www.hepmall.com
开　　本	787 mm×1092 mm　1/16		http://www.hepmall.cn
印　　张	12.75		
字　　数	260千字	版　　次	2025年9月第1版
购书热线	010-58581118	印　　次	2025年9月第1次印刷
咨询电话	400-810-0598	定　　价	34.00元

本书如有缺页、倒页、脱页等质量问题，请到所购图书销售部门联系调换

物 料 号 64727-00

前言

在职场中，我们需要通过有效沟通建立良好的人际关系与和谐的工作环境，具备良好的沟通技巧不仅有利于职场人提高工作效率，还有助于团队和组织增强团队意识和组织凝聚力。

鉴于职场沟通的重要性，本教材以党的二十大精神为指引，结合职场沟通技巧训练特色微课，以职场沟通主要场景为核心组织编排，具有内容新颖、适用面广、实践性强等特点。

特点一：结构编排新颖，内容设计丰富。本教材共分为8个项目，从职场沟通认知开始，说明主要职场沟通障碍及其成因，指导学习者从容应对；强调职场沟通中的倾听、反馈、说服与冲突处理等技巧；以制定职场沟通策略为目标，训练形成良好第一印象、传达有效信息、会议沟通、演讲与发言等技巧。本教材编写人员选择标准职场沟通场景进行教材结构编排与内容设计的创新，各项目中穿插诸多互动环节，如沟通技巧案例、阅读资料与练习，帮助学习者理解、掌握知识与技能，引导学习者实践职场沟通技巧。案例与阅读资料的选取重视本土化与直接借鉴价值，引导学习者对世界观、人生观、价值观正向思考。

特点二：具有较强的实践引导性与操作性。本教材主要编写人员同时是企业培训师，具有丰富的企业培训经验与真实案例积累。本教材定位为沟通技巧训练，因此，内容有相当一部分来自企业沟通相关培训课程。本教材结构设计的基础为职场沟通需求点与职场常见场景，内容选择偏向沟通技巧的基础知识与实际应用训练，具有较强的实践引导性与操作性。

特点三：适用对象广泛。本教材除了可以作为高等职业教育和学历继续教育职业技能型人才培养的专业课程教材，还可以作为非学历继续教育教材，供各级各类组织的工作人员在职培训使用，亦可作为社会人士自学提升用书或阅读参考资料。

本教材编写人员在多年授课实践与企业培训的基础上，精心推敲完成编写，在编写过程中得到院校有关领导、广大一线教师、企业相关专家和高等教育出版社的大力支持。同时，教材编写过程中参考了大量资料，在此对所有资料的作者一并表示诚挚的敬意与谢意。

因编写人员水平能力所限，书中疏漏及不当之处在所难免，敬请广大读者批评指正。

编　者

目录

项目一　职场沟通认知

学习目标

知识目标

（1）形成对沟通的基础认知，正确认识职场沟通的特征及意义。

（2）掌握不同的职场沟通方式，掌握重要沟通方式的特征及适用情境。

能力目标

（1）能应用沟通与职场沟通概念分析沟通过程，具备迅速确定职场沟通目标的能力。

（2）能有意识地运用不同的职场沟通方式，具备综合应用不同职场沟通方式达成沟通目标的能力。

素养目标

（1）结合职场沟通概念、目的与意义，树立集体意识和团队合作意识，树立职场人的责任感和社会参与意识，坚定诚信、敬业的价值观。

（2）能够对个人职业生涯规划有较为深入的思考，为进入职场做好心理准备，培养友善互助的职业精神。

引导案例

哥伦比亚航空空难事件

1990 年 1 月 25 日晚 7 点 40 分，哥伦比亚航空公司一架飞机飞行在一万多米的高空。机上的总油量可以维持航线飞行并有近两个小时的返航余量，在正常情况下飞机降落至纽约肯尼迪机场仅需不到半小时的时间，这一缓冲保护措施可以说十分安全。

然而，此后发生了一系列耽搁。晚 8 点整，由于大雾，只有一条跑道能够使用，肯尼迪机场管制人员通知该航班，他们必须在机场上空盘旋待命。经过一段时间，主燃油将耗尽，所以机长命令副驾驶员询问管制人员是否可以备降波士顿机场，但管制人员由于分心没有回应。经过第二次询问，管制人员回应可以备降，不过需要再盘旋 30 分钟，所以机长没有选择备降，但同时也被航空管制中心引导至离肯尼迪机场更近的另一个盘旋地点卡梅隆。

晚 8 点 45 分，该航班副驾驶员向肯尼迪机场报告他们的燃料快用完了。管制人员收到了这一信息，但在晚 9 点 24 分之前没有批准飞机降落。在此期间，机组成员再没有向肯尼迪机场传递任何情况十分危急的信息。

随着时间逐渐流逝，飞机中的机组成员开始紧张地通知管制人员他们的燃料供给出现了危机。

此时，管制人员进行了交接班，不过交接过程中并没有提到该航班已经出现燃料不足的情况，所以没有引起新的管制人员重视。

晚 9 点 32 分，四号引擎熄火了，1 分钟之后，其他引擎陆续熄火，机舱顿时漆黑一片。数秒后，飞机最终因 4 个引擎失去动力，坠毁于纽约长岛以北的一个小山丘上，当时飞机距离机场还有 24 千米。

飞机坠地后，机身从中间断为两截，驾驶室甚至撞入一间房屋。由于飞机是因燃料耗尽而坠毁，因此飞机残骸并没有爆炸着火，这或许拯救了这次出事航班中的 85 人，可是，仍然有机组成员在内的共 73 人在这次事故中罹难。

调查人员发现，这场悲剧产生的原因是沟通的问题：一个简单的“燃料不足”信息，既没有被清楚地传递又未被充分地接收。进一步分析：

首先，机组成员一直说他们“燃料不足”，管制人员告诉调查人员这是飞行员们经常使用的一句话。当被延误时，管制人员认为每架飞机都存在燃料问题。但是，如果机组成员发出燃料危急的呼声，管制人员则有义务优先为其导航，并尽可能迅速地允许其着陆。遗憾的是，该航班的机组成员从未说过“情况紧急”，所以肯尼迪机场的管制人员一直未能理解飞行员们所面临的真正困难。

其次，该航班飞行员们的语调也没有向管制人员传递出燃料不足的严重性。许多管制人员接受过专门训练，可以在这种情况下捕捉到飞行员声音中极细微的语调变化，尽管该航班的机组成员表现出对燃料不足问题的极大忧虑，但他们向肯尼迪机场传达信息的语调却是平静而职业化的。

最后，飞行员的职业素养和传统也使得该航班的飞行员不愿意声明情况紧急，因为正式报告紧急情况之后，飞行员需要进行大量的书面汇报。另外，如果发现飞行员在计算飞行中需要的油量方面疏忽大意，管理部门就会吊销其驾驶执照。这些消极的强化因素极大地阻碍了飞行员发出紧急情况信号。

案例分析

这是一起重大事故，然而更令人悲伤的是，事故是由一系列沟通失误造成的。正像事故后调查人员所说的那样，也许有 20 种方法可以避免这次事故的发生，不过无论是管制人员还是机组成员，都与其擦肩而过。

任务一 理解职场沟通

沟通是人们通过交换信息而相互影响、建立社会关系的过程。沟通是我们生活中必不可少的部分，每一个人都需要借助语言或非语言的工具来传递信息、表达思想或表露情感。在工作中，为了与同事、与领导、与客户建立关系，协调利益，有效合作，我们需要进行职场沟通，即在工作场景下沟通。因此，在正确理解沟通的基础上，明确职场沟通的目的和意义，掌握职场沟通技巧，是每个职场人的必备能力。

一、沟通的认知

【模拟演示】

猜词游戏

目的：感性认识沟通含义与沟通过程。

看过娱乐节目里的猜词游戏吗？两人一组，一个人看到一个词后，再想方设法地把该词的意思表达给另一个看不到这个词的人，在限定时间内看哪一组猜出的词最多。注意，如果用语言表述，则限制在三句话之内，不能提及词语中的任何一个字；如果用动作表示，则双方不能有任何语言的交流。

由猜词游戏这一模拟演示过程我们可以得出沟通的概念：沟通是信息被发出与接收的过程，是意义的传递与理解。一个词语是一个信息，由信息的发送者传递给信息的接收者，在此过程中，信息发送者没有提及词语中的任何一个字，或者只用动作去表现词语，而信息接收者就有成功猜到词语的可能。从沟通效果来看，沟通可以分为完美的沟通、良好的沟通与不良的沟通。

沟通首先要完成一个信息传递过程，如果信息没有被传递，则意味着沟通没有成功发生。其次，信息的意义还需要被理解。如果存在完美的沟通，则其要求是：经过传递之后，信息的接收者所感知到的信息与发送者发出的信息完全一致，并且信息接收者能够让信息发送者知道其对于信息意义的认同。不过，我们无法用科学的方法来证明完美的沟通是不是存在，大多数研究者倾向于认为完美的沟通只是在理论上存在，因为在信息传递的过程中存在很多使信息失真的因素，同时，每个人对信息的理解一定会存在差异。所以说，我们希望能有完美的沟通，但对于实际工作或生活来说，只要有良好的沟通就可以了。

我们常常把良好的沟通理解为沟通双方能够达成协议或取得一致意见。如果一方不能同意另一方的看法，就认为不是良好的沟通。实际上，这种理解是错误的，只要沟通对象准确理解了所传递信息的意义，就是良好的沟通。可以理解为，一方明确理解了另一方的意思但不同意另一方的看法，这也是良好的沟通，因为沟通本身已经完成了其任务与使命。那么，不良的沟通就是信息的接收者不能准确理解或是误解了信息的意义，从而使沟通无法收到希望的结果。

二、完整的沟通过程

在实际工作与生活中，许多人对沟通存在着错误的理解，比如，“因为我告诉他了，所以我已经和他沟通过了。”但真正的情况是，只表达出自己的意思是不够的，这并不是一个完整的沟通过程。图 1.1 描述了一个完整的沟通过程。

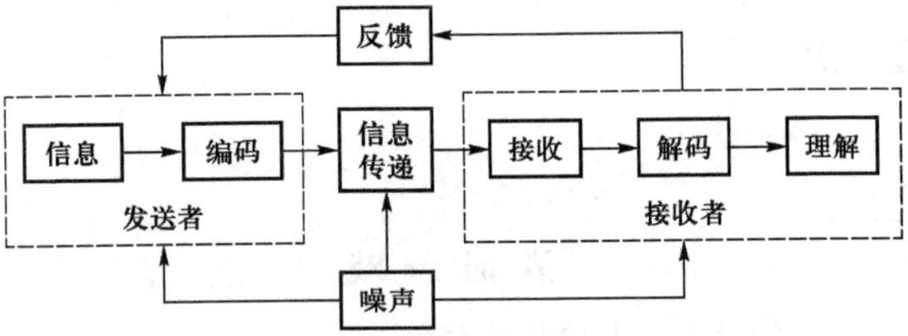

图 1.1　完整的沟通过程

图 1.1 表示，信息在信息发送者（也称讲话者或发言者）与信息接收者（也称听者）之间传递。信息首先被转化成信号的形式，即要经过一个编码过程，然后通过信息传递通道进行传递，再经过一个解码过程，把信号转变为接收者可以理解的信息。从接收者到发送者之间还有一个反馈的过程，反馈是对信息是否被理解进行核实，这种反馈可以是对信息的语言反馈，如在猜词游戏中直接说出词语内容（或表示猜不出，请对方给予更多的相关信息），也可以是按照信息发送者的要求做出行为反馈（如听到“立正”的指令，做出相应的立正动作）。

如果我们把猜词游戏过程看作一个完整的沟通过程，那么用语言或动作表现词语意义的一方作为信息的发送者，他们所选择的语言或行为表现就是对信息进行编码的过程，然后通过语言（听觉）或肢体动作（视觉）的通道，猜词的一方作为信息接收者，把听到的语句或看到的动作解码，形成个人对信息意义的理解，并把个人理解到的意义反馈给信息的发送者。值得注意的是，沟通过程并不总是完整的，有的时候缺乏反馈，另外，在沟通过程中还存在“噪声”，我们将其称为沟通障碍，这部分内容将在后续项目中加以详细说明。

【巩固练习】

请思考自己的一次沟通过程，如打电话、发微信或是面对面交谈等，解释在此沟通过程中的信息、编码、信息传递、接收、解码、理解与反馈。

三、理解职场沟通

职场沟通是在工作场景下，以解决问题、达成共识或形成协议为目的，进行有关信息传递与意义理解的过程。对于职场沟通，可以从以下几方面进行理解。

首先，职场沟通以工作为背景，比如在工作中与同事、上下级、客户等就工作事务的交接与交流。注意，与家人和朋友谈自己的工作内容或工作感受并不是职场沟通。从严格意义上说，我们强调在工作场景下进行的沟通才是职场沟通，但事实上，在工作环境中，如在办公室里，同事交流一些与工作无关的个人生活或感受，评论一些与工作内容无关的时事等也是常事，从沟通的结果上可以认为，这些沟通加强了共事者之间的相互理解，有利于协作解决工作问题，因此，这些形式的沟通也可认为是职场沟通的一部分。

其次，职场沟通目的更为明确。区别于一般意义上的沟通，职场沟通以解决问题、达成共识或形成协议为目的，更为强调沟通的结果。职场沟通的内容无非两方面，一是与工作事务或流程相关的工作事实，二是与工作内容或结果相关的工作评价（倾向于情感方面的感受与评价）。因此，沟通目的是明确的，或者解决工作中的常规问题与突发问题，比如请领导在业务员出差报销单上签字或因紧急事件安排业务员马上出差；或者达成共识，比如就公司要不要开发某一新产品充分讨论；或者形成协议，比较正规的形式是双方签订业务合同，也可以就双方今后的合作可能性形成较为规范的书面备案或预案等。

最后，职场沟通更为重视沟通方式的选择。一般来说，职场沟通要选择最为简捷而有效的方式，但是要注意，最简捷的未必是最有效的，我们将在任务二中对沟通方式进行更全面的阐述。

另外，理解职场沟通的同时，还要理解管理沟通。从管理具有的自然属性来说，管理沟通基本等同于职场沟通，因为管理在工作场景下自然存在，且无处不在；从管理具有的社会属性来说，管理沟通指组织的管理者为实现组织目标，在履行管理职责过程中进行的有计划、规范性的信息传递与意义理解的活动和过程。因此，我们可以这样理解，广义的管理沟通与职场沟通不用特别区分；狭义的管理沟通是职场沟通的一部分，在范围上小于职场沟通，但因为管理沟通是组织的管理者履行管理职责、实现管理职能的基本活动方式，所以管理沟通在职场沟通中常居于主导地位。

任务二　掌握职场沟通方式

沟通方式，也可称为沟通方法，指人们在进行沟通与交流时对信息传递及意义理解所采用的具体方式或方法。我们通过猜词游戏发现，信息的传递与意义的理解并不是仅有语言一种方式，因此，按照不同标准或不同目的，运用不同的沟通方式，有时可以改变沟通的效果。在本任务模块中，我们将对常见的职场沟通方式进行分类讲解。

一、按沟通媒介分类

在职场沟通过程中，按沟通媒介进行分类的沟通方式与一般沟通的分类基本一致，可以分为口头沟通、书面沟通、非语言沟通及电子媒介沟通等主要方式。

（一）口头沟通

口头沟通是指通过面对面的语言形式进行信息交流的沟通方式，如会谈、座谈、讨论、发言、演讲、辩论等，这些都属于口头沟通范畴。口头沟通是职场和日常生活中最常采用的沟通方式之一。

口头沟通的优点在于：

（1）信息传递速度快，同等时间长度下信息传递量较大。

（2）成本低，可以获得即时反馈。

（3）可及时补充阐述及举例说明，从而减少误解，容易达成共识。

（4）可以用声音、情绪感染力及肢体语言等加强沟通效果。

（5）有亲切感，有助于加强人际关系。

口头沟通的不足在于：

（1）核实困难（录音除外）。

（2）转述或传达次数越多失真越严重。

（3）复杂的问题难以一次性说清楚。

（4）对信息发送者口头表达能力要求较高。

（5）有一定时间限制（如沟通时间太长，则信息接收者容易注意力不集中而影响沟通效果）。

（二）书面沟通

书面沟通是指通过文字形式进行的沟通，如书面计划、报告、信函等。

书面沟通的优点在于：

（1）可持久保存，可核实，有利于查询或当作凭据。

（2）文字可反复推敲，保证信息传达更为清晰、严密。

（3）可多次、充分研读信息内容，不断加深理解。

（4）形式上更为权威与郑重。

书面沟通的不足在于：

（1）信息传递速度较慢，成本高。

（2）缺乏即时反馈。

（3）难以判断沟通效果。

（4）对信息发送者文字表达能力要求较高。

（三）非语言沟通

非语言沟通是指通过非语言途径进行信息传递的沟通方式，非语言沟通包括通过肢体动作、行为、语音语调、面部表情与眼神、个人形象展示、物理环境布置等进行的沟通，各种形式的书面文字及手语表达等不属于非语言沟通方式。

非语言沟通的优点在于：

（1）内涵丰富，表义真实。

（2）可加强语言沟通的效果。

（3）可增强与信息接收者的情感沟通。

（4）有助于展示集体风貌、树立个人形象。

非语言沟通的不足在于：

（1）容易出现领会误差。

（2）沟通的范围有限（要求面对面）。

（3）影响沟通效果的因素更多且更复杂。

【阅读资料】

同事干扰时的非语言暗示

现代社会里人们的生活和工作节奏越来越快，很多时候我们感觉到时间不够用，一堆事情等着自己去做，偏偏这时候，一部分同事可能个人工作到空闲阶段，从而无视你的工作开始与你交谈。这时候，除了直接通过语言拒绝，也可以运用非语言沟通的方式进行暗示。例如，眼睛不时看向办公桌、不停地看表、点亮手机看时间，或不断变换坐姿、摆弄小物品或文件等，这些肢体语言能告诉同事你急于完成手边的工作；当同事不顾你的工作状态依然滔滔不绝时，你也可以运用表情与眼神，保持冷淡的态度，只点头或摇头，或起身去倒水或者做点杂事，让对方感觉到当下可能不是好的交流时机。

（四）电子媒介沟通

电子媒介沟通是通过电子媒介进行信息传递的沟通方式，如电子邮件、即时通信工具（如 QQ、微信）等。随着现代互联网技术的发展，职场应用电子媒介沟通方式的比例越来越高。

电子媒介沟通的优点在于：

（1）信息传输效率高。

（2）成本较低。

（3）适合日常工作信息的交换与发布。

（4）可突破时空限制。

电子媒介沟通的不足在于：

（1）无法收到情感化的非语言反馈或容易出现领会误差。

（2）不适合复杂工作问题的解决与处理。

（3）保密性差（不适合传递机密信息）。

（4）受到硬件条件的约束与限制。

【巩固练习】

请根据上述内容，在表 1.1 中填写各种沟通方式的例子与优缺点，可以是上文中给出的内容，也可以是自己的思考。

表 1.1　沟通方式比较

沟通方式	举例	优点	不足
口头沟通	交谈 会议 ________ ________	· 传递速度快 · 成本低 · ·	· 转述次数越多失真越严重 · 核实困难 · · ·
书面沟通	计划 报告 ________ ________	· 可持久保存 · · · ·	· 缺乏即时反馈 · · · ·
非语言沟通	语音语调 肢体语言 ________ ________	· 信息内涵丰富 · · · ·	· 容易出现领会误差 · · · ·
电子媒介沟通	电子邮件 网络会议 ________ ________	· 可远程进行 · · · ·	· 保密性差 · · · ·

二、按沟通有无反馈分类

反馈是指输出信息的返回信息流动。按沟通是否存在反馈的情形，可分为单向沟通与双向沟通。单向沟通指没有反馈的信息传递，即A向B陈述自己的意见，B接收后不向A陈述自己的意见。双向沟通指有反馈的信息传递，即A向B陈述自己的意见，B接收后也向A陈述自己的意见。

下面的练习可以帮助我们更好地了解这两种沟通方式的差异。

【模拟演示】

目的：理解单向沟通与双向沟通的差异。

如图1.2所示，这些长方形构成的图形是发言者想告诉听者的内容。听者可以是单个人或一组人。

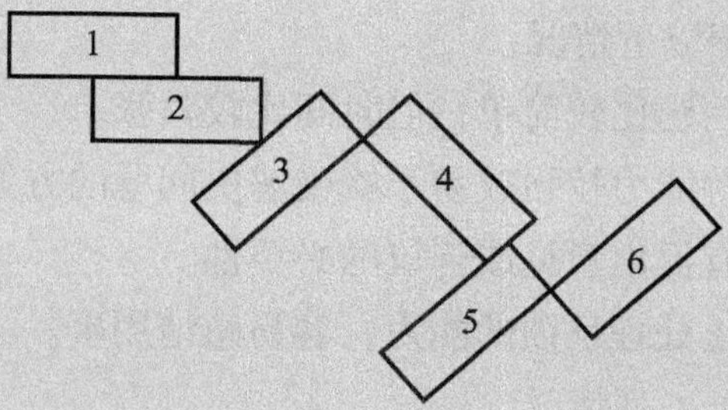

图1.2　沟通样图

假设图1.2中两个相邻长方形之间的夹角不是90度就是45度。要表达清楚这一图形组合并不容易，其难度或许相当于上级向下级传达指令，下级向上级汇报工作等。表述这一图形组合可以用两种方式。

第一种方式是单向沟通：

发言者背对听者，避免有视觉上的沟通；给每位听者一张白纸，要他们依据发言者的口述画出上述图形组合并尽可能准确；发言者应尽可能快地用语言描述上述图形组合，以免听者有机会提问、发笑、叹气，以及以其他形式与发言者进行沟通。

上述沟通方式好像一种游戏，发言者应当记录所花费的时间，并检查听者是不是已按照发言者的叙述画出图形。如果听者听懂了发言者的意思，且画出的图形与原图形一样，则说明发言者的沟通产生了效果。反之，则说明沟通没能取得成功。

第二种方式是双向沟通：

发言者可以面对听者；听者可以随意打断发言者的陈述，提他们想提的任何问题。

通过上述演示我们不难发现，单向沟通与双向沟通有这样一些差异：

（1）单向沟通速度较快。

（2）双向沟通较单向沟通准确，即在双向沟通中，能够正确画出图形的人较多。

（3）在双向沟通中，听者对自己的判断比较自信，也清楚自己所画出的图形是否正确。

（4）在双向沟通中，发言者容易受到质疑、否定，因为听者可能指出其错误或疏忽之处。

（5）在双向沟通中，因为听者可随时打断发言者的话，所以发言者就不得不迁就反应最慢的听者，从而容易受到干扰并且表述缺乏条理。因此，为了更好地达到沟通目的，发言者需要精心组织语言或做好沟通方式的选择。

针对单向沟通与双向沟通的特点，在职场中，可以根据不同情况进行选择。一般来说，单向沟通适用于以下情况：

（1）信息不复杂，问题比较简单，但时间比较紧张。

（2）信息接收者理解能力较强或易于接受解决问题的方案。

（3）信息接收者没有提出意见或建议的必要性。

（4）信息发送者缺乏处理反馈的能力，容易感情用事。

双向沟通则更适用于下列情况：

（1）信息复杂或问题比较棘手，但时间相对充裕。

（2）信息接收者对信息的认可与接受程度对能否解决问题很重要。

（3）信息接收者有能力或有充分的信心提出有价值的意见或建议。

（4）信息发送者习惯于双向沟通，并有处理反馈意见的能力。

【阅读资料】

双向交流的前提

一个组织的员工来自不同部门，组织需要为所有员工构建各种各样的沟通渠道，如会议、汇报和报告、内部通告等。但是，要激励员工参与项目攻关讨论或创意创新设计等，就需要创造每个人不受约束、畅所欲言的交流环境，组织的管理者需要注意双向交流的前提。

真正的思维碰撞只能在活跃的双向交流气氛中才能出现，而活跃的双向交流气氛形成的前提是：参与交流的成员之间充分熟悉并彼此信任，成员与组织的管理者或负责人之间有良好的关系，成员的任何观点都会得到尊重。因此，尽管传统的、单向的、自上而下的沟通方式是组织中有效率的主要沟通方式，但如果管理者希望依靠员工形成思维碰撞与创新发展，则必须设计组织内部灵活的双向沟通渠道，及时反馈信息，取得员工的信任。

【巩固练习】

请在表 1.2 中填写单向沟通与双向沟通的特点与适用情况并进行比较，以巩固对上文的理解。

表 1.2　单向沟通与双向沟通比较

比较因素		单向沟通	双向沟通
特点	速度		
	准确性		
	信息发送者态度		
	信息接收者态度		
	沟通秩序		
适用情况	时间与问题		
	信息接收者接受程度		
	信息接收者建议程度		
	信息发送者处理反馈意见的能力		

三、按沟通的组织渠道分类

按照沟通的组织渠道划分，组织内部的职场沟通可以划分为正式沟通和非正式沟通。正式沟通指的是以组织的正式系统为渠道，经过规章制度及组织程序进行的信息传递，如组织会议、报告、正式面谈等；非正式沟通则是指以组织的非正式系统或个人为渠道的信息传递，即经其他各种渠道所进行的沟通。

一般来说，正式沟通的流程规范、严谨、利于保密、可执行性高，正式沟通提供了组织所要沟通信息的“骨架”，但正式沟通的形式比较刻板且速度比较慢。与正式沟通相比较，非正式沟通则提供“骨架”上的“血”与“肉”，包括各种各样的观点、疑问、冲突等，这些都是正式沟通无法传递的。非正式沟通主要传播组织成员（包括管理人员与非管理人员）所关心的和与他们有关的信息，可能与组织的正式要求无关。总体来说，非正式沟通更加灵活，而且成本低、效率高，但也存在信息可靠性不高、沟通结果难以预料等问题。对于任何一个组织来说，如果没有正式沟通机制，则组织管理不规范；如果缺乏非正式沟通渠道，则必定缺乏生机与活力。因此，两种沟通形式相结合才能形成一个组织中完整而有效的职场沟通机制。

与正式沟通相比，非正式沟通有以下特点：

（1）非正式沟通的信息交流速度较快。由于这些信息与员工利益相关或是他们比较感兴趣的问题，再加上没有正式沟通的种种程序，因此信息传播速度大大加快。

（2）非正式沟通效率较高。信息是有针对性地、有选择地提供给组织成员的，因此效率较高。而正式沟通中的信息常常因形式与渠道问题而被传达给本不需要的人。

（3）非正式沟通可以满足组织成员的心理需要。组织成员对组织除了有物质保障的需要，还有归属需要、社交需要、尊重需要等。非正式沟通不是基于管理者的权威，而是出于成员的愿望与需要，所以对满足成员的心理需要方面卓有成效。

（4）非正式沟通具有一定的片面性。由于非正式沟通常以个人为渠道进行信息传递，信息常会被加以个人主观的理解，带有主观色彩，可被夸大、曲解，需要慎重对待。

【阅读资料】

管理人员与非正式沟通

无论我们怎样看待与评价非正式沟通，这一沟通方式都是客观存在的，并在组织中发挥着重要的作用。组织的管理人员应当如何看待非正式沟通呢？

首先，管理人员必须认识到它是组织中的一种重要沟通方式，也是组织中客观存在的沟通方式，任何企图否认、消灭或阻止非正式沟通的措施都不可能产生预期效果。从非正式沟通的渠道看，组织成员以个人身份进行沟通是不可避免的。在组织开展活动的过程中，组织成员必然发生业务上的联系，这种工作上的接触会促进成员之间的相互认识与了解。人们由于工作性质相近，社会地位相当，对某些具体问题的认识基本一致，或者性格和爱好相近，因此产生了一些与正式组织有联系，但又独立于正式组织的小团体，并逐渐产生被小团体成员所接受并遵守的行为规则，至此，非正式组织形成。既然非正式组织的形成是客观的结果，非正式沟通也就必然存在。

其次，管理人员应当充分利用非正式沟通为自己服务。管理人员可以从非正式沟通中得到许多从正式渠道中不可能获得的信息，包括我们上文提到的观点、疑问、冲突等，管理人员还可以将不便从正式渠道传递的信息，利用非正式渠道传递。

最后，认真对待非正式沟通中的错误信息。非正式沟通中的错误信息不可以忽视，如果对其不理不睬，则可能会在短期内造成较大的混乱。但过分纠正失真信息，有时会起到相反的作用。一般情况下，管理人员可采用事实反驳的方法。例如，组织中盛传工厂发生事故，造成人员恐慌，为了澄清事实，管理人员可公布每周事故报告，只需简要说明本周没有发生任何事故即可。

【巩固练习】

讨论问题：非正式沟通经常发生在组织里，假设你是一个办公室主管，偶然听到两个下属在谈论办公室的负责人不久会离职，你知道这完全不符合事实，所以你担心这种传言会对部门工作不利。请思考并讨论以下两个问题。讨论问题可分两步，请先自行思考，并将回答的要点简要记录；之后，请与其他学习者交流，综合交流意见，再记录对问题的回答要点。

问题 1：怎样制止传言扩散？你认为置之不理会怎么样？

问题 2：如何应对这种情况？说出你的想法与办法。

四、按沟通的功能分类

职场沟通按其功能进行分类，可分为工具式沟通与情感式沟通。一般来说，工具式沟通指信息发送者将信息传达给接收者，其目的是影响和改变接收者的行为方式，最终达到组织目标。情感式沟通指沟通双方表达情感，获得对方精神上的共鸣，最终改善相互间的关系。

五、按沟通的方向分类

职场沟通按照组织中的信息传递方向，分为上行沟通、下行沟通与平行沟通。上行沟通指下级将信息汇报给上级，是由下而上的沟通，如下级向上级汇报工作；下行沟通指上级将信息传达给下级，是由上而下的沟通，如上级下达工作任务；平行沟通指同级之间横向的信息传递，也称为横向沟通，如采购、生产、销售、财务等多部门就客户新订单如何及时完成进行协调讨论。注意，判断是上行沟通还是下行沟通的依据是工作关系，即是否存在工作中指挥与被指挥的关系，组织中不存在工作任务上指挥与被指挥关系的沟通都是平行沟通。

另外，按照沟通方向的划分方式，结合有无反馈，可以在组织中形成不同的沟通网络。以下行沟通为主，有一个或两个主要信息发送者，并且没有反馈的沟通网络是集权型沟通网络。因其快速、有效而准确的沟通特点，组织在完成比较简单的任务时，其管理者可能倾向于选择集权型沟通网络。平行沟通占主导，组织中由多个信息发送者与充分的信息反馈渠道形成的沟通网络是分权型沟通网络。一般来说，组织的普通成员更倾向于选择分权型沟通网络，其适用于完成比较复杂的任务，便于进行及时和畅通的信息交换，能够更加充分地利用资源。

任务三　职场沟通的意义

【阅读资料】

为什么要学习职场沟通

请看以下两段对话。

对话一：

员工：老板，我刚听说又要更换颜色，我们刚刚连续忙了一个多小时，现在又得把设备重新拆洗一遍，我和伙计们都不愿意。

老板：大李，我说你们最好别忘了谁在这儿说了算。该做什么就做什么，别再抱怨了！

对话二：

员工：老板，我刚听说又要更换颜色，我们刚刚连续忙了一个多小时，现在又得把设备重新拆洗一遍，我和伙计们都不愿意。

老板：真的很不情愿吗？

员工：当然了，这样我们得多做许多不必要的工作。

老板：在现在的竞争形势下，我们不得不尽一切努力为顾客服务，让顾客满意，这就是现在你和我都有“饭碗”的原因。

员工：没错，明白了，我们会照办的。

老板：谢谢大李！

参考上述两段对话，你认为哪一种对话对于促进员工提升工作效率更有帮助呢？并非所有的职场沟通不良或失误都会造成如本项目引导案例中空难事故的后果，但确定无疑的是，如果我们要达到职场沟通目的，就要合理地组织信息，选择合适的场合、环境、时机、方式来传达信息，从而影响对方对事物或对人的评价、判断，并调整其决策与选择。通过成功的职场沟通，我们的工作将取得显著进展，工作关系将更加和谐，能更加圆满地完成工作计划。

某大学曾对一万份人事档案进行分析，结果表明，“智慧、经验、专业技术”只占职业成功因素的25%，其余75%取决于良好的人际沟通。同时，研究进一步表明，人们在工作中，70%的错误是由不善于沟通造成的。这两项研究从正反两方面说明沟通对一个人在事业上能否取得成功具有重要意义。

一、职场沟通的意义

对于组织中的普通成员，其职场沟通能力在其职业发展方面发挥着不可替代的作用；对于组织的管理者，职场沟通能力是其能否承担管理职责的基础；对于组织本身，职场沟通对其建立良好社会形象、形成良性发展格局发挥着不容忽视的作用。

（一）职场沟通是职场人际关系建立的基础

随着现代管理理论的发展，人力资源成为企业的核心竞争力，管理的人本主义思想越来越受到重视，出现了“人际关系也是生产力”的主张。职场中良好人际关系的前提是组织内部良好的沟通，良好的职场沟通可以减少团队内部的冲突，促进员工之间的信任，从而避免人力、物力、财力及时间上的浪费。组织内部良好人际关系的建立，有助于职场人在工作中解决问题，减少失误，更加顺利地完成工作任务。

（二）职场沟通是组织内部协调的基本手段

组织正常的运作，如规章的制定、计划的传达、人事的协调，每时每刻都离不开沟通，职场沟通成为组织内部协调运作的基本手段。随着现代组织机构的日益庞大，业务更加繁杂，组织成员的工作是一个不断进行决策的过程，而任何一个组织成员不可能以一己之力获得决策所需要的全部信息，需要凭借职场沟通得到有效信息；对管理者来说，良好的沟通还是有效的员工激励方法，促进组织形成凝聚力；同时，部门间的协调也主要依靠部门管理者之间的沟通。

（三）职场沟通帮助管理者实现管理职能

管理者的计划、组织、领导等职能的履行，都依赖于各种形式的沟通。同时，组织行为学的研究表明，组织成员并非仅为了物质需求而工作，人们还从组织中获得精神需求的满足，包括归属感、参与感、荣誉感等，管理人员有效、及时的沟通可以在很大程度上满足员工的精神需求。同时，高效沟通也帮助管理者展现个人影响力，从而获得组织成员的支持与认同。

（四）职场沟通是组织创新发展的源泉

英国作家萧伯纳曾经说过：“假如你有一个苹果，我有一个苹果，彼此交换后，我们都还是只有一个苹果；但是，如果你有一种思想，我有一种思想，那么彼此交换后，我们每个人都有两种思想。”甚至，两种思想的碰撞，还可以产生两种思想之外的东西。对于同一个问题，个人思考与多人讨论的结果，一般具有较大的差异，在绝大多数情况下，讨论后的意见更为完善而全面。因此，有效的职场沟通可以激活思想，有利于组织的创新和发展。

（五）职场沟通是组织与外界交往的桥梁

任何一个组织只有通过对外沟通，才能成为与其外部环境发生相互作用的开放系统中的一环。例如，企业只有通过与外界沟通，才能了解客户需求、市场信息、供应商信息、政策信息等。在市场瞬息万变的情况下，与外界保持良好的沟通状态，是组织管理人员的一项关键职能，直接关系到组织未来的生存与发展空间。

二、管理者与职场沟通

在任何一个组织中，全体组织成员的相互交往会形成许许多多的信息传递路线，比如 1 000 人的组织，其成员交往的信息传递路线可达 50 万条之多。这时，如果能按 10 人为一组，首先将其划分为 100 个小组，分别配置 100 位基层管理者，然后依次配备 10 位中层管理者和 1 位最高管理者，则可以使信息传递总路线锐减至 1 110 条。这种分层次传递信息的方式可以有效减少传递路线，而管理者也就成为分层次传递路线的连接点，对沟通上下关系起重要的作用。

不仅如此，在组织内部，管理者必须对各类信息进行加工整理，并据此做出自己的决策和解释，再予以上传下达。这就需要管理者掌握大量的信息，并且要有效地传达信息。一项研究表明，在组织中，组织成员的等级越高，他们花费在沟通上的时间就越多。对于直接监督完成生产任务的基层管理人员来说，其工作时间的 20% ~ 50% 用于语言沟通（即面对面的谈话或通过电子媒介进行以语言为主的沟通）；中层与高层管理人员工作时间的 66% ~ 87% 用于语言沟通。这些数据还没有包括其他的沟通形式。显然，沟通成为许多管理工作的主要内容。

现代管理学认为，管理者需要具备概念技能、技术技能与人际技能。其中，概念技能是指管理者洞察、分析和处理各种事关全局性的复杂关系的能力；技术技能是指管理者掌握与运用某一专业领域内的知识、技术和方法的能力；人际技能主要指管理者处理人际关系的能力。人际技能包括：理解并掌握他人心理规律的能力；人际交往、融洽相处、与人沟通的能力；了解和满足下属需要，并进行有效激励的能力；善于团结他人，增强向心力、凝聚力的能力；等等。无论哪一个层次的管理者，对其人际技能的要求都占较大比重。人际技能的绝大部分内容就是职场沟通能力的内容，因此，管理者需要开发有效的沟通技能，最大限度克服沟通障碍，提升沟通效率，从而提高管理水平。

项目练习

一、判断题

1. 职场沟通要取得完美的效果。
2. 有效的职场沟通是组织创新的源泉。
3. 口头沟通方式常常应用于组织的正式沟通。
4. 职场工具式沟通一般以完成工作任务为目的。
5. 沟通同样的问题，信息发送者在单向沟通时需要的准备时间比双向沟通更多。

二、简答题

1. 按沟通媒介划分的沟通方式有哪些？各自具有什么特点？
2. 组织中单向沟通与双向沟通的适用情况分别有哪些？
3. 非正式沟通具有哪些特点？

三、案例分析题

案例：公司新来了一位办公室行政助理小李，她专业对口，工作细心，认真勤快，到公司还不到两周，主任对小李的印象很好。一个工作日的午休前，主任让小李通知公司所有员工，延迟下班30分钟，在公司员工活动室开个会，讨论公司新接的一个大订单的进度及协调问题。小李接到任务后认真思考了一下，她来公司时间不长，公司规模虽然不算大，但员工也有六七十人，她人都没有认全呢，逐个通知要是落下谁就不好了。刚好，公司占据一栋办公大厦的整整一层，为公司安全管理角度着想，公司员工出入只保留了中间一个出入口，公司的茶水间也只有一个，于是小李打印了两张醒目的通知，赶在午饭前分别粘贴在公司出口处与茶水间的醒目处。下班后，领导发现有21人没有参加会议，在得知小李发通知的方式后，批评小李做得不对。小李觉得，员工不可能看不到通知，为此，她感到很委屈。

问题：小李这次发通知的工作出现了什么问题？小李应当怎样做才能避免出现这一问题？

项目一 数字资源

项目二　克服职场沟通障碍

学习目标

知识目标

（1）理解职场沟通障碍对组织、管理者及员工的不利影响。

（2）深入理解形成职场沟通障碍的主观因素和客观因素。

（3）掌握信息发送者注意事项与信息接收者注意事项。

能力目标

（1）能应用沟通障碍形成因素分析职场沟通障碍的形成原因，能结合沟通目标进行应对。

（2）能够在职场沟通前，明确个人作为信息发送者与信息接收者的双重身份，有意识地控制细节，减少职场沟通障碍。

素养目标

（1）结合职场沟通障碍形成的客观因素，认识沟通障碍存在的客观性；结合职场沟通障碍形成的个人、人际因素，形成从动态中把握事物普遍联系的能力。

（2）结合克服职场沟通障碍的注意事项，认识到意识对物质具有能动作用，尊重事物发展的客观规律，具备充分发挥主观能动性的职业精神。

引导案例

沟通与绩效

某大型房地产企业在业界具有极大的影响力。

在公司快速发展之际，公司内部管理出现了一些问题，上级管理人员给下属安排工作任务后，下属花费了时间和精力，结果却与上级所期望的有偏差，导致员工很冤枉，上级很恼火。最近，公司又发生了一件这样的事情：文员小王接到张主任的一个任务，要其立刻准备两个宣传方案文稿，一个是针对公司历年来工作业绩的宣传资料汇总，给上级部门报送；另一个是针对最近组织的一次公司活动的宣传文稿，在公司内部报刊上发表。这两个文稿都需要在第二天交给张主任。在接受了任务之后，小王便开始马不停蹄地进行资料收集、整理、汇总、编写，忙得不亦乐乎，终于在下班的时候完成了两个文稿。第二天一大早便高高兴兴地向张主任汇报，没想到张主任看到文稿后很不满意，说是给上级部门报送的文稿太简单，仅是资料的堆砌，没有认真分析，根本没有达到宣传目的；而在内部报刊上宣传的文稿倒是写得洋洋洒洒，张主任觉得没有必要。

忙活了半天，却没有达到领导要求，小王感到很是郁闷。张主任也很生气，认为员工怎么这么一件小事都做不好。

问题到底出在哪里呢?

案例分析

该公司所存在的问题是诸多企业所遇到的共性问题，处理的方式也各有不同，如有的管理人员认为应该加强对员工的考核，通过设定员工的工作要求与标准，让员工按照标准去做，这样就可以达到上级的工作期望了；有的管理人员认为应该对员工的工作能力进行鉴定，看其是否可以胜任这份工作，如果不具备岗位的能力要求，就可以换人了；还有的管理人员认为遇到这样的问题，应要求员工重新做一遍，这就需要上级将工作任务的要求重复讲解一遍，将各个注意点明确，再让员工去做，如此反复几次，就可以达到要求了。

按照上述做法实行之后，可以达到目标吗?员工在工作过程中可以完全领会领导的意图，进而将工作做到位吗?

针对该房地产公司存在的问题，我们需要分析的是为何会出现这样的问题。是员工能力不行，还是领导考核不力?是领导安排任务不清晰、标准不明确，还是员工理解出现偏差?……一定要找到问题的症结所在，才可以对症下药，找到问题的解决方法。

考核虽然可以对员工进行处罚，但是无法保证这样的问题不再出现；解聘人员虽然可行，但是有的时候并不是换个人就能行；帮助员工提高虽然是好事，但是对于领导而言，会使自己身上的责任越背越多，问题也会越来越多。

其实，问题的本质并不在于考核不到位、人员不胜任岗位，而在于沟通出现了问题。上述事件中小王所做的方案之所以没有达到领导的要求，是因为小王当时并没有真正领会张主任的意思，没有与张主任进行任务要求的确认，她并不知道哪个文件更重要，哪个文件需要花费更多的时间与精力去重点关注，因此在完成任务的过程中出现了偏差，使得结果与预期不符。

解决这类问题，主要可以从以下几个方面考虑。

在接受任务之初，上下级之间要进行任务的确认，确认任务的内容、要求及注意事项。在上级交代完任务后，下级一定要主动重复任务的全部事项，双方就此次任务达成共识。这样就将沟通进行了前置，而不是在任务完成之后，当发现存在问题时才进行沟通，才将各种要求明确，造成“为时已晚”的局面。在该事件中，在张主任安排完任务后，如果小王主动询问张主任“两个方案的具体要求是什么，哪个是需要重点把控的，需要注意的地方有哪些”等问题，并与张主任确认后再开展工作的话，可能结果会不同。

当同时接受两个及以上的任务时，应与上级确认任务的轻重缓急和投入的时间精力比例。因为毕竟上级的经验相对丰富，对工作任务内容的理解也更深刻，听取上级的意见，对于个人完成任务的质量会更有保障。

在完成工作任务的过程中，下级要及时将工作的进展情况和所遇到的问题向上级反馈，一方面是让领导了解工作进展情况，另一方面是寻求领导的支持、帮助与指导，以避免工作任务的完成结果与预期发生偏差。

综上所述，在整个工作过程中，沟通是至关重要的，但沟通也需要把控好关键点，即什么时候应该沟通哪些内容，这样才可以收到良好的效果。所以，需要增加沟通的确认环节与及时反馈环节，将沟通工作真正做到位，从而保证上级意图与下级理解相匹配，使工作按预期效果完成，从而保证组织绩效。

（资料来源：华恒智信新浪博客，有改动）

任务一　认识沟通障碍

在项目一中我们了解到，完整的沟通过程是一个信息在信息的发送者与信息的接收者之间传递，接收者对信息进行反馈（有时候缺乏反馈）。这一过程中，还有"噪声"，即一些影响沟通进行的因素，我们将其称为沟通障碍。通过引导案例我们可以看出，在职场中，沟通障碍的存在是十分普遍的，会严重影响组织绩效。因此，我们需要在认识沟通障碍的基础上，分析沟通障碍的成因，从而有针对性地克服沟通障碍，提高沟通效率与效果。

一、认识沟通障碍

【模拟演示】

目的：感受沟通过程中信息失真现象的存在。

准备好一份写有一段话的纸，让十几人排成一列，首先由第一个人来领取写上话的纸，记住上面的话，然后低声告诉第二个人，并写下自己传话的内容。第二个人将听到的话再轻声告诉第三个人并写下自己传话的内容，如此重复，直到最后一人，让其将听到的话写出来，并与最先准备好的纸对照，看是否存在差异。

在上面的模拟演示中，信息的失真率通常取决于信息内容的复杂程度。我们在过程中可以发现，一般在传到第 5~7 人时，开始存在失真现象，到第 10~12 人时，越复杂的信息失真率就越大。就是说，由于存在着外界的干扰及其他因素，信息常被曲解或部分丢失，形成信息失真，使得沟通不能发挥应有的作用。有效的沟通是不断跨越障碍的过程。

以下是一些常见的沟通障碍。

· 过早评价
· 偏见
· 压力
· 不善于倾听
· 听力障碍
· 思维简单化
· 注意力分散
· 猜想
· 思想僵化
· 成见

这些沟通障碍形成的原因将在后文中具体分析，以便学习者在沟通过程中有意识地克服或减弱这些原因的影响。

二、职场沟通障碍的影响

职场沟通障碍的存在会产生许多不利影响，具体可以从组织本身、组织的管理者及组织中的员工三个角度进行分析。

（一）对组织的影响

（1）降低工作效率。职场沟通障碍导致信息传递效率低，使员工之间的合作变得困难，从而影响组织的整体效率。

（2）增加人员流失率。组织中沟通障碍的存在，可能导致员工之间出现误解和不信任，从而增加内部冲突，降低员工的工作积极性。同时，员工可能感到不被重视或者受到不公正对待，从而导致人员流失率增加，对组织的发展造成影响。

（3）影响组织口碑。从内部来说，职场沟通障碍会影响工作氛围与组织的文化氛围，从而降低组织的凝聚力；从外部来说，沟通不良及员工工作积极性的下降会导致组织的服务质量下降，客户满意度下降，从而影响组织的声誉和竞争力。

（二）对管理者的影响

（1）增加管理难度。职场沟通障碍引起的沟通不良会导致信息传递不准确，从而使得管理者难以做出明智的决策，同时，会使得管理者很难识别员工之间的问题和冲突，从而增加管理难度，影响管理效果。

（2）影响团队合作。职场沟通障碍会影响团队内部的合作，使得团队无法高效地完成工作任务，影响团队的凝聚力，从而使得员工难以协作完成集体目标，使得组织难以实现长期战略目标。

（3）影响个人形象。职场沟通障碍导致管理难度增加，团队与集体目标难以实现，让管理者难以获得更多的认可和支持；同时，管理者需要对组织内部沟通障碍承担责任，如果不能有效解决问题，则会影响管理者的个人形象和职业声誉。

（三）对员工的影响

（1）降低工作绩效。职场沟通障碍会导致员工之间信息传递不畅，使得员工难以高效完成工作任务，从而影响工作效率；同样，由于沟通不畅，员工需要花费更多的时间和精力去解决沟通问题，从而增加工作压力，降低个人工作绩效。

（2）影响工作热情。职场沟通障碍使员工在工作上难以获得来自管理者与同事的认可和支持，从而缺乏成就感，影响工作热情。

（3）个人发展受限。沟通不良导致的信息不准确，使得员工难以满足客户和组织的需求，绩效受影响，员工缺乏职业成就感，从而限制了个人职业发展。

【阅读资料】

小王的失落

小王是一名销售人员，他的工作主要是与客户进行电话沟通，向客户推荐公司产品，解答客户的问题并促成销售。在工作中，对于客户对产品细节的提问，小王需要向公司其他同事进行询问才能解答，还有一些售后问题，在客户的催促下，小王也会询问同事解决客户问题的进度。然而，他与同事之间的沟通却出现了障碍，他的同事们常常不回复他的邮件或电话，也不理会他的意见和建议，这让小王感到非常沮丧和失落。

由于同事们的不理睬，小王感到自己的工作积极性不断受到影响。他觉得他无法使他的客户满意，于是开始怀疑自己的能力和价值，也对工作产生了厌倦和不满的情绪。这导致他的工作效率逐渐下降，原本优秀的销售业绩也开始受到影响，小王甚至开始考虑放弃做销售工作或者换个公司。

最终，小王决定先向上级反映这个问题，毕竟个人销售业绩一直不错。对于现在的情况，如果是自己的问题，他还是希望能找到症结并加以解决。在上级的协调下，小王与同事们进行了一次诚恳的沟通，他们发现了彼此之间存在不满，比如，小王的催促常使同事感觉不被信任，认为小王只关心自己的销售业绩；小王与同事之间也存在误解，比如同事在邮件中看到问题，想和小王当面沟通，但一时没有恰当的机会；等等。通过沟通，小王调整了自己的沟通方式与态度，逐渐地，小王与同事的关系更加融洽，他的工作积极性和销售业绩也得到了恢复和提升。

这一案例表明，职场沟通障碍会影响员工的工作积极性和工作效率，甚至会对组织的业绩造成负面影响。因此，建立良好的沟通机制、发现组织中的沟通障碍并及时解决问题，从而促进团队合作是非常重要的。同时，组织的管理者应承担起建立良好团队沟通机制与营造和谐沟通氛围的主要责任。

任务二　职场沟通障碍的成因

要扫除职场沟通障碍，需要先了解各种沟通障碍形成的原因。在任何一个组织中，职场沟通障碍形成的原因都是多种多样的，沟通方式、时间、地点、频率，技术设备、软件、网络连接状况（如视频会议中的延迟、噪声和不稳定等），员工个体的性格、经验、口音等，都可能会导致沟通障碍。以下从主观因素和客观因素两个方面介绍职场沟通障碍的成因。

一、形成职场沟通障碍的主观因素

（一）个人因素

形成职场沟通障碍的个人因素是指，在沟通过程中，形成职场沟通障碍的因素是组织中的管理人员或员工个体，形成的原因具体有以下几种。

1. 选择性接收

在沟通过程中，信息接收者会根据自己的需要、动机、经验、背景等有选择地接收信息，或者说，人们只看到或听到他们想看到或想听到的东西。有人曾做过这样一个实验，请一家公司的23位部门主管回答一个问题："如果你是公司总裁，你认为什么问题对公司是最重要的？"结果，每个主管都认为，从全公司的角度考虑，自己所负责部门的问题是最重要的。销售经理说营销是最大问题，生产经理认为产品是企业的生命，人事经理则认为人才是现代管理的核心。信息的接收者还会把个人兴趣和期望掺杂到沟通的信息中，这些都会造成信息的片面传递或失真。

个人选择性接收信息的原因，有时是以自我为中心，过于关注自己的需求和利益，缺乏对他人的关注和理解；有时是对某人持有偏见，不愿意听取对方的意见，从而产生误解和争执，造成沟通障碍。

2. 信息过滤

与选择性接收相对应，信息过滤是指信息发送者有意或无意屏蔽了部分信息，从而造成沟通障碍。其中，信息发送者可能故意操纵信息，使信息显得对接收者更为有利。比如，在布置加班任务时，管理者习惯于重点说明加班的额外奖金与福利待遇，而少说任务的繁重程度；同样，下级在向上级汇报时，有时会"报喜不报忧"。信息过滤也有非主观操纵的情况，比如信息过载，即个人面对大量信息时，容易出现信息选择和过滤能力不足的情况，从而落下信息或造成信息的片面传递，影响沟通效果。

另外，还有一种信息过滤被称为思维定式，即人在反复思考类似问题时会形成一种定型的思维程序或模式。选择性接收和思维定式组合在一起会形成较大的沟通障碍。

【阅读资料】

避免思维定式

管理者在工作沟通中尤其要注意对组织成员的负面思维定式（也称刻板印象），这种思维定式会影响管理者评价组织成员，以及与组织成员沟通的方式。比如，假如一名管理者认为张某是一个“总惹麻烦的人”，形成这样一种思维定式后，这名管理者在与张某进行交流的时候会怎么想呢？他可能会不自觉地想：又得和一个惹麻烦的人打交道了。这种想法将会体现在他们沟通的整个过程中，这名管理者可能会小心谨慎而又常带有攻击性，那么，张某在受到这样的待遇时很可能出于防卫或反感的心理，真正变成管理者所想象的那样了。

员工对管理者有负面的思维定式时后果同样甚至更严重。比如，假如员工给自己的上级定义为“只要成果，不听任何解释”的人，那么，员工在工作中因非主观情况而没有完成工作或者结果不如意时，就“懒得”向上级解释原因，认为“反正领导也不会听”，时间久了会形成误会，不利于工作的开展。

当然，思维定式中也有一些是非常有益的。比如：“我总能心平气和地听取各种不同的意见”“我认为我的员工都是积极敬业的”等。那么，作为一名职场人，我们应当做出哪些努力才能形成好的思维定式呢？

3. 心理原因

会形成职场沟通障碍的心理原因有防卫心理、不恰当假设、情绪化问题等，个人心理原因可以造成多种沟通障碍。防卫心理是指对沟通对象或沟通的问题有顾虑，比如，领导在关心项目进度时，员工担心领导对自己的能力不认可，从而没有如实地反映项目进度，防卫心理使沟通无法全面而充分，形成障碍。不恰当假设也称自设前提，是通过预想沟通对象的可能反应来调整自己的沟通方式，从而使得沟通双方对信息的理解出现偏差。情绪化问题是指情绪状态不佳使得个体无法进行客观而理性的思维活动。在情绪波动大、情绪失控等情况下，人们可能对沟通对象或内容加以情绪化的判断，从而影响沟通效果。另外，也有少数个体具有社交焦虑，如新员工面对陌生的同事，或者员工面对不熟悉的管理者或客户时，容易感到紧张和不安，影响沟通效果。

4. 沟通能力

有两个观光团到某地旅游，路况很差，到处都是坑洞。一位导游连声抱歉，说路面简直像麻子一样，对不起大家了；而另一位导游却饶有兴致地对游客说：“女士们先生们，我们现在走的这条道路，正是赫赫有名的“迷人酒窝”大道。”可见，每个个体的沟通能力和沟通技巧各不相同，有的人擅长用文字清晰简明地记录感悟；有的人口头表达能力很强，有感染力；有的人善于倾听；等等。可见，沟通能力不足是沟通障碍的成因之一。

（二）人际因素

形成职场沟通障碍的人际因素是指沟通双方的关系存在问题。人际因素包括沟通双方的相互信任程度、信息来源的可靠程度和双方的相似程度。沟通本身是一种双方或多方的交流，人际因素的影响就是指沟通中信息的接收者与发送者之间的关系对沟通的影响。同样的信息，由不同的人发出，对于同样的信息接收者来说，沟通的效果可能差异很大。在职场沟通过程中，对沟通效果产生影响的人际因素主要有如下几种。

1. 诚意与信任

沟通双方的诚意与相互信任至关重要，缺乏诚意与信任将直接削弱沟通效果。同事与上下级之间的猜疑只会增加抵触情绪，减少坦率交谈的机会，也就不可能进行有效的沟通。比如，当下级认为某些信息会使自己给上级留下不好的印象，那么，他在与上级沟通这些信息时往往会做一些有利于自己的加工。显然，这种情况下的沟通是不充分且不完全的。在组织中要形成一种坚定的信任关系不容易，需要各方面人员的共同努力。

管理者往往希望得到员工的信任，因为如果组织成员觉得管理者值得信任，他们就会在工作上给予管理者更多的支持。当然，管理者需要注意，当管理者本人抱着诚意与信任的态度沟通时，他所建立的正是一种信任关系。诚实地与人沟通、维护对方的自尊、使人感觉有安全感等，可以帮助双方建立起信任关系。

2. 可靠性判断

可靠性判断是指沟通中信息的接收者对信息来源可靠性的判断，由判断出的可靠性程度决定沟通信息被有效接收的程度。信息来源的可靠性由信息发送者是否诚实、能力是否强、是否热情与是否客观四个因素决定。例如，当面对来源不同，但反映同一事件或问题的信息时，组织成员相信他认为最诚实、最有能力、最热情、最客观的一个信息发送者的信息。

需要注意一点，信息发送者是否具备以上因素是由信息接收者主观决定的，只要接收者认为发送者具有这些因素，而不论实际情况怎样，信息的接受程度就会很高。信息来源的可靠性对组织成员与组织行为的影响很大。就个人而言，员工对上级的工作配合度很大程度上取决于其对上级可靠性的评价；就组织而言，可靠性高的单位或部门，工作推进也更为顺利。

3. 相似性判断

沟通双方的相似性对沟通效果有直接影响，一方如果认为另一方的某些特征（如年龄、价值观、能力、兴趣）与自己很相近，那么比较容易接受对方的意见与建议，双方的沟通也比较容易达成共识。同时，“代沟”或文化差异的存在、人们思维方式的不同也可能导致沟通出现问题；组织中“层级”的存在会使上下级间的沟通与同级间的沟通效果不同；等等。

组织成员之间的相似性可以使其更团结，组织运行更为有效。组织成员建立一致性或共同目标是解决冲突的方法之一。那么，在组织内部沟通中如何寻找更多的相似性呢？如果条件允许，管理者可以安排组织成员参与工作计划或方案的制订过程，也可以安排一些需要员工共同参与完成的活动等，让组织成员更多地发现他们之间的共性。

【阅读资料】

智子疑邻——对沟通障碍人际因素的深入理解

宋国有个富人，因下大雨家里院墙塌了。他儿子说："如果不赶紧修好它，一定有盗贼进来。"他们邻居家的老人也这样说。这天晚上富人的家里果然丢失了大量财物，富人认为自己的儿子非常聪明机智，却怀疑是邻居家的老人偷了自家财物。

这个故事出自《韩非子》，可见，从古到今，同样的一句话或一件事，由不同的发送者发出信息，对于同样的信息接收者，沟通的效果可能差异很大。

职场中也是如此，在通常情况下，因彼此之间的相似性，员工之间或同一层级的管理者之间更愿意进行沟通交流。企业的管理者应同时注重建立员工对管理层的信任，保持企业内部各层级沟通渠道的畅通，这样才能使员工在遇到工作问题时能够坦诚地与各层级顺利沟通，从而促进团队合作，提高组织绩效。

二、形成职场沟通障碍的客观因素

形成职场沟通障碍的客观因素是指在沟通过程中客观存在的影响沟通效果的因素，包括技术因素、信息过量、组织因素与环境噪声。

（一）技术因素

组织中形成沟通障碍的技术因素又可以进一步分为语言暗示、非语言暗示与沟通媒介的有效性。

1. 语言暗示

沟通的准确性很大程度上依赖于沟通者赋予字与词的含义。因为每个人表述的内容常是由其独特的经历、个人需要及社会背景等决定的，因此，语言和文字极少对信息发送者与接收者具有完全相同的含义。语言文字的不准确性还表现为它们能表现出各种各样的感情，比如，当高层管理人员谈及"激励"与"考核"的重要性时，低层管理人员常常会产生反感，有一种身不由己、被支配的感觉。所以，同样的词语可能会使不同的沟通对象产生完全不同的感情，从而造成不同的沟通结果。

2. 非语言暗示

非语言暗示是指在交流过程中常常伴随的一系列有含义的表情和动作。这些表情和动作包括身体的移动、头的偏向、手势、面部表情等。这些表情和动作发出的信号强化了交谈所表述的含义。开会时，当参会者无精打采或者开始翻阅手机时，说明他们心不在焉了，同样，当笔被收起，笔记本开始合上时，所传达的意思也十分明确，该散会了。当语言暗示与非语言暗示的信息一致时会彼此强化，但是当非语言暗示的信息与语言暗示的信息不一致时，信息的清晰度会受到影响，会出现沟通障碍。

3. 沟通媒介的有效性

沟通媒介的有效性指不同沟通工具的有效性和效率不同。比如，书面沟通和口头沟通各有所长，职场人应注重对沟通媒介的选择。另外，媒介的有效性也指技术本身的有效性，比如采用网络沟通时，技术设备、软件、网络连接等出现故障可能导致沟通障碍，也会影响沟通效果。

（二）过量信息

在职场中，员工依靠信息处理工作问题，管理人员依据信息来做决策，无论处理问题还是做决策，都需要充分的信息。但是，信息如果过多，则可能使员工与管理人员无法分清主次，不仅没有时间去处理，而且也难以向其他组织成员提供有效的信息，使沟通发生困难。现在我们生活在一个信息爆炸的时代，每一个人可能都会面临信息过量的问题，因此，过量信息成为形成沟通障碍的客观因素之一。

（三）组织因素

职场沟通障碍形成的组织因素是指，给沟通带来不利影响的是组织本身的结构形式，组织因素主要包括地位差别、信息传递链现象、组织规模与组织文化四方面。

1. 地位差别

组织中成员的地位差别对沟通方式和沟通频率有很大影响。在一般情况下，信息趋向于由地位高的人流向地位低的人；在沟通中，地位高的人常居于中心地位，而地位较低者则常常通过表示尊敬、赞扬或同意来使地位高者心情愉悦，保持和谐轻松的气氛。这种沟通对组织的发展与保持信息的全面客观性是没有太多益处的。事实表明，地位差别是沟通中的一个重要障碍。

2. 信息传递链现象

信息传递链现象是指信息连续地从一个等级到另一个等级时所发生的变化。一般来说，信息通过的等级越多，到达目的地时间越长，失真率就越大。一项研究表明，董事会的决定通过 5 个等级后，平均信息损失率达 80%。其中，副总裁这一级的保真率为 63%，部门主管为 56%，工厂经理为 40%，一线工长为 30%，职工为 20%。在组织中，纵向层次越多，信息损失也就越多，这也是现代组织更趋向扁平结构而不是保持传统锥形高耸结构的原因。信息传递效率越高，组织运行效率也会相应提高。

【阅读资料】

信息传递链现象

据说，美军 1910 年的一次命令是这样传递的。

营长对值班军官：明晚大约 8 点钟，将可能在这个地区看到哈雷彗星，这种彗星每隔 76 年才能看见一次。命令所有士兵着野战服在操场上集合，我将向他们解释这一罕见的现象。如果下雨的话，就在礼堂集合，我为他们放一部有关彗星的影片。

值班军官对连长：根据营长的命令，明晚8点哈雷彗星将在操场上空出现。如果下雨的话，就让士兵穿着野战服列队前往礼堂，这一罕见的、76年才出现一次的现象将出现在那里。

连长对排长：根据营长的命令，明晚8点，非凡的哈雷彗星将身穿野战服在礼堂中出现。如果操场上下雨，营长将下达另一个命令，这种命令每隔76年才会出现一次。

排长对班长：明晚8点，营长将带着哈雷彗星在礼堂中出现，这是每隔76年才有的事。如果下雨的话，营长将命令彗星穿上野战服到操场上去。

班长对士兵：在明晚8点下雨的时候，著名的76岁哈雷将军将在营长的陪同下身着野战服，开着他那辆彗星牌汽车，经过操场前往礼堂。

这个小故事可以让我们较为直观地感受信息传递链现象。因此，组织中重要的信息应通过书面传达，相对于效率，防止出现沟通障碍更重要。当然，现代网络的发展为避免信息传递链现象提供了更好的沟通方式。

3. 组织规模

组织规模越大，组织内部人与人的沟通困难也越大。首先，由于组织规模的增大，沟通的形式会越来越复杂，信息传递的形式不同，沟通效果也可能不同；其次，人际沟通渠道增加的速度大大超过人数的增长速度；最后，组织规模的增大加大了组织成员间的距离，组织中的工作往往要求其成员只能在某一特定地点完成，距离过远不仅不利于组织成员之间的交往，也限制了他们的沟通。一般情况下，距离越近的两个人交往的频率越高，例如，一个工程师更愿意与同办公室的同事讨论问题，而不会常去寻找楼下的同事。

4. 组织文化

组织文化是一个组织在长期的实践活动中所形成的，被组织成员认同并遵循的价值观念、团体意识和行为准则。不同的组织文化对组织成员的沟通频度、深度等起到鼓励或限制的作用，组织如果提倡民主、鼓励交流，且上下级之间的关系融洽，无疑会增加组织沟通的信息量，反之则会起到限制沟通的作用。另外，组织通过奖励系统，也可以鼓励或抑制过滤信息的行为，组织的奖励注重哪些方面，信息的传递者（尤其在与上级进行沟通的过程中）便会有意识地按照接收者的喜好来调整或改变信息。

（四）环境噪声

环境噪声主要指外界干扰，如在机器轰鸣的环境下交谈是一件吃力的事情，同时沟通的效率也不会高；阅读文件时由于办公室内同事的谈笑而难以集中精力；经理想与职员好好沟通，却不停地有人敲门请示或电话打扰；等等。环境噪声是最为常见的一种干扰因素，但相对来说也最容易克服。

【阅读资料】

团队领导的沟通责任

张经理是某公司的市场部门新任负责人，他发现，自己部门的成员在工作中总是存在沟通障碍，导致工作效率低下，甚至影响了客户满意度。他决定采取措施改善这一情况，强调在部门沟通中以工作为中心，构建和谐的沟通氛围。

首先，张经理组织了一次团队会议，强调了沟通的重要性，并让每个团队成员反思自己在沟通中的表现。通过这次会议，团队成员意识到沟通中的问题，并开始积极改进自己的沟通方式。

其次，张经理在日常工作中注重传达正确的价值观，如尊重、倾听和关心等。他要求团队成员在沟通中坚守职业道德，避免出现不必要的争吵和冲突。他还通过职场沟通案例和沟通技巧培训课程等方式，提升员工的沟通意识与沟通能力，并且注重引导团队成员关注社会问题，如消费者权益保护等，增强他们的社会责任感。

最后，张经理在团队日常工作中注重激励和鼓励，关注团队成员的心理健康和工作满意度，让他们感受到公司对他们的关心和支持。在沟通中，他还注重倾听团队成员的声音，鼓励他们充分发表自己的意见和建议，促进团队的协作和创新。

通过这些努力，张经理成功地改善了团队的沟通氛围，提高了工作效率和客户满意度。同时，他还通过这些努力，培养了团队成员的社会责任感和正确的价值观，让他们更加健康和积极地投入工作。

构建良好的沟通氛围是团队管理者的重要工作和应当承担的责任。沟通是团队协作的关键环节，团队中的每个成员都需要通过沟通交流来完成各自的任务，并协同工作。良好的沟通氛围不仅可以减少个人与人际因素带来的沟通障碍，还可以增强团队凝聚力和向心力。团队成员之间建立了良好的沟通关系后，可以更好地了解彼此，从而相互支持和帮助。构建良好的沟通氛围，还可以培养相互信任、尊重、理解和支持的团队文化，从而促使团队成员更好地合作，提升工作责任感与公平公正的价值观，推动团队的发展和进步。

任务三　应对职场沟通障碍

根据不同沟通障碍形成的原因，组织成员可以采用不同的方式来克服沟通障碍，组织管理者可从组织结构与制度设计上预防组织中的沟通障碍。

在不同的沟通过程中，每一位组织成员会由于时间、对象、场景、事件等条件的不同而充当信息发送者或信息接收者，有时可能两种身份兼而有之。所以，我们对沟通障碍的克服，就需要从信息发送者与接收者两方面来分析，当然，有些方法无论对于信息的发送者还是接收者，都同样有增强沟通效果的作用。

下面以职场沟通为主题，从沟通过程的信息发送者与信息接收者两方面入手，分析怎样最大限度避免沟通障碍，更好地协同合作，提高工作效率。

一、信息发送者注意事项

在职场中，信息发送者需要做到明确沟通目的，了解信息接收者，控制非语言暗示信息，并采用灵活的沟通方式，来最大限度地克服沟通障碍。

（一）明确沟通目的

在沟通之前，明确沟通目的是有效沟通的关键之一。信息发送者必须明确沟通目的，即为什么进行沟通，此次沟通想要达到什么样的结果，要使沟通对象获得什么信息。确定沟通目的后，沟通就有了一个明确的方向，可以根据要达到的效果准备信息、选择沟通方式等。然后根据沟通目的，详尽准备需要进行沟通的信息，因为信息量的大小、信息的性质等，都会影响沟通方式的选择。根据沟通目的，还需要对沟通环境加以考虑，包括交谈的背景、社会环境、人的因素及过去沟通的情况等，可以使沟通与情境配合，比如，进行工作沟通与情感沟通选择的地点可能不会相同。例如，在餐厅里，上司随口问问下属西装的样式，下属可能会轻松地聊上几句，认为上司比较平易近人；但若上司特地走到下属的办公桌前问同样的问题，下属多半会惊疑地想这套衣服是否违反了公司的仪容规范。因此，配合不同的沟通目的，环境选择也是相当重要的。

需要注意的是，在明确沟通目的后，利用正式沟通渠道的同时，可开辟高层管理人员与中低层管理人员的非正式沟通渠道，这不仅便于信息传递，而且能建立彼此之间的信任和更加和谐的人际关系。

（二）了解信息接收者

对于信息的发送者而言，成功沟通的关键要素还在于了解信息的接收者。了解信息接收者包括了解其地位、心理状态、对不同沟通方式的接受程度、个性特点等，这些信息可以帮助信息发送者预测信息接收者可能的反应，最大限度避免沟通障碍。

对于组织的管理者而言，如果想进行有效的沟通，必须避免以自己的职务、地位、身份为基础去进行沟通，一位经理若只站在自己的立场，不去考虑员工的利益、兴趣，必然加大与员工的距离，从而为沟通制造障碍。

了解信息接收者还要充分运用反馈方式。更多地运用双向沟通的方法，不仅可以在很大程度上避免沟通障碍，还可以加强对信息接收者的了解。反馈分为语言反馈与非语言反馈两种，信息发送者可以通过提问及鼓励接收者复核或评论等方式来获得反馈信息，也可以通过仔细观察对方的神态或动作来获得反馈信息。

【阅读资料】

王主管的沟通

王丽是一家制造公司负责人事工作的主管，公司总裁善于管理，熟悉行业和业务，能制订出行之有效的市场拓展计划与企业发展战略。但是他凡事容易先入为主，对人的评价过于草率，习惯对他人抱有成见，一旦看法形成，往往不理会相反的观点，而且容易冲动。总裁的这种做法有失公允，对公司氛围与公司发展易造成不利影响。

起初，王丽在与总裁沟通时，面对总裁强烈的负面情绪或对管理人员的消极评价会不知所措。慢慢地，通过对总裁的了解与仔细观察，王丽逐渐找到了与总裁沟通的办法。一方面，她保存着记录管理人员成绩与贡献的一览表，如果总裁对管理人员的评价与他们的总体表现不一致，她就根据这些资料，立刻以事实为依据帮助他看清责任所在。另一方面，在总裁产生激烈的消极情绪反应之前，王丽就抢先说出自己的观点，而且言辞比总裁更加激烈，她可能会说："这件事张主任处理得真是太糟糕了，真想不到他处理这件事完全不得要领！"这样一来，总裁的态度反而缓和许多，经常还会为员工分辨几句，从而冷静下来，更加客观地认清事实。

思考一下，王丽与总裁沟通中的做法有哪些可取之处；如果你处于王丽的位置，你还可能用什么方法与总裁沟通，以便更好地完成工作。

（三）控制非语言暗示信息

在沟通过程中，无论对于信息的发送者还是接收者，都应当注意交流对象的非语言暗示信息。这是克服沟通障碍，进行成功沟通的最有效方法之一。

动作比语言更能明确地表现出真实的意思，非语言暗示信息在沟通中占据很大的比重。人们常说"言行一致"，信息发送者需要十分注重自己的非语言暗示信息，确保它们和语言相匹配，并起到强化语言的效果，同时还需要注意接收者的语言与行为反馈是否产生矛盾。比如，一位新员工回答是否明白上级的口头指示时，他可能犹豫地说"是"，因为员工可能羞于说"不明白"，但皱着的眉、红着的脸，以及困惑的表情都会提示其上级需要重复一次指令。信息的接收者同样要密切注视对方的非语言暗示信息，从而更全面地理解对方的真实意图。

【阅读资料】

非语言暗示信息

非语言暗示信息是沟通中重要的组成部分，了解非语言暗示信息，可以帮助我们更有效地传递和理解信息。以下是一些典型的非语言暗示信息。

1. 积极的非语言暗示信息

· 正面注视表明精力集中。

· 面带微笑表示态度友好。

· 双手叉腰表示有决心。

· 手托下巴表示在思考或评价。

· 微微侧着的头和友好的目光接触表明赞同。

· 谈话时，如果对方将头侧向一边，尤其是侧向谈话人的一边，或者身体前倾，面向讲话者，眼睛盯住对方，说明对对方的话很感兴趣。

· 慢慢打开笔记本表示关注对方讲话，快速打开笔记本说明发现了重要问题。

2. 消极的非语言暗示信息

· 躲闪的目光表示在回避。

· 把头垂下表示对所讲的事没兴趣。

· 肩部低垂表示缺乏信心。

· 手臂环绕身体是自我安慰的表现。

· 皱起的眉头和紧闭的双眼表明心存疑虑。

· 将手插入裤袋里或交叉在胸前，做下意识的小动作，表示注意力不集中。

· 摆弄手中的笔、打火机，玩弄衣带、发辫等，表示拘谨、缺乏自信、缺乏经验。

· 摘下眼镜，轻轻揉眼或擦镜片，表示精神疲劳，或对争论不休的问题感到厌倦，也可能表示喘口气，休息一下准备再战。

· 轻轻拿起桌上的手机，表示要结束这轮谈判或暗示要告辞。

想一想，除了以上这些非语言暗示信息，还有哪些非语言暗示信息?

另外，人的心态、情绪对沟通过程有着巨大影响，也直接给交流对象发出较强烈的暗示信息。所以，在沟通中还需要调整心态，控制情绪。人们在情绪沮丧时做出的决策与情绪正常时做出的决策差异很大，同样，在沟通过程中，过于兴奋、失望等一方面容易形成对信息的误解，另一方面也容易产生过激的反应。因此，在沟通前，作为信息的发送者应主动调整到平静的心态；对于信息的接收者，也要注意以平和、理智的心态接收信息或做出反馈，以免给双方造成沟通上的阻碍。

【巩固练习】

以下方法有助于更好地进行非语言沟通。

· 建立并保持目光交流，目光交流表示兴趣、注意、力量与可信。

· 用姿态表示兴趣：通过倾斜、直立、正坐鼓励沟通。

· 减少或除去身体障碍：避免站在讲台后面，缩短沟通距离，会议座位安排成圆形。

· 观察面部表情和身体语言，理解沟通中完整的语言和非语言信息。

· 进一步探求信息：当发现沟通对象的语言和非语言信息发生矛盾时，可礼貌地进一步询问，如“我不太理解，您能不能……”。

· 在不了解对方的文化背景时，避免使用与主题不相关的非语言沟通形式。

请在录像中观察自己，确保自己的语言和非语言沟通同步，通过观看自己的录像评估自己；发动自己的家人和朋友，请他们观察自己有意识和无意识的举动，帮助自己成为一个更有效的沟通者。

（四）采用灵活的沟通方式

采用灵活的沟通方式包括对沟通方式的慎重选择与多种沟通方式的综合运用。灵活运用沟通方式可以在技术上避免沟通障碍的发生，对有效沟通信息起着重要的作用。

慎重选择沟通方式是信息沟通的基础，如前文所述，沟通方式的选择很大程度上取决于沟通目的。对许多人来说，这种选择可能不外乎口头和书面两种方式，如果追求快速和便利，不妨选择口头沟通；如果追求的是比较持久与有序的信息交流，书面沟通方式将是更好的选择，可以使对方经过思考再做出答复。注意，文字或书面的沟通方式往往更郑重，在书面沟通时，尽量使用通俗易懂的语句，表意要明确，条理要清楚，语言要精练，针对性要强。表 2.1 为常见沟通方式及其适用时机。

表 2.1　常见沟通方式及其适用时机

沟通方式	适用时机
面对面沟通	想进行说服、发布信息或分享个人信息时
电话沟通	需要快速发布或收集信息，且非语言信息非必需或者因距离等无法面谈时
使用工作软件沟通	希望留存信息时
使用传真沟通	信息必须跨越时间和地域限制，且须留存正式书面记录和对速度要求很高时
使用电子邮件沟通	对速度、安全与保密性要求不高，需要与较多的、分散的组织成员进行有效沟通时
线下会议	须组织成员协商决定或取得一致意见很重要时
视频或电话会议	须组织成员协商决定或取得一致意见很重要，但组织成员分散在各地时
便函沟通	在组织内部，需要用书面方式解释政策、讨论问题或收集信息时
信件沟通	与组织外部人员沟通，需要书面记录或信函往来时
报告或建议书	发布有大量数据的信息时

不同的沟通方式有各自的特点与适用情况，如果情况允许，综合运用多种方式能够提高信息的有效性。比如，在语言沟通时可以加以表情、手势等非语言信息，在进行书面沟通时加以口头解释说明，等等。

对沟通方式的选择与运用主要是对信息发送者而言的，但在双向沟通中，信息的接收者也应当适时调整自己的沟通方式，使整体沟通过程更加顺利而高效。

二、信息接收者注意事项

信息发送者在沟通中处于较主动的地位，对沟通的有效性负有主要责任。但沟通是一个双向的过程，有时我们会发现，同样一件事，以同样的沟通方式，对不同的信息接收者来说，沟通效果也是不一样的。所以，对于职场沟通中信息的接收者，同样需要以工作为中心，调整心态，消除防卫心理，避免鲁莽行事，使语言与行为反馈一致，让沟通过程顺利并且取得良好效果。

（一）消除防卫心理

消除防卫心理是指不盲目猜测信息发送者的目的与动机。如果信息接收者存在防卫心理，在沟通中就不能保持客观与开放的态度接收信息，同时做出的反馈也会含义不明确，给沟通带来麻烦。例如，有人买了苹果回来，你问他："这些苹果多少钱?"对方可能回答你多少钱，同时，对方也可能会反问："怎么，有什么问题吗?"这就是因为有的人防卫心理比较强。在组织中，在与上级进行沟通时，下属容易出现防卫心理，导致沟通出现障碍。

（二）避免鲁莽行事

信息接收者在沟通过程中应避免急躁和出现不耐烦的情绪。在职场沟通中，信息的接收方可能有以下几种情况：一是下属在接受任务时，急于马上完成任务而忽略了某些细节要求，结果完成后达不到要求，自己觉得委屈，上司也不满意；二是因为上司传递的信息量比较大，下属难以集中精力，导致对有些关键信息的遗漏；三是下属急于了解结果而忽略了信息沟通过程，导致不能充分领会信息内容；等等。这些情况会影响沟通功能的发挥。

（三）使语言与行为反馈一致

信息的接收者需要言行一致。在沟通中出现语言反馈与行为反馈不一致的现象，也可称为"自相矛盾"的现象。比如，员工在接受任务时用语言表示一定按期完成任务，但实际执行过程中却不能做到，这就是一种矛盾的现象，这可能会破坏与上级的信任关系；再如，与同事相处过程中的言行不一，可能给后续沟通造成障碍。当然，在实际工作中，可能出现某些客观因素导致无法及时兑现承诺的现象，这时就需要及时做出解释，合情合理的解释加上努力补偿的行为通常可以取得他人的理解，为后续有效沟通创造条件。

【阅读资料】

一致的暗示

在一次谈话中，一位员工提了一个尖锐的问题，经理宽容地笑了笑，说："好，我明白了。"但同时他摇着头，明明就是在表示"拒绝"，这样一个画面是不是有问题？

在主持动员大会时，经理非常严肃地站在发言席上，一边看发言文本一边皱眉，同时他说道："对于工作组做出的成绩我非常高兴和满意，现在又是新的一年，你们一定能有更突出的表现！"这个场面是不是也有一些问题？

在上述情况下，经理发布的都是混乱的信息。当行为暗示与语言的意思不一致时，信息就是含混不清的。不一致的暗示将会减损信誉，有时还会使人迷惑不解。

要使意思清晰明白、有感染力，必须使自己的语言表述和非语言暗示表达的意义一致。

项目练习

一、判断题

1. 沟通障碍对组织、对管理者和员工个体都有负面影响。
2. 注意交流对象的非语言暗示信息是克服沟通障碍的有效方法之一。
3. 信息接收者要积极理解信息，因为信息接收者对沟通的有效性负有主要责任。
4. 组织成员的地位差别是形成沟通障碍的人际因素。
5. 沟通障碍成因复杂，需要组织成员共同努力预防并克服。

二、简答题

1. 形成职场沟通障碍的个人因素有哪些？
2. 形成职场沟通障碍的人际因素有哪些？
3. 形成职场沟通障碍的组织因素有哪些？

项目二 数字资源

项目三　训练职场沟通技巧

学习目标

| 知识目标 |

（1）理解倾听技巧对职场沟通的意义，深入理解影响倾听的障碍因素，掌握倾听技巧的基本要求。

（2）理解反馈技巧对职场沟通的意义，深入理解积极反馈的方式，掌握应用积极反馈方式的沟通技巧。

（3）理解说服技巧对职场沟通的意义，深入理解合作状态与创造说服条件的内容，掌握主动说服的基本技巧。

（4）理解冲突处理技巧对职场沟通的意义，深入理解冲突的分类与处理原则，掌握冲突处理的基本技巧。

| 能力目标 |

（1）能有意识地应用倾听技巧，形成认真倾听、从倾听中充分获取信息的能力。

（2）能有意识地运用反馈技巧，形成主动运用积极反馈技巧的良好沟通态度与习惯。

（3）能有意识地运用说服技巧区分不同的职场沟通对象与目标，形成应用不同说服技巧达成职场合作目的的能力。

（4）能有意识地应用冲突处理技巧区分不同的职场冲突性质，形成主动运用冲突处理技巧解决冲突的工作能力。

| 素养目标 |

（1）结合倾听、反馈、说服等职场沟通技巧的训练，进一步坚定尊重他人、合作共赢的职场工作意识，形成正确的价值观。

（2）在有意识提升个人沟通技巧的过程中，树立积极进取的人生态度与价值观，坚持乐观向上、求真务实的工作态度。

引导案例

研发部的梁经理

研发部梁经理进公司不到一年，不管是专业能力还是管理绩效，都获得了大家的肯定。在他的缜密规划之下，研发部一些延宕已久的项目都在积极推进当中。

单位主管研发部的李副总发现，自梁经理到研发部以来，几乎每天加班。他经常第二天来看到梁经理电子邮件的发送时间是前一天晚上10点多，接着又看到当天早上7点多发送的另一封邮件。这个部门下班时梁经理总是最晚离开，上班时第一个到。但是，即使在工作量吃紧的时候，其他同事似乎都是准时下班，很少跟着他留下来加班。平常也难得见到梁经理和他的下属或是同级主管进行沟通。

李副总好奇梁经理是怎么和其他同事、下属沟通工作的，于是开始观察他的沟通方式。原来，梁经理都是以电子邮件交代下属工作。他的下属除非必要，也都是以电子邮件回复工作进度及提出问题，很少找他当面报告或讨论。对其他同事也是如此，电子邮件似乎被梁经理当作和同事们合作的最佳沟通工具。

但是，最近大家似乎开始对梁经理这样的沟通方式反应不佳。李副总发觉，研发部逐渐没有向心力，大家除了不配合加班，还只执行交办的工作，不太主动提出建议或问题。而梁经理下属的主管，也不会像他刚到研发部时那样，主动到他办公室谈工作，大家见了面，只是客气地点个头。开会时的讨论，也都是公事公办的味道居多。

一天，李副总刚好经过梁经理办公室门口，听到他似乎正和下属陈主管在打电话。之后，他问陈主管，明明两个人的办公室就在隔壁，为什么不直接走过去讨论，而用电话进行沟通。

陈主管笑答，这个电话是梁经理打来的，梁经理似乎比较希望用电话讨论工作，而不是当面沟通。陈主管曾试着在梁经理办公室里进行当面沟通，但梁经理不是用最短的时间结束谈话，就是一直盯着计算机屏幕，让他不得不赶紧离开。陈主管说，几次以后，他也宁愿用电话的方式沟通，免得让梁经理觉得自己过于热情。

了解这些情形后，李副总找了梁经理谈话，梁经理觉得，效率应该是最需要追求的目标。所以他希望用最节省时间的方式来达到工作要求。李副总以过来人的经验告诉梁经理，工作效率重要，但良好的沟通绝对会让工作进行得更为顺畅。

案例分析

很多职场人都忽视了沟通的重要性，而是一味地强调工作效率。实际上，面对面沟通有时能大大增进工作效率。对于案例中的梁经理来说，除了忽略沟通的重要性，缺乏良好的沟通技巧可能是形成其工作作风的另一个重要因素。专业管理人员不仅需要扎实的业务技能和专业知识，也需要良好的沟通能力。与内部人员和外部客户沟通，处理各方关系，激励指导员工，创造和谐的工作氛围，都离不开良好的沟通技巧。因此，沟通技巧训练的意义重大。沟通顺畅，工作效率自然会提高；忽视沟通，工作效率势必下降。职场中的沟通技巧主要包括倾听、反馈、说服与冲突处理等。

任务一 倾听技巧训练

据统计，在日常沟通中，人们有35%的时间用于交谈，16%的时间用于阅读，9%的时间用于书写，而有40%的时间用于倾听。然而，占据我们日常沟通时间多达40%的“倾听”，往往被人们所忽视。听他人讲话时三心二意、心不在焉往往是沟通失败的主要原因。想一想，我们有多少次误解了他人的话？有多少次没能明白对方的意图？在每次谈话中，我们能获得多少对我们有用的信息？

一、倾听的意义

【模拟演示】

目的：检查自己在沟通习惯上是否符合职场要求。

利用下列问题进行个人倾听能力测验，根据自己的真实情况回答“是”与“不是”。

- 习惯打断他人谈话。
- 替他人接话头，即使他人并无此意。
- 心思四处游离。
- 趁他人喘口气时，立即插入谈话中。
- 试着记下讲话者所说的一切。
- 不等讲话者做出结论，就突然改变话题。
- 做电话访问时，全程自己在讲，不给对方说话的机会。
- 为了表示礼貌假装倾听。
- 因噪声、屋外的活动、室内的装饰等，无法专心听对方说话。
- 很难接受新观点。
- 因为赶时间而催促讲话者。
- 因为听到一些争议性话题，自己会改变倾听的态度。
- 不会面带微笑、频频点头，或用语言表示“我在听”。
- 只听自己想听的，其他的都不听。
- 根据讲话者的个性、语气、年龄、性别或美丑来决定听不听。
- 急着下结论。
- 听不懂就保持沉默，也不想搞清楚。
- 做自己的事，完全不管谈话的内容。
- 非常讨厌他人说自身的事情；只希望他人听自己说话。

· 只注意细节，完全不在意讲话者想要传达的信息。

· 会忽略讲话者的肢体语言及语调。

· 不能意识到他人不想涉及的话题。

· 不屑听一些复杂或无聊（但可能很重要）的资讯。

· 当他人说话时，自己忙着对讲话者评头论足。

· 听他人说话时，习惯玩弄手边的物品（例如：笔、纸、杯子等）。

· 意识到大家对自己好像有某种程度的不满。

· 会问一些显示自己未专心听的问题。

· 在他人说话时，会不停看时间。

如果你对5个以上问题做出了“是”的回答，就需要好好地学习一下倾听技巧了。

倾听是沟通中很重要的一部分。卡耐基曾经描述过这样一件事，他的一个朋友面临两份工作的选择，十分为难，两份工作各有各的优点，他来找卡耐基寻求参考意见。但事实上，在长达两个小时的沟通中，绝大部分时间都是这位朋友在滔滔不绝地分析这两份工作的利与弊，时而激动，时而平静，有时还停下来陷入思考，而卡耐基则只是静静地听他诉说，偶尔提问以让他接着说下去或是启发他更加深入地思考。最后，这位朋友如释重负地站起来，愉快地说：“我知道该怎么选择了，你给我提了这么多宝贵的建议，真是不知怎么感谢你才好。”而事实上，他并没有从卡耐基那里得到任何建议。在生活中与工作上，很多人都会遇到一些根本不需要回答的问题，而这时候，我们唯一需要做的，就是用心地倾听。倾听对我们来说不应该是一种被动的行为，积极主动倾听可以为我们带来许多意想不到的收获。

（一）倾听促进良好人际关系的形成

人们对自己的关注远超过任何事情，人们喜欢得到关注，喜欢发表自己的意见。如果我们给他人表达的机会，他人会觉得我们诚恳可亲，值得信赖。倾听是给人留下好印象的有效方式之一。心理观察显示，人们喜欢善听者甚于善言者。卡耐基曾举过一个例子：在一个宴会上，他坐在一位植物学家身旁，专注地听着植物学家与他谈论各种有关植物的趣事，几乎没有说什么话，但分手时那位植物学家却对别人说，卡耐基先生是一个最有意思的谈话家。可见，倾听可以为我们获得友谊和信任，从而促进良好人际关系的形成。

（二）倾听有助于获取更多重要信息

人们在交谈中能获得很多有价值的信息，这些信息常是讲话者的一时灵感迸发，而他们自己又没有意识到，对听者来说却有很多启发。通过倾听，我们不仅可以更有效地了解对方要传达的信息，而且可以感觉到对方的感情，推断出对方的性格、目的等，这些都是与沟通内容同等重要的信息。

（三）倾听有助于沟通目标的达成

我们在谈话过程中常常急于表达自己的意见或观点，而无心思考他人在说些什么，甚至在对方还没有说完的时候，就在心中打算如何进行反驳。在沟通中，这样一种消极、抵触的情绪最终也会使谈话变得没有针对性，不利于沟通目标的达成。而且，如果我们对他人所谈的问题一无所知，倾听则可以为我们争取时间，帮助自己达成沟通目标奠定基础。

（四）倾听能发现说服的关键

如果我们沟通的目的是说服，那么多听听对方的意见会很有效果。倾听会使讲话者觉得自己的发言很有价值，会说出更多的信息，我们可以从中发现其出发点与动机，并找出诉求点与关键点，从而为我们的说服提供条件。同时，让被说服对象感觉到自己的意见、需要或建议得到了重视，他们会更容易被说服。

二、听与倾听

对大多数人来说，倾听是从我们听到他人讲话声音开始的，倾听与听是什么样的关系呢？听与倾听并不是一回事，人可以同时听到许多声音，比如在教师授课的时候，学生听到的不仅仅是授课的内容，还有窗外的风声、书页翻动的声音与同学偶尔的低语。但倾听是具备分析与理解的复杂活动，需要倾听者利用感觉与逻辑思维，以及长时间的注意力投入。积极的倾听是一项辛苦的劳动，听者希望理解信息，从中得到有价值的东西。积极倾听的学生，一节课下来，他们和教师一样疲惫，因为他们在倾听时投入了精力进行思考。

倾听以听到声音为前提，但更重要的是，这是一个听者主动参与沟通的过程。在此过程中，听者需要思考、理解，并做出必要的反馈。同时，倾听的对象不仅仅局限于声音，还包含更广泛的内容，在倾听中，我们不仅仅是接收、理解他人所说的话，同时还接收、理解讲话者的手势、体态与面部表情所传递的信息，在此过程中，我们得到的不单纯是信息，还包含讲话者的情感。因此，倾听可以定义为：通过视觉、听觉媒介接收并理解沟通对象的思想、信息及情感的过程。

在倾听时，我们除了听到对方的语言，还听到不同的重音、声调、音量、停顿等，这些也是倾听过程中不可忽视的因素。比如，讲话者适当的停顿给人一种谨慎、仔细的印象，而过多的停顿则会给人一种急躁不安、缺乏自信或不可靠的印象。人们也可以从讲话者的音量中区别出愤怒、吃惊、轻视和怀疑等态度。当谈话双方可以互相看见的时候，视觉接收到的信息也属于倾听内容。事实上，人们所说的内容往往被谈话方式赋予了特殊的意义，仅听到某个词语往往难以断定讲话者的真实情感。比如，当听到一位女孩说“讨厌”两个字时，她面带娇羞地说与神色愠怒地说，表达的感情是不同的。

倾听是一项很重要的沟通技巧，必须经过学习才能掌握，对职场人来说，需要好好学习倾听技巧，使其成为自身素质的一部分。

【阅读资料】

倾听：管理者成功之道

对管理者来说，掌握倾听技巧尤其重要，其原因有两个：首先，现代组织面对纷繁复杂的市场竞争，单凭管理者个人难以做出正确的判断，要做出有效的决策，必须有集思广益的过程；其次，管理过程就是调动员工积极性的过程，善于倾听的管理者能及时发现员工的长处，同时，倾听本身也是一种激励方式，能提高员工的工作积极性。所以，倾听不仅仅是简单的信息收集，它还使管理者听到具有特定意义的声音，能为管理者做决策提供依据，因此，倾听技巧成为管理者必备的素质之一。

成功的管理者大多是善于倾听的人。日本松下电器创始人松下幸之助自述其经营秘诀之一就是细心倾听他人的意见。有位成功的企业界人士，在其公司拥有20余万名员工时，仍要求管理者记住倾听是最优先的事，而且每个员工都可以直接向她陈述困难。积极倾听带给管理者的好处是显而易见的，对缺乏经验的管理者，倾听可以找到自己的不足；对于富有经验的管理者，倾听可以减少错误。

美国汽车行业传奇人物艾柯卡曾对管理者的沟通有过精辟的论述："我只盼望能找到一所能教导人们怎样听别人讲话的学院。毕竟，一位优秀的管理人员需要听到的至少与他所需要说的一样多，许多人不能理解沟通是双方面的。"他认为管理者必须鼓励员工发挥他们最大的价值，可能管理者不能接受每一项建议，但管理者必须对每一项建议做出反应，否则，他就再也听不到任何好的想法了。他总结道，假如要激励人们工作，就一定要好好听他人讲话。一家平庸的公司和一家高明的公司之间的区别就在于此。

从这些实业家的经验之谈中，我们可以看到，倾听是管理者成功的重要条件。

三、积极倾听的要求

倾听是基本的，也是重要的职场沟通技巧。积极的、真正的倾听是暂时忘却自己的期待和成见，全神贯注地理解讲话者表达的内容，与讲话者一起感悟、经历整个过程。如果有人假装倾听他人讲话，而实际上想着或干着自己的事情，这不能算是倾听。同样，在听他人讲话时，偶尔点点头或附和几声，也不能算是倾听。真正的倾听是一项比较困难的工作，当人们真正去倾听时，可能会血压增高、体温上升、脉搏加快，这些都是生理上的反应。

不仅如此，只有倾听的意愿还远远不够，积极的倾听者需要全身心投入。不用任何技巧就能进入倾听状态的人很少，倾听是一种复杂的技巧，需要反复实践。积极的倾听有四项基本要求：专注、移情、客观、完整。

（一）专注

积极的倾听者会将注意力集中于讲话者所说的内容，主动打消容易分散注意力的念头。在大脑的空闲时间里，积极的倾听者在做什么呢？这就体现出倾听对专注的要求：概括和综合所听到的信息，不断把新的、细微的信息纳入自己思考的框架中。

（二）移情

倾听的移情是要求倾听者将自己置身于讲话者的位置上，倾听者应努力去理解讲话者想表达的意思。倾听者应当从讲话者的角度调整自己的所观所感，这样，倾听者对所听到的信息进行解释或转述时，将会更符合讲话者的本意。

（三）客观

倾听的客观要求表现为对讲话者谈话内容的客观接收，而不做出判断。做到这点不容易，尤其是听者对讲话者有偏见或对其所表达内容存在不同意见时。当我们听到自己不同意的观点时，会不自觉地在心里阐述自己的看法并反驳对方。显然，这样做会使倾听者错过一部分信息。因此，积极的倾听者应保持客观。

（四）完整

完整是指倾听者应当尽量保证在沟通中获取的信息是完整的。换言之，听者要千方百计地从沟通中获得讲话者所要表达的信息，同时要注意讲话者的情感。倾听者可以用提问的方式来确保对所听内容的完整理解。

倾听是人们收集正确信息的关键因素，影响着人们对信息的过滤与筛选结果。另外，倾听在建立和维持良好的人际关系、避免冲突和误解方面也发挥着非常重要的作用。

四、积极倾听的障碍

在日常生活与职场中，常常出现以下现象。

· 觉得还有许多重要的事情要做。

· 不知道为什么要倾听。

· 讲话者所讲的内容自己已经知道了。

· 有太多的分心事干扰，使得很难集中精力倾听。

· 不喜欢讲话者本人或讲话者所讲的内容。

· 只想听那些自己想听的、与自身相关的内容。

· 只关心结论。

· 更喜欢交谈，认为在交谈时自己更能控制局面。

· 认为倾听仅仅是为了给讲话者寻找错误。

从这些现象中我们可以看出，倾听障碍主要是倾听者本人制造的。倾听者理解信息的能力与态度在影响着他们的倾听效果。可能有人漫不经心地去听他人讲话，却企图不遗漏所有重要的信息，这可能吗？人们过滤、筛选信息的能力不如自己想象中强，结果致使大量的有价值信息被忽略掉了。另外，还有许多不良习惯阻碍着我们认真倾听，来自倾听者本身的障碍可以归纳为以下几类。

（一）缺乏专注度

倾听时缺乏专注度的原因有几方面，一是人们注意力集中的时间是有限的，学生听课是一个最有代表性的例子，所以教师需要不断想办法吸引学生的注意力；二是厌倦，由于人们思考的速度比说话的速度快得多，据统计，人每分钟可以说出125~150个词，而可以听和理解400个以上的词，甚至能达到1000个词，所以在听的时候容易感到厌倦，往往会为自己寻找点事情来做，占据大脑的空闲时间，以致不能专心；三是先入为主，认为谈话的内容自己已经知道或充分理解了，就没有必要再专注于发言者的信息了。在倾听时缺乏专注度是倾听者最容易出现的问题。

人们一般只能记住听过信息的25%。但是，只要专心地听，这种情况就可以改变。通常，倾听的时候无法专心的原因有：

（1）发言者语意不清

这是表达方面的原因。例如“我和你在公司见一面吧”，听者只会把它当作一种客套话。比较准确的表达应该是 “明天上午10点半在我的办公室见面”。

（2）预期反应

在听之前，听者因对发言者的印象不同，难免对其说的话有预先的判定，即预期。不论预期是正面的还是负面的，都有可能对所听到的信息做出错误的理解。

（3）注意力分散

沟通时发生在外界的各种声音、动作、事件等，会使人无法专心倾听。例如：

小王：小张，你看我提出的这个促销计划怎么样？

小张：（没有反应）

小王：你有没有听到我说的话？

小张：不好意思。我刚才正在看对面屋顶上那些建筑工人。您刚刚说了什么？

（4）发言者词语使用不当

发言者在谈论中用了一些带有歧视性、令人反感的词语，会使听的人产生厌恶情绪，进入拒绝接受的状态。

（5）选择性倾听

选择性倾听指只想听取自己最想知道的信息。例如：

顾问：有8个方法可以立即提高贵公司内部信息的处理效率。这些方法包括……

王经理：很好。需要我们再买几台计算机吗？我只要知道这个答案就够了。如果需要，数量是多少呢？

（6）只注重形式而不注重内容

倾听时听者把注意力放在了发言者的语言类型、特点和使用的辅助工具上，而不是讲话的内容。例如：

调研员甲：我现在向各位报告本公司新产品超静音洗衣机的最新市场调研报告。

这次调研是以随机抽样的方式进行的……

调研员乙：（心里想：如果这些幻灯片上的白色字改用黑色的话，效果会更好。）

（7）另有所思

听者在听的时候，心里却在想另一个问题。例如：

赵小姐：我明天中午有点事。可不可以早一个小时来上班，中午提早一个小时休息？

张经理：抱歉，你明天不可以中午就下班。

赵小姐：我又没有说我下午要请假。

张经理：对不起，那你刚刚说了什么？

（8）过分依赖笔记

在听的过程中，误以为笔记最重要而忙于记录，未听到完整的表述。

请想一想，类似的情况在你自己身上是否发生过？是什么造成了你倾听不专注？

（二）心理定式

由于个人经验作用于人的大脑，人们在脑海中早已经建立了牢固的条件联系与基本的联想关系，所以人们容易对谈话形成自己习惯性的理解，也难以用冷静、客观的态度接收讲话者的信息。有时，心理定式还使人们对谈话者带有偏见，结果会大大影响倾听的效果。

（三）排斥异议

许多人喜欢听和自己意见一致的发言，如果他人的见解和自己相同，就很容易接受并赞同，反之就排斥。在这种拒绝倾听不同意见的态度下，人们的注意力就不可能集中在倾听上，也不可能与对方有一个愉快的交谈过程，给倾听造成障碍。

（四）急于表达

人们常视发言为一种主动行为，而倾听则是被动的。在这样的心理作用下，人们在他人发言的过程中可能急于准备和整理自己的观点与见解，甚至为自己的发言打腹稿，结果自然是忽略了他人的话，或者不能把对方的意见完全听明白，甚至对发言者感到不耐烦。

（五）消极的身体语言暗示

部分消极的身体语言如下：

· 在他人讲话时走神，东张西望。

· 只在听到自己想听的内容时才放下二郎腿。

· 双手交叉抱在胸前听他人讲话。

· 用手轻轻敲打桌面或者频频看表。

类似的行为还有不少，这些消极的身体语言在传递这样的信息：我不愿意再听了。无论听者是不是真的不想听，这些消极的身体语言都会对个人倾听造成障碍，也影响沟通的质量。

另外，谈话的环境也能影响倾听的效果，环境可能干扰信息传递过程，减少或歪曲信号，还能影响沟通者的心境，这也是人们很注重挑选谈话环境的原因。

所以，有心的沟通者往往注重倾听环境与内容的配合，比如，管理者组织会议，若是在会议厅里，大家会十分认真地发言；但若是在员工聚餐的餐桌上，下属可能会随心所欲地谈想法。

【巩固练习】

倾听障碍测试

	是	否
懒惰		
• 你是否回避听复杂、难于理解的主题？	—	—
• 你是否不愿听费时的内容？	—	—
封闭思维		
• 你是否拒绝维持一种轻松、赞许的谈话气氛？	—	—
• 你是否拒绝与他人观点发生关联？	—	—
固执己见		
• 你是否不认同讲话者的观点？	—	—
• 当讲话者的观点与你有分歧时，你是否表现得比较情绪化？	—	—
缺乏诚意		
• 你在倾听时是否避免与发言者有眼神接触？	—	—
• 你是否更多地关注发言者的说话内容而不是其感情？	—	—
厌烦情绪		
• 你是否对说话主题毫无兴趣？	—	—
• 你是否总对讲话者感到不耐烦？	—	—
• 在倾听时你是否总想着其他事情？	—	—
用心不专		
• 你是否关注讲话者的腔调或习惯动作，而不是内容本身？	—	—
• 你是否被机器声、电话铃声、别人的谈话等噪声分心？	—	—
思维狭窄		
• 你是否特别专注于某些细节？	—	—
• 在倾听时，你是否在拼命想理出个大纲来？	—	—

重温一下你回答“是”的项目，那就是你倾听的主要障碍。

【阅读资料】

一次失败的推销

一位汽车推销员有一次向顾客推荐一种新型车，他热忱并详细地为客人介绍了车子的性能、优点。客人很满意，准备办理购买手续。岂料，从展厅到办公室的短短几分钟，客人的脸色却越来越难看，突然决定不买了，眼看就要成交的生意就这样落空了。

这位顾客为什么突然变卦？推销员辗转反侧，不能入眠。他回忆着自己的每一句话，并没有发现讲错的地方，也没有冒犯顾客，真是百思不得其解。于是他忍不住给那位顾客拨打了电话，询问原因。

顾客告诉他："今天你并没有用心听我说话。就在我签字之前，我提到我儿子即将进入著名的大学就读，我还跟你说他喜欢赛车和将来的抱负，我以他为荣。可你根本没听我说这些话。你只顾推销自己的汽车，根本不在乎我说什么。我不愿意从一个不尊重我的人手里买东西。"

原来，那位客人的儿子考上了名牌大学，全家人非常高兴，并决定凑钱买辆新车送给儿子。客人谈话中数次提及儿子，而该推销员却只一味强调车子。

这位推销员恍然大悟，如果他不能领悟"倾听"的意义，不能了解并认同客户的心理感受，他就会失去自己的顾客。他从此引以为戒，在推销过程中不仅带上自己的"嘴巴"，更带上自己的"耳朵"，带上感情、带上心。

五、积极倾听的技巧

我们如果希望获得良好的倾听效果，那么可以在听之前做好准备工作，比如：

· 自我约束。倾听本身是一种劳心劳力的事，一般人都倾向于随意、懒散，所以倾听前要对自己有所约束；做好心理准备，提醒自己要专心，并清除头脑中的杂念；让身体做好倾听的准备。

· 调整情绪。提醒自己要评判信息而不要想着去批评人。

· 做相关准备。准备好笔和纸或本子，以便做笔记等。

积极倾听能够激发讲话者和听者的灵感，使双方积极参与到交流中来。首先，它需要听者积极地理解讲话者表达的内容，并把这种理解反馈给讲话者，同时也给予听者检查听的效果和理解程度的机会。其次，积极倾听的反馈能够帮助讲话者厘清思路，使交流更加高效。最后，通过积极的倾听，听者可以收集到更多的信息，使交流效果更加令人满意。

下面从可操作的角度给出强化倾听效果的技巧，也是积极倾听的技巧，以给想提高倾听技巧的学习者提供一定的帮助。

（一）明确倾听目标

倾听之前要明确倾听的目标。一般来说，我们为了以下目标而倾听。

· 获得事实内容或资料数据。

· 获得他人的想法、意见。

· 理解他人的思想、情感或信仰。

· 对所听到的内容做出选择。

· 肯定讲话者的价值。

一位擅长倾听的沟通者将通过倾听，从同事、客户那里及时获得信息并对这些信息进行思考和评估，有效而准确地倾听信息会提升人们的工作水平和任务绩效。

（二）给他人说话的机会

为了收集正确的信息，必须给人说话的机会，这是倾听的基本前提。有的人口头上说要听听别人的意见，实际上在绝大部分的时间里是自己在滔滔不绝，还有的人一听到与自己意见不同的见解就要“及时”地加以解释甚至反驳，这些做法的后果可想而知。有的工作人员与管理人员可能会抱怨，要听到员工提出意见或建议十分困难，一问大家“谁有不同意见”时，得到的只是沉默。如果经常出现此类情况，提问者需要从自己的沟通方式或行为方式上寻找原因。

给他人说话的机会还包含为他人创造说话的机会，在组织中尤其要注意总不发言的人与想说而不敢说的人。组织的管理者需要考虑工作中倾听的重要性，为了大家更好地合作与获取更多的信息，就需要从管理制度、组织文化氛围和领导方式等多方面着手，为成员创造说的氛围与机会。

（三）做好倾听的准备

倾听的准备包括环境准备、心理准备与物质准备三方面。为倾听创造一个良好的、宽松的倾听环境，同时在心理上与物质上做好倾听的准备，可以提升倾听的效果。

1. 倾听的环境准备

做好积极倾听的环境准备需要考虑以下因素：

· 非威胁环境——感觉上平等的环境，如环形座位、并排座位、面对面的交流环境等。

· 适当的地点——不受打搅或干扰的地方。

· 反馈信息交流通畅——能够观察到眼睛或面部表情，需要保持适当的亮度（避免光线直射于谈话者面部）。

· 适当的时间——有足够的沟通时间，使双方都有表达的机会。

2. 倾听的心理准备

倾听的心理准备是指关注发言者，保持平和的情绪状态及正确的态度进行倾听。这样有利于集中精力与他人沟通。

· 以客观公正的态度倾听。随时注意克服自己的偏见，以保证全面准确地接收信息。

· 以开放的心态听取意见。就事论事地谈论具体事件，避免交流中出现批判性语言。

· 不打断发言者。有些倾听者有记笔记的习惯，他们可能会不时地打断发言者要求复述，从而保证自己能记下对方说的每一个字，这样也打断了发言者的思路。因此，这些倾听者需要事先提示自己做好心理准备，能记下关键字就可以，不必求全。

· 抓住重点内容或基本观点。倾听前明确本次倾听的目的，以便抓住重点内容或对发言者的基本观点进行准确把握，特别在涉及时间、数据等内容时，注意记录，做到精准接收。

· 避免分心。在倾听前提醒自己避免分心，可将手机和其他电子设备调至静音或远离自己以减少干扰。

3. 倾听的物质准备

在倾听的时候做好物质准备也是很必要的。

· 笔与记事本。做笔记能使发言者感到被尊重与重视，可以促使发言者更多、更清晰地表达个人意见；做笔记可以帮助倾听者跟随发言者的思路，帮助倾听者记忆信息，也能够帮助倾听者集中精力。同时，记下疑问也可以方便提问交流。

· 录音录像设备。在必要场合，在获得发言者同意的情况下，可以使用录音录像设备记录谈话内容，以便总结及日后回顾。

（四）与发言者保持良性互动

有经验的倾听者常以轻松自然的坐姿进行倾听，与发言人保持目光接触，面对发言者，用点头的方式表示在跟随发言者的思路。发言者通常通过观察听者的眼睛判断其是否在倾听。注意，要用发言者能够理解的表情来进行互动，如微笑、皱眉、迷惑不解等表情，给发言者提供准确的反馈信息，以便其及时调整。

积极的倾听者会对所听到的信息表现出兴趣，表现方式包括赞许性点头、恰当的面部表情与积极的目光接触等。目光接触可使倾听者集中精力，减少分心的可能性，并能鼓励发言者，表示听者对讲话内容感兴趣。在倾听时，注意避免进行以下活动：看时间、翻阅文件、用笔乱写乱画、交叉双臂、跷脚等。这些举动会使发言者认为听者对内容厌倦或不感兴趣。

（五）给予恰当反馈

恰当的反馈包括不随意打断对方讲话，对发言者的话有所反应。

对倾听者来说，对发言者所讲的内容做出反应之前，应当让他们讲完自己的想法，而避免在发言者说话的时候做出纠正等行为。

恰当的反馈还需要听者从发言者的角度出发，形成换位思考的习惯，理解发言者所讲的内容，并做出适当的反应。因为在大多数情况下，发言者需要了解其讲的内容是不是能够被听众理解，有哪些内容是被忽略、批评或谴责的。接收到及时、明确的反馈之后，发言者才能继续传递听者需要的信息。恰当的反馈还能给发言者以思考与整理的时间，为深入沟通创造条件。

任务二　反馈技巧训练

反馈是指输出信息的反向信息流动，对职场人员来说，倾听时的反馈是为了更清楚全面地倾听并理解更多的信息，对组织中其他成员行为的反馈是为了改变或强化其行为，更好地完成组织目标。反馈有两种类型：积极的反馈和消极的反馈。当然，在组织成员进行工作沟通的过程中，这两种反馈形式都是必要的，不过在倾听时，我们需要利用的是积极的反馈方式，这样才能更好地进行倾听。

一、积极的反馈方式

积极的反馈可以加强人们之间的友好关系和良好感觉，积极的反馈可以是一般的总体上的反馈，也可以是具体的反馈。我们倾听时进行积极反馈需要注意这样几点。一是反馈的内容要么是对讲话内容的理解，要么是对发言者感情的理解，不论哪一种，都应在适当的时机表示出来；二是积极倾听的反馈不意味着同意，听者可以同意也可以不同意发言者的观点，即使不同意其观点，听者仍然可以表现出在积极倾听，积极理解其观点。

积极的反馈方式具体有以下几种。

（一）探询式反馈

探询式反馈是希望获得另外的信息，或者想使讨论更深入，进一步探究对方对某一问题的看法。利用探询式反馈的技巧在于，可以要求对方补充说明或建议对方讲得更详细一些，还可以利用提问的方式，直接对感兴趣的地方或有疑惑的地方进行提问，要求对方更详尽、明确、清楚地阐述。

（二）理解性反馈

理解性反馈是为表示完整地把握了对方话语的内容而做出的反馈。在沟通过程中，理解性反馈的技巧在于，或者简述过去的经验，或者简要阐述自己类似的观点，以显示与沟通对象存在共同的态度、价值观等，表明对对方的理解。此外，可以采用交换提问的方法，形成对沟通信息的双向理解。

（三）评价性反馈

评价性反馈指对发言者阐述的内容、立场等各方面的评价。评价性反馈的技巧在于多采用描述性的回答而非评论性的回答，比如“你们的售后服务确实很及时”。在进行反馈的过程中，如想给予肯定回答，用“是、我理解、我明白”等表达方式，对自己可接受的内容表示肯定，这时评价性反馈相当于支持性反馈。

（四）支持性反馈

支持性反馈指在双向沟通中表示对对方的支持与赞同。在沟通时表达支持的态度，有助于加深与发言者之间的关系，取得情感上的认同。在反馈中，应避免闷头不语，这是一种消极反馈方式，会引起对方误解，以为听者对内容不认同或对其本人有看法。想做好支持性反馈，还要注意一点：让对方把话说完。

（五）解释性反馈

解释性反馈是用自己的语言解释对方发言内容的反馈方式。可以简单复述对方发言的内容要点，并在反馈过程中简述自己的理解。解释性反馈还可以试图解释对方的意图，即用自己的语言说明对方为什么这么说。

积极的反馈方式可以使职场人更多地与组织成员沟通情感，取得认同，增强沟通效果。注意，如果发言者感觉有人不赞同其所讲的内容，也一定会有所反馈，倾听者同样应该接收到；如果倾听者做出的反馈性陈述符合发言者的意思，交流将更为顺利。

积极反馈的技巧是需要反复实践方能掌握的，不一定在所有场合都需要使用这些技巧。但是在为了获得更多信息、有问题需要解决、需要了解事情的全过程、鼓励发言者继续讲下去，或者当我们不能完全明确发言者意思的时候，积极反馈的技巧就十分必要了。

二、消极的反馈方式

在前面的内容中介绍了积极的反馈方式，积极的反馈主要是为强化认同、增进联系而存在的，可以使组织成员认识到他们的行为是值得肯定的。

必要的时候，我们在沟通过程中需要提供消极反馈，目的是使组织成员的某种行为不再发生。不过对消极反馈的使用要谨慎，并且最好能提供使其改进的方法。

还有一种反馈方式就是不反馈，不论组织成员做什么，怎么做，做得好坏，都收不到反馈。不反馈在某种程度上也属于消极的反馈方式。这时，组织的管理者与其他成员所传递的信息是“无论你做什么都是不重要的”。如果组织成员认为他们所做的事情不重要，很显然将失去对工作的兴趣，也不会再努力尝试把工作做得更好，导致工作表现越来越差。这时其他人员往往就会出现消极反馈，形成一种恶性循环。

从反馈的方式我们可以看出，在一个组织中，信息发送者传递给组织成员的反馈信息可能不完全是他们愿意听到的，而人们也倾向于传递给员工好消息，从而更受他人的欢迎，而不情愿成为坏消息的传递者，不愿意面对接收者防卫或失望的心理状态。如果加以留心，我们可以注意到在许多公司里，好消息（如升职、加薪等）都是由老板宣布的，由于其总传达“好的”信息，因此形成一种更具有亲和力的形象；而一些对员工不利的信息（如加班、解聘等）是由部门主管或人力资源部门来传达的。不过，职场人必须认识到，在各种各样的情况下提供不同的反馈是职场人的工作职责所在。因此，给予反馈，无论是积极的还是消极的，都是一种重要的沟通技巧，同时，任何一位组织成员也希望尽可能地获取各种类型的反馈。

三、有效的反馈技巧

在工作中我们需要运用各种反馈形式来取得需要的沟通效果。实际上，在完成任务的过程中，每一位组织成员也需要来自各方面的反馈。人们将反馈作为一种参照，通过反馈来了解他人对自己的意见与看法，也通过反馈将自己的意见与看法提供给其他成员，这是反馈的目的。为达到这一目的，就需要提供使接收者能够听到或感觉到，并且能够接受的反馈方式，以下一些准则或方法可以使人们在进行反馈时更有效率，对职场人来说更具有现实意义。

（一）在反馈中强调具体行为

反馈应当具体化而非一般化。一些模糊的词语有时会引起歧义，达不到反馈目的。所以，在提供反馈意见时应越具体越好，比如“你讲话速度太快了”或“听我讲话时你似乎心不在焉”等，这些意见是非常具体的，因而不需要任何解释。当然，提供反馈时的表达方式可能传递出讲话者的态度。一般来说，组织成员能够了解自己的行为是不是值得肯定的，所以，为避免给人造成批评或指责的感觉，说话的语气也是需要注意的。

工作中，我们在提供反馈时应当避免这样的陈述：“你的工作态度很不好”或“你的出色工作给我留下很深的印象” 。这些信息过于模糊，在提供这些信息时，信息发送者没能指出信息接收者改正其工作态度的资料，也没有提供相关资料表明组织成员“出色工作”。换一种反馈方式，如果上级说：“小王，我对你的工作态度有些担心，昨天部门例会你迟到了半小时，要你拟定的工作计划你也没能按时提交，今天你又要请一下午的假去参加同学聚会。”这种陈述针对具体的行为，能够告诉对方为什么被批评或赞许，使接收反馈的对象能够把握具体的行动标准。

（二）把握反馈的时机

在有效管理原则中有一条为“即时原则”，即组织成员的行为与获得对该行为反馈的相隔时间越短，反馈越有效果。比如，新员工在做错一件事之后，最好在紧接错误之后或一天工作结束时就从上级主管那里得到改进的建议，而不是要等到几个月后进行工作总结时才获得。当组织成员需要花费时间唤起对过去情境的记忆时，其反馈很可能是没有效果的。把握反馈的时机实际上意味着要提出新的意见，有了问题及时处理是最好的对策。不过，在信息发送者没有充分掌握信息之前，或者情绪不稳定、难于自我控制时，进行快速而匆忙的反馈，效果也会不尽如人意。所以，合适的反馈时机不仅仅指即时反馈，有时也意味着一定程度的推迟。

（三）反馈需要对事不对人

反馈，尤其是提出批评性的消极反馈，无论信息发送者如何气愤或失望，其反馈都应当是针对工作的，避免因为员工不恰当的行为而指责其本身，尤其不要使员工感觉受到人身攻击。比如，教师说学生“太笨了”，管理者说员工“没有能力，反应迟钝”等，会激起学生或员工很大的情绪反应，这种反应反而使他们忽视了学习上或工作中错误的本身，或者产生对抗性心理。因此，当管理者或其他工作人员进行批评性反馈时，指责的应该是工作相关行为，而不是对个人做出评价。比如，你可能在心里觉得某人“无礼且迟钝”，但最好这样说：“你三次因为不紧急的小事打扰了我，而你知道我正在与客户进行商谈。”

（四）确保对方充分理解反馈含义

反馈本身是双向沟通中的行为，双向沟通的目的之一就是确保交流对象充分理解信息的含义。如果一方提出了反馈，但接收信息的一方并未理解其反馈的真正含义，或者产生误解，就难以知道改进的方法与必要性。为了使反馈有效，应确认接收者理解反馈的含义。

反馈的方式对反馈含义的理解也十分重要。比如，“我认为要是那样做可能更有效”“你可以这样考虑……”“无论什么时候你都可以……”等表达方式会让人感觉可以自由地接受或拒绝反馈意见，也会让人更加客观地考虑反馈的内容。

（五）提供富有建设性的反馈意见

提供积极的建议来代替指责，对职场人来说是一种需要培养的习惯。反馈的目的是对反馈的接收者有所帮助，因而应该提供具有建设性的意见。比如，办公室里一位负责处理信件的新职员总在剪开信封时将剪下来的边缘部分扔到地上，等快下班时再一起清理，这让其他同事不习惯，他的同事对他说：“下次你把剪下来的边缘部分放回到信封里再一起清理更方便呢。”于是这位职员很快改掉了原来的习惯。

（六）有效提问

职场人需要学会进行有效提问，避免在反馈与交流过程中因不善于提问而发生沟通障碍。提问与倾听是紧密联系的，提问的目的在于弄清事实，帮助双方检验对于问题的理解或者要求对方采取行动。实现有效提问需要注意以下几点。

- 态度——以理解的态度，认真、诚恳而准确地提出双方都能接受的问题。
- 时机——不要过早、也不要太迟，应就当前的事情提问。
- 提问内容——针对自己应该知道的信息提问。
- 语速——注意提问时的话语速度。

提问的形式——用不同的提问形式引导对方向有效沟通的目标前进。开放式提问：“请想一想还有其他问题吗？”；封闭式提问：“我是不是可以认为这是最后一个问题了？”

注意，在提问中不要问能引起对抗心理的问题，不要问显示自己精明或高人一等的问题，也不要中断他人的话题。

（七）在反馈中提出要求或拒绝要求

职场人需要在反馈中提出要求或拒绝要求，需要以礼貌的态度提出或拒绝。提出要求时注意以下几个方面的问题。

· 要有清楚的目标并留有余地：要求你所需要的东西；要求本来属于你的东西，希望对方提供具体帮助，希望对方考虑你的请求。

· 提问要简洁，中心内容要突出，要使对方在最短时间内了解你的意图。

· 用果断和坚决的手势语协助表达要求的坚定性。

同时我们也需要礼貌但坚决地拒绝某些要求。

· 采用委婉的语气和巧妙的方式向对方说“不”。拒绝的语气要坚决，形式要礼貌，使对方不再以此纠缠。

· 礼貌拒绝的前提是避免自责、担心和愧疚。应该了解不能满足他人的要求并不等于做出了对不起他人的事。

· 清楚地表达拒绝不一定要使用生硬的语言。例如：很遗憾，我别无选择，希望你能理解。

· 避免使用借口拒绝，借口使人感到还有余地可以讨价还价。

· 留出时间延期答复，使人感到是深思熟虑后的拒绝。

· 提出替代方案，满足对方的补偿心理。

· 说明原因，以获得理解，使之自动放弃要求。

当然，职场人必须明白，不仅需要给予他人积极的反馈，也需要给予他人消极的反馈，这既是现实工作所要求的，也能够反映出职场人本身的客观性，有助于人们看到真实的工作状况，从而更好地修正行为以达到组织的要求。

【阅读资料】

破格晋升

李，研究室主任，55 岁，工作认真，为人古板、多疑；王，30 多岁，毕业于某名牌大学，业务能力强，脾气倔强，独立，喜好自由，不服约束。李的性格决定其对工作纪律要求特别严格，对王的散漫、张扬，李始终表示不满，认为其行为影响生产，影响他人，并视之为害群之马，多次于各种会议上不点名地批评他。而对于李的领导作风，王非常反感，觉得他这种家长式管理风格严重限制了科技人员的发挥，而且王感觉到李对自己的反感，并认为李妒贤嫉能，因而对李充满敌意。不久后发生的一件事加深了两人的矛盾。

一年一度的职称评定开始了，李作为单位主要部门的负责人，自是评委之一。王纪律性虽然差一些，但工作还是很出色的，主持的多个课题获奖。如果部门领导推荐，王很有希望破格提升为高级职称。王认识到了这一点，决定找李谈谈。

王：“李主任，有事找您谈谈。”

李：“哦，小王，有事找我？先坐吧。”（说完，李继续忙他手头的工作。）

王：（有些犹豫）“李主任……”

李：（默不作声，似乎在听）……

王：（只好继续）“李主任，马上评职称了，你看我，我想……”

李：（抢话头）“你，好像你的资格还不够吧。”

王：“我来所里工作十多年了，课题完成了不少，我想我可以申请破格晋升，希望您推荐一下。”

李：（显示出惊奇、否定、怀疑）“破格？哦，这可得研究一下，你的情况我比较了解，具体情况我们再商量一下，我还有一些事情，有结果我会答复你的。”

几天过去了，李没有答复。周一，李通知王参加答辩，王对自己的答辩感到很满意，而且得到评委们的赞许。可结果出来后，王却并没有被破格晋升，破格晋升的是与他同年来的张，张业务能力比王差一些，但因纪律性好而深得李的赏识。

研究室里的人都为王未能破格晋升而打抱不平，王满怀希望，却遭遇挫折，感到非常难堪，尤其张的破格晋升更令其不忿。他认为一切过错都在李，是李从中作梗，从此，一个更加散漫的王出现了，迟到、早退、无故旷工……而此时李呢？他认为不让王破格晋升是完全正确的。

二人从此行同路人，后来王辞职了。

思考：

（1）王作为反馈的接收者，其做法是否有误？原因何在？应当怎样做？

（2）如果你是王，你会怎样做？

（3）李作为反馈的提供者，其做法是否得当？为什么？应当怎样改进？

任务三 说服技巧训练

在组织中，员工需要与他人合作完成工作，管理者需要通过员工的配合来开展工作。所以，为了让其他组织成员有效地配合自己，需要经常进行说服工作。鉴于工作场景中，管理者进行说服的时间与需要更多，他们需要更多地进行有效说服。因此，本部分主要以管理者角度进行阐述。但是，总体来说，说服本身也是取得认同、沟通情感的重要手段，说服技巧是沟通能力中的重要方面，也是包括管理者在内的所有职场人都希望拥有的能力。

【阅读资料】

触龙说服赵太后的策略解析

在《战国策》名篇《触龙说赵太后》中，触龙说服赵太后的思路与过程分析如下。

1. 察言观色，避其锋芒

深谙说话艺术的左师触龙并没有像其他朝臣那样一味地犯颜直谏，而是察言观色，相机行事。他知道，赵太后刚刚执政，缺乏政治经验，加之爱孩子的心理，盛怒之下，任何谈及人质的问题都会让太后难以接受，使得结果适得其反。所以触龙避其锋芒，对让长安君到齐国做人质的事只字不提，而是转移话题，先问太后饮食起居，接着请托儿子舒祺，继之论及疼爱子女的事情，最后大谈王位继承问题。不知不觉之中，太后怒气全消，明白了怎样才是疼爱孩子的道理，最后安排长安君到齐国做人质。

2. 关心问候，缓和气氛

面对怒气冲冲、盛气凌人的赵太后，首要的问题是让她能够心平气和，给人以劝说的契机，从而引起她谈话的兴趣，一步步进入正题。触龙拜见太后并不难，但见到太后谈什么却很关键。话不投机，三言两语也许就会被拒于千里之外。因此，触龙反复揣摩太后的心理，选择了老年人都共同关心的饮食起居话题，先从自己脚有毛病（也许是假的）、不能快走谈起，以己推人，关心起太后的身体情况，自然而然，合乎情理。

他人发自内心的真诚问候，老年人同病相怜的真实感受，让赵太后的内心有了一丝感动，于是“色少解”（释义：太后的怒色稍微消解了些），和触龙交谈了起来。紧张的气氛得到缓和，谈话有了良好的开端。

3. 大话家常，拉近距离

触龙和太后接上了话，此时还不能步入正题，因为谈话才刚刚开始，太后也只是“色少解”，此时如果谈及人质问题，太后马上会翻脸。但谁都知道，触龙求见太后不可能只是为了嘘寒问暖，怎样才能让谈话既显得合情合理，又自然引到人质问题上呢？触龙于是想到了最合乎人之常情的一面——求请安排孩子。为了孩子将来能有一个好的前途，进宫求见太后，是非常自然的。因此，触龙和太后谈起了孩子，拉起了家常，无形之中拉近了两人之间的距离，使得谈话得以继续，事情向着触龙预先设计好的方向发展。

4. 投其所好，请君入瓮

应当说，触龙问候起居、关心孩子，都切中了赵太后的心理，但最能打动赵太后的恐怕不是这些，而是触龙的一句话，“老臣窃以为媪之爱燕后贤于长安君”（释义：我私下认为，您疼爱燕后超过了疼爱长安君）。赵太后溺爱孩子，众人皆知，触龙从请托孩子谈起，欲擒故纵，故意诱导赵太后谈及“丈夫亦爱怜其少子乎？”（释义：你们男人也疼爱小儿子吗？），从而自然引到赵太后疼爱孩子问题上，这一对话深深地打动了赵太后，道出了赵太后疼爱孩子的事实。此时，作为母亲的赵太后，心中也许会涌现出哺育长安君、持燕后踵哭泣、祭祀必祈祷的一幕幕往事。她的感情已完全为触龙所触动。

5. 晓之以理，循循善诱

说话技巧再高，也高不过“理”字。言论一定要合理，要让他人能接纳领受。触龙的话之所以最终能够让赵太后信服，愿意安排长安君到齐国做人质，关键在于他能够在动之以情的基础上以理服人。

谁不疼爱自己的孩子，爱孩子就要为孩子考虑得长远一些，就要让孩子有立身之本。站在客观的角度，触龙旁敲侧击，晓之以理，动之以情，全部对话无一字涉及人质，又句句不离人质。迂回曲折之中尽显语言奥妙，循循善诱之余凸显事情必然。

一、说服的意义

管理者进行说服是管理工作的要求。管理者的工作职责之一就是协调组织成员一致地为组织目标而努力。所以管理者应当成为一名说服者。现代组织越来越认识到人力资源是最宝贵的资源，员工积极性的发挥对组织目标实现具有重要意义。人本管理理论认为现代管理的核心是使人性得到最完美的发展，任何管理者都会在管理过程中影响下属人性的发展。当管理者对员工完善人格的发展负有责任时，就不能简单依靠管理措施与制度来完成管理，而应更多地关注组织成员对工作的认知与对待组织目标的态度。

管理者的说服能力一定程度上表现出管理者的影响力水平。在现代知识经济社会中，管理者自己也面临着深刻的角色转换。面对无论是知识能力、还是人格成熟度均日渐提高的员工，其管理手段、管理风格与管理重点都要发生相应的改变，否则就无法顺利实现组织目标。在这种情况下，管理者的工作重点不再是盯住员工的行为，通过纠正偏差来实施外部管理，而应逐渐转向对员工观念意识的关注和影响，从而间接地影响员工的行为。这就对管理者的沟通能力提出了新的要求：如何利用有限的面对面沟通机会，既能准确把握员工心态，又能充分表达自己的理念，说服员工认同组织目标。

二、合作状态与影响策略

合作状态是指员工接受合作任务并按要求配合完成任务的心理状态，不同的合作原因可能导致不同的合作状态。在可能的情况下，我们应当了解他人与我们合作的原因，根据任务的要求来确定怎样对实现组织目标最有利，从而采取相应的影响策略。表 3.1 列出了 3 种常见的合作状态，并简单标明了合作原因与沟通者可采用的影响策略。

表 3.1　合作状态与影响策略

合作状态	合作原因	影响策略
表面合作	权力、强制	威胁、利诱
确认合作	魅力或其他利益上的吸引力	交换、个人权威、形象与人格魅力
内在化合作	说服力、内在报酬	说服、忠告、诉求、宣传、激励

表面合作是一种最低水平的合作状态，可以完成工作任务；在确认合作状态下，员工可以比较负责地完成工作任务；而在内在化合作状态下，员工认为工作任务可以

满足其自我实现的心理需要，能够发挥主动性，以高度的责任感来完成工作。管理者当然希望组织中所有的员工都能够达到内在化合作状态，但很明显，这是一种理想状态，而且需要管理者长时期细致的工作，需要各种奖罚制度、规章等行政手段与组织文化、领导者风格等的全面配合，是一项系统工程。在多数情况下，管理者可能只需要员工按要求完成任务即可，但对于需要员工发挥出极大主动性与创造性才能完成的任务，就必须使其达到较高层次的合作状态。在这种情况下，管理者需要具备说服能力，很多管理者口才不错，往往将员工的全部意见驳倒，就以为自己说服了员工，这并非真正意义上的说服。管理者必须首先做到关心员工，了解员工，在此基础上提高自己的说服技巧。

说服员工接受新观念、支持自己的想法，需要一个持续不断影响与沟通的过程。当员工真正感觉到组织目标对自身的好处，看到发展的希望，才能自觉地改变行为去适应组织要求。

三、创造说服的条件

创造说服的条件是说服技巧之一。管理者要说服员工，必须先了解员工，而且要创造说服的条件，有针对性地进行说服。

（一）使说服任务合理化

在创造说服的条件中，首要条件是使说服任务合理化。

合理化的第一点是任务明确，即让说服对象知道需要他们做什么，同时明确所要完成任务的目的和所要达到的标准，并且有确切的期限。在提出说服任务的时候要尽量具体。当管理者清晰而具体地讲述任务时，员工会因为任务的明确与可行而感觉任务合理，从而接受。

合理化的第二点是任务具有针对性，即说明为什么需要某一特定的团队或组织成员来完成，使员工感觉到受重视、被理解。同时，管理者要有针对性地为员工确定一个他们认为可以实现的目标，如果员工认为目标不可能实现，就起不到说服的作用，员工充其量只能是消极服从。

合理化的第三点是提出说服任务的系统性与关联性，管理者除了对任务的系统性与关联性有相当程度的了解，还要能表述清楚、明确，让员工建立与自身工作的关联。

（二）建立信任关系

在创造说服的条件中，第二个条件是需要建立信任关系，用心的管理者总在随时注意建立与员工之间的信任关系。信任是说服的重要条件，管理者应尽最大努力取得员工信任，不过，组织中的信任关系并没有一个客观的标准，是由人们的主观判断与评价决定的。以下因素会影响信任关系的形成。

（1）能力及品性特质。人所具有的能力、知识与诚实的品质能促进信任；反之，才疏学浅、品性可疑会阻碍信任关系的形成。

（2）人际吸引力。人际吸引力也可以说是某种魅力，会使一个人在他人眼中产生一种光环效应，其优点被放大，缺点被缩小甚至被忽略。

（3）共同点。沟通双方的共同点越多，说服力就越强。双方在兴趣、价值观、社会经济地位、家庭、学历、年龄、性别，甚至籍贯上存在共同点，都会增加说服者的可信度。

（4）表达方式。在具体的说服过程中，平和、稳健、准确地阐明自己的观点，提出建议或要求，是谈话过程中的可信因素。含混或言辞激烈，都可能难以准确阐明自己的观点，也不符合说服工作中的用语原则。

（5）言行一致性。这是影响管理者的说服力和信任度的重要因素。因为在管理者与成员之间、管理者与外部利益相关者之间均存在利益关系，管理者在这些关系中均占有举足轻重的地位。人们不能容忍一个反复无常、行为难以预测的人居于这种地位。管理者如果在工作中是言行一致的，则有助于与员工建立信任关系；若其一旦被人们认为言行不一致，则想要建立起信任关系就几乎不可能了。对管理者来说，言行一致也是成熟、完整人格的体现，并能强化自己的人际吸引力。

【阅读资料】

银行总裁的信任考验

一位银行前总裁说他曾经历过一次严峻的考验。为了激励员工，他曾提出一个构想，如果下一年的公司业绩有好转，每一个员工都将得到公司的奖励。刚宣布这一决定，一封匿名信就寄到他手上：“你又来了。承诺、承诺、再承诺，明天、明天、永远是明天。我们今天到底能得到什么呢？”这封匿名信给总裁带来了沉重的精神负担，因为他不知道是谁寄出的这一封信，他在整整一年中都感到所有人都在监督着他，每天都不敢懈怠。一年后，员工们真的得到了奖励，结果他又收到一封匿名信：“你果然信守承诺。”总裁说：“我这时就像一个被释放的囚徒，真正感到了轻松自由。”

在第二封匿名信没来之前，这位银行总裁都在经历着一种信任危机。因为员工缺乏对管理层的信任，管理层所发出的信息就不具有说服力，可能员工为了“饭碗”必须保持一种表面服从的状态。但想取得员工内在的认同，管理者必须具有可信的品质。被说服者对说服者是否信任是决定说服是否成功的重要因素。同样的说服措辞，由不同的人来说，其效果也往往大相径庭，可能的原因就是信任关系不一样。

四、说服技巧

（一）寻找动机进行说服

人的行为是由动机驱使的。寻找动机进行说服，主要是在说服遇到障碍时运用的方法，实际上是寻找“要害”进行说服。管理者需要明确，每个人的行为都有自己的理由，被说服者依据自己的动机来认同或否决说服者所提供的观点及建议。所以，在对方不接受意见时，说服者应研究其深层次的原因，从而能抓住关键因素来进行说服。

了解对方的内在需要及动机，就意味着从人的本性出发进行说服，意味着激发对方接受的情绪冲动。实际上，广告就是依据这一原理进行设计的，即商品究竟可以满足客户哪些方面的需要，从而引发购买欲望。就职场沟通而言，说服过程中对对方动机的寻找并进一步做出说服行为，可以从以下几方面加以重视。

（1）寻求帮助。作为最有说服力的代表人物，苏格拉底奉行一种“自知自己无知”的哲学，认为自己之所以能说服对方，是因为把对方心中早已持有的某种观念引发出来。成功的说服者都知道这一点，即不是说服者说服了对方，而是被说服者自己说服了自己。所以，如果管理者想进行一次成功的说服，可以采用寻求帮助的方法，使说服对象自己说服自己，从而使说服工作事半功倍。

（2）换位思考。说服过程中往往需要清晰地分析出利害关系，但注意，想达到好的说服效果，关键要站在对方的立场上进行利害关系陈述，这样可以增进情感，加强说服的感情因素，达到说服的目的。正如卡耐基指出的那样，成功的人际关系在于你捕捉对方观点的能力，还有，看一件事须兼顾双方不同的角度。对于说服者来说，掌握换位思考的方法可以使自己更好地解决与对方的分歧。

（3）用“请求”而非“命令”。管理者可以看到，要求与命令等经常引起抵触情绪，而用请求的方式可以消除这种抵触情绪。在相互尊重的基础上请求而不是命令，使管理者与组织成员之间交流的大门敞开，这样才有可能进行合作或者达成妥协。管理者需要知道，任何人都有选择的权利，当你不允许别人有选择的权利时，你自己实际上也丧失了选择的权利。当管理者请求组织成员或他人做某事时，有思维能力的成年人有做与不做的自由，因而管理者所能做的就是指出他们不去做的后果是什么。总之，如果命令导致抵触情绪，那么管理者需要在交流或说服中以请求而不是命令的口吻提出改善意见或工作建议。

【阅读资料】

换位思考

人际关系学大师卡耐基讲过这样一件事，他每个季度都要在纽约的某家大旅馆租用宴会厅20个晚上，用以讲授社交训练课程。有一个季度，他刚开始授课时，忽然接到通知，旅馆经理要他付比原来多3倍的租金。而这个消息到来之前，入场券已经印好，而且早已发出去了，其他准备开课的事宜都已办妥。

很自然，他要去交涉，怎样才能交涉成功呢？两天以后，他去找经理。“接到你们的通知时，有点震惊。”他说，“不过这不怪你，假如我处在你的位置，或许也会做出同样的决定。你是这家旅馆的经理，你的责任是为旅馆创造更多利润。你不这么做的话，你的经理职位难保住，也不应该保得住。假如你坚持要增加租金，那么让我们来分析一下，这样对你是有利还是不利。”

“先讲有利的一面，”卡耐基说，“大礼堂不租给讲课的，而租给举办舞会、晚会的，那你可以获大利了。因为举行这一类活动的时间不长，他们能一次付出很高的租金，比我付的租金多得多。租给我，显然你吃大亏了。”

“现在，来考虑一下不利的一面。首先，你增加我的租金，却是降低了收入。因为实际上等于你把我撵跑了。由于我付不起你所要的租金，我势必再找别的地方举办训练班。其次，这个训练班将吸引成百上千有文化的中上层管理人员到你的旅馆来听课，对你来说，这难道不是起了不花钱的活广告作用了吗？事实上，假如你花 5 000 元在报纸上登广告，你也不可能邀请这么多人亲自到你的旅馆来参观，可我的训练班给你邀请来了。这难道不合算吗？”讲完后，卡耐基告辞了，“请仔细考虑后再答复我。”

当然，最后经理让步了，卡耐基在这次谈判获得成功的过程中，没有谈到一句关于他要什么的话，而是站在对方的角度想问题。可以设想，如果他气势汹汹地跑到经理办公室，提高嗓门叫道：“这是什么意思！你知道我把入场券都印好了，而且都已发出，开课的准备也已全部就绪了，你却要增加 3 倍租金，你不是存心整人吗？！3 倍，好大的口气，你疯了，我才不付呢！”想想，那该又是怎样的局面呢？你会知道争吵的必然结果，即使他能够辩得过对方，旅馆经理的自尊心也难使他认错而收回原意。

所以，假如有什么成功秘诀的话，就是设身处地地替他人着想，了解他人的态度和观点。而一味地为自己的观点和主张作争辩，往往只会陷于顶牛抬杠的境地。

（二）坦率说服

【阅读资料】

打动爱因斯坦的那句话

爱因斯坦经常拒绝作家的采访或画家为他画像，但有一天，一位画家请求为他画像，他改变了态度。

一开始，爱因斯坦照例回绝道：“不，不，我没有时间。”

“但是，我非常需要靠这幅画所得的钱啊。”画家恳切地说。

“噢，那就是另外一回事了。”爱因斯坦马上改变了态度，“我当然可以坐下来让您画像。”

爱因斯坦的同情心使他的人格更加伟大，但画家坦率地说出困难，比花言巧语更能打动人心。

人人都有尊重、被尊重的需要，坦率地说出困难、请求对方帮助，可能唤起对方的责任心与使命感，或者使其被尊重的心理得到满足，从而提高说服的成功率。如果管理者能够发现这一点并能进行有效利用，就可能大大提升说服效果。比如，把“我需要你在中午以前准备好文件，我必须在中午之前拿到”改为“我希望你能在中午以前准备好文件，因为我真的需要它，你能完成吗？”。如果对方说“不能”，你可以做出一定的让步或调整他们工作的优先顺序。在说服的过程中，将“不要那样做”改为“我觉得这样做可能更容易些”，把“我不喜欢你去做”改为“你不介意我让 × 去做吧？”或“我希望你让 × 去”的类似说法。

（三）针对不同个性进行说服

不同个性的人对不同说服方式的接受程度也存在差异。了解人的个性比较困难，不过组织成员大致上属于什么类型还是可以区分的，管理者可以大致将员工分为以下几种类型，从而针对员工的不同个性，有重点地进行说服。

1. 攻击型

攻击型也可以称作引人注目型，这种员工有很强的表现欲，喜欢以自我为中心，希望在他人面前显示自己的特别之处，喜欢故弄玄虚，实际上有时可能是用攻击的方式掩饰自己的胆怯。对待该类型的人，说服时不要勉强对方明确表态，有必要顾全员工的“面子”，而且在说服前要有相当充分的准备，以应对质疑与问题。

2. 冲动型

此类型的人属于爆发型的性格，容易冲动，但清醒得也快，情绪不大稳定，情绪好的时候能发挥所长，然而有时也会得意忘形。所以在进行深入说服时，最好能诉诸情感，并尽量帮其拟订切实可行的方案。

3. 忧虑型

此类型的人行动表现比较消极，自我意识相当强，非常在意别人的批评，也相当敏感。因此，说服的要点是表现出接受他的想法，制造和谐的沟通气氛，积极地提供帮助。建立信任关系后，该类型的员工将会是很好的合作伙伴。另外，管理者应注意在平日尽量多培养此类型员工坦率、不受拘束畅谈的能力。

4. 冷静型

从事精细工作的技术人员、研究人员大都属于该类型，他们经常冷静地思考问题、讲道理，处理事情一丝不苟。他们可能不大积极与人交往或关心别人，但可能是能够达成任务的好对象。对该类型员工，说服的重点是以平常的轻松语气，用不易亲近及过于客气的态度反而收不到好的效果。在说服中加以清晰适当的剖析整理，也比较妥当。

5. 固执型

此类型的员工做事很认真，且对于已经决定的事情很坚持，所以对规则与制度严格遵守，常被评为拘泥于形式，缺乏幽默感，不知变通等，但他们仍然我行我素。说服此类型员工的重点在于取得他们的信任，如果管理者一副漫不经心的样子，做事马马虎虎，无形中便会失去在该类型员工心中的信任感，而且该类型的人大都慑于权威，借权威之名进行说服也不失为好办法。

6. 利己型

该类型的员工待人亲切，但表里不一，当事情进行顺利时，他们会情绪高昂，但事情变得复杂时，他们却狡猾地逃避责任。这种员工适应环境能力强，但凡事只看表面，不能深入，不愿意负责。对该类型员工说服的要点在于减轻他们的负担以引导他们，多让其做些容易处理的事情，慢慢训练他们担起责任。这种人大多较为敏感，在说服时少用“不负责任”之类的字眼，以免引起其防卫心理。

（四）恰当提问

说服的过程，同样应当是一种双向的交流过程，尤其是需要被说服的对象达到一种确认或内在化的被说服状态时。那么，在说服的过程中，管理者必须利用一些方法来发现对方的动机或真实想法。其中，观察对方的语言与非语言反馈是一种方法，但如果想更加深入或更直接，提问就是一种必要的方法，而提问的方法也是必须掌握的说服技巧之一。

在提问过程中，管理者需要选择好提问方式，恰当的提问方式可以启发对方考虑更多问题，从而加深思考的深度与广度。面对不同的说服对象，比如说话容易跑题、不愿意表达想法或者有顾虑的员工，利用恰当的提问方式，管理者可以达到控制形势、发现意图、了解利益，从而进行针对性说服的目的。

一般来说，人们在交流过程中习惯于提问题，也善于提出问题，但放在说服的工作场景中，管理者需要注意一些应当避免的提问方式，比如，一句简单的“为什么?”，在一般的情况下人们不会有什么感觉，但在说服气氛有些紧张与微妙的情况下，这三个字也可能被看成一种质问。具体可以将应避免提出的问题归为6种。

1. 压制性问题

这类问题的答案被限制在很狭窄的范围内，因为这种提问的方式就是为了将对方回答的思路引入预先设计的狭小范围内。例如：

“你不认为……”

“是……，不是吗?”

“难道你不愿意……?”

这类提问方式实际上在表达，说服方真正的意思是“我认为……”，或者“让我们以……的方式或方法做这件事”，让说服对象感觉到没有提出意见的可能。

2. 揭短式问题

这类问题是间接地指出对方的弱点或者揭露对方的错误。例如：

“你不是说过……”（实际上想说的是，你的想法或做法是错的。）

“呦，你什么时候进来的?”（不经意地，暗示对方迟到了或者没能引起你的注意。）

“如果我没记错的话，你不喜欢……”（暗示对方可能存在偏见或错误。）

这些问题可能引起说服对象的抵触心理："既然你是这样认为我的，你为什么还要说服我呢？"不利于说服内容的展开。

3. 臆测性问题

这类问题是间接透露自己个人猜测的问题。例如：

"如果让你负责，你不会……吧？"

"你不会不与 ×× 沟通就着手吧？"

在这类问题中，管理者透露的真实意思是 "这里我负责，所以必须按照我的方式做"。

4. 强制性问题

这类问题是管理者将自己的需求和命令融入问题中，不是说服的态度，而是一种责备或抱怨。例如：

"对于 ×× 工作你已经做了些什么？"

"你何时能完成……？"

"你打算何时着手……？"

这类问题表达出管理者真正的意思是，你应当已经完成（着手进行）了，但是直到现在你也没有完成（着手进行）；我需要你已经做完了；我认为你该做完了；我认为你应该马上去做；等等。

5. 隐蔽式问题

这类问题是，在开始时管理者并不直接提出问题，而是先询问对方的想法和需要，从而把自己的希望和需求诱导成对方的。例如：

"你想先从什么部分进行？"

"你认为我们应该先做什么？"

"你想做什么？"

实际上，管理者的想法是，我想应该从什么部分进行，我认为我们应该先做 ××，或 "让我们做 ×× 吧"。这种提问方式是管理者借尊重对方的幌子表达自己的意见，对于敏感的员工来说，可能产生更多不满情绪。

6. 居高临下式问题

这是一类更加带有强制性和压制性的问题，管理者要求下属毕恭毕敬地承认其高高在上的地位，形成一种对组织成员的压力。比如：

"你不同意……吗？"

"（一边看表一边说）你为什么又迟到了？"

以上六类问题或提问的方式使组织成员感觉到不舒服和不能接受，而且成员的心理会处于防卫状态，因为直觉告诉他们，有更多的问题隐藏在他们所能听见的问题后面。如果管理者想要说服对方而不是单纯想发表自己的意见，以上问题或提问方式应当尽可能避免。

【阅读资料】

说服的效果

“那么，你也认为二号开发方案比较不错了？”张总在兴致勃勃地问工程部的李经理。

“哦，是，不错。”李经理心不在焉地回答。

“你知道我们在二号开发方案上花了很多时间，无论是前期调研还是资料分析，我们都投入了大量精力，光是这个方案的可行性测试这一步，我们全部应用计算机系统进行分析，你知道，把全部信息输入计算机处理，绘制图表就让研发部加班工作了整整三周。这个方案虽然不由我直接指导设计，不过我也提了不少建议，现在大家都对这个方案感到满意，我觉得很高兴，你也觉得不错吧？”

“当然了，这还用说。”李经理含糊地点头答应着。

“太好了，真得谢谢你的支持，你看，我们公司一直都没采用过新的方案，你知道，现在有了新的方案，我们也都觉得挺好，接下来可就要看你的工作了，你觉得比原来的方案更好吧。我想组织各部门经理一起讨论一下这个方案的总体情况，就下周三吧，你一定能拿出工程部的执行意见喽？”

“好吧，我尽力而为。”李经理说。

“那好，就这么定了，我知道工程部好像对新方案有些意见，可工程部在方案执行时是关键部门，我有点担心。现在听你这么说我就放心了。好了，你忙吧，有问题可以随时找我。”张总满意地走了，李经理原来是新方案最大的反对者，现在他觉得经过自己做的思想工作，虽然李经理的态度还不是十分积极，不过他一向尽职，只要答应了，二号方案会顺利执行好的。

问题：请分析这次说服工作的效果，你认为好还是不好，说明理由。

（五）巧妙答复

因为说服的过程是双向的，所以管理者面对其要说服的对象，就需要了解他们的需要与动机，这时组织成员也可能会提出一些困难、疑惑或请求。面对这些情况，管理者需要进行客观分析，帮助组织成员解决问题。在说服过程中，管理者答复组织成员的问题时有以下原则。

（1）对对方表示理解。有时，组织成员可能希望寻求管理者的理解与支持，希望得到情感上的沟通。所以管理者对于组织成员提出的困难与合理要求，应当表现出理解与支持的态度，为双方的深入沟通创造条件。

（2）听完意见再答复。管理者应当让组织成员把话说完，不应随意插话打断对方的思路或避开话题，也不应迫不及待地解释和质问。为了更好地进行答复，管理者需要了解对方的想法，而不能以权威的架势去说服或教育。管理者认真倾听的过程对组织成员来说可能也是一种好的答复。

（3）重视对方的意见。管理者可以复述对方提出的问题或将对方的困难改成疑问句再简单重复一遍，鼓励对方做进一步的解释和说明，使对方感觉到管理者对其意见的重视。在回答对方所提出的问题前可以有短暂的停顿，一方面可以进行思考、组织语言，另一方面让对方感到是在认真思考的基础上做出的答复。

（4）抓住要领，态度诚恳。如果对方真心实意地希望听到管理者的意见与建议，作为说服方的管理者应当抓住要领，态度诚恳地就实质性问题做出简明扼要的回答，帮助组织成员消除困惑，达到深层次的说服效果。

（5）掌握分寸，留有余地。对于组织成员提出的问题，有些管理者可能并不清楚由来，在没有调查之前不应表态和承诺，以免造成工作上的被动，引起组织成员的不满。对于组织成员提出的涉及重大原则或应由其他主管部门处理的问题，应当实事求是地告诉对方，这些问题不是自己能够单独处理的，需要经过研究才能给予答复。

（6）控制情绪，不感情用事。对于对方所提出的问题，管理者可能同意也可能不同意，有时也可能产生怀疑，甚至反感和不满。但是，管理者无论观点和情绪如何，都必须加以控制，始终保持冷静的态度，让对方感觉到自己的意见受到重视。管理者不应在情绪，尤其是不良情绪的作用下轻率做出反对或批评性的答复，可以在了解真实情况后再进行答复。

任务四　冲突处理技巧训练

冲突处理技巧同样是职场中需要掌握的重要沟通技巧之一。冲突是指由某种差异引起的抵触、争执或争斗的对立状态。差异的存在具有客观必然性，在工作中，人与人之间由于利益、观点、掌握的信息或对事件理解的不同而会存在差异，有差异就可能引起冲突，而且，不管这种差异是否真实存在，只要一方感觉到有差异，就会有冲突发生的可能性。因此，在工作中，人们需要客观认识冲突，妥善处理冲突。与说服类似，冲突处理的场景虽然在组织中也普遍存在，但更常发生在管理者身上，因此，下文主要以管理场景为例进行阐述。

一、冲突的产生

组织中引发冲突的最常见原因之一就是不良的沟通，如不良的提问方式、不良的表达方式或对信息的误解等。因此，冲突在任何组织中都是客观存在的，并影响着组织的工作方式。组织中的员工在对事物的理解、沟通的特征和偏好、年龄、性别、文化背景等方面都存在差异，这些差异会引起观念的差异，从而可能引发冲突。

传统的管理学观点认为，冲突是不利的，常常会给组织造成消极影响，应该尽可能避免。因此，管理者有责任在组织中消除冲突。随着管理学研究的不断深入，人们发现，冲突不可避免地存在于所有组织之中，冲突存在是合理的，不可能被消除，有时甚至会为组织带来好处，也就是说，组织需要接纳冲突的存在。有冲突研究理论认为，融洽的组织容易对变革和革新的需要表现出冷漠和迟钝，这不利于组织创新与发展，所以该理论鼓励管理者将组织中的冲突维持在某个水平，使组织保持旺盛的生机和活力，从而不断进行创新与发展。

当然，并非所有的冲突都是好的，任何一个管理者都不可能放任组织中的冲突自由发展。在实践中人们发现，陷于持续冲突的工作团队只会在冲突中越陷越深，因此管理者与团队成员需要花费大量的时间与精力对冲突进行处理，包括对不良的冲突进行处理，也包括在组织缺乏活力时创造对组织有益的冲突，这就需要我们能够对组织中存在的冲突进行分类，并分析冲突的性质。

二、冲突的分类

一般来说，组织中的冲突分为两类，一类是建设性的，另一类是对抗性的。

建设性的冲突对组织成员来说能启发其对组织目标或问题的关注，它产生于富有创造性的、群策群力解决问题的过程中，这些冲突支持组织目标的实现，冲突各方的目标一致，只是达到目标的手段或途径不同。其具体特点为：

（1）双方对实现共同的目标都十分关心。

（2）彼此愿意了解对方的观点、意见。

（3）大家以争论问题为中心。

（4）员工踊跃发言，互相交换的信息不断增加。

建设性冲突可以靠有效的沟通或合作来解决，解决这类冲突会为组织带来进步。

与建设性冲突相对应的是对抗性冲突或破坏性冲突，在此类冲突中，各方的目标或利益不一致，其结果会阻碍组织目标的实现。对抗性冲突的具体特点为：

（1）双方对自己的观点是否赢得胜利十分关心。

（2）不愿意听取对方的观点、意见。

（3）由对问题的争论转为人身攻击。

（4）互相交换的信息不断减少，以致完全消失。

在上述情况下，员工之间相互斗争，由工作问题升级为私人问题，给工作环境增添压力和消极影响，对组织来说是具有破坏性和对抗性的。通常这种冲突无法得到比较彻底的解决；这些问题被隐匿，造成恶性循环，并且加深组织成员之间的敌意。

对于组织的管理人员来说，只有明确组织中出现的冲突的性质，才能有效地进行处理。

三、冲突处理原则

对职场人来说，对组织内部冲突的处理，根本原则在于寻找共同点，并以共同点为基础进行沟通，这一点对于组织的管理者与冲突各方来说都是非常重要的。共同点的寻找在于倾听组织成员的意见以便发现他们真正的需求。在组织中，每个人的合理需求都应被满足，组织成员也必须明确这样一个原则，就是“你怎样对待他人，你也将得到同样的回报”。每个管理者都应明确告知其组织成员，在争论中没有真正的赢家，在发生对抗性冲突的过程中，受到损失的是每一位成员。

对组织而言，保持适度的建设性冲突，使组织形成批评与自我批评、不断创新、努力进取的风气，组织中就会出现人人奋发向上的局面，组织就有旺盛的生命力。因此，一个组织中，冲突处理具体原则为：

（1）引入竞争机制。这是管理者处理冲突的基本原则，其中，引入竞争机制是发展建设性冲突的有效手段。

（2）提倡民主，鼓励组织成员发表不同意见，形成生动活泼的局面。这一原则有助于形成民主、开放、创新的组织文化氛围，能够激发建设性冲突。

（3）加强信息沟通，增加透明度，缩短心理距离。利用信息沟通的方法，有助于消除对抗性冲突，促使可能发生冲突的各方力量认清一致目标，从长远利益考虑问题，并能够达到增进情感、减少摩擦的作用。

（4）预防对抗性冲突。对抗性冲突是管理者不希望看到的，可以利用下列方法来预防组织中各部门可能出现的对抗性冲突。

① 为各部门设立共同的竞争对象。

② 设立能够满足各部门目标的共同目标。

③ 提供各部门相互往来的机会，增进沟通与情感交流。

④ 避免形成一争胜负的情况。

⑤ 强调整体效率，以及各部门对整体贡献的重要性。

⑥ 加强教育，明确后果并讨论得失。

四、冲突处理步骤

冲突处理实际上属于管理的范畴，有经验的职场人通常按照下列步骤处理组织内部的冲突。

（1）谨慎选择需要处理的冲突。管理者可能面对许多冲突，其中，有些冲突非常琐碎，不值得花很多时间去处理；有些冲突虽然很重要但不是自己力所能及的，不宜插手；还有些冲突的解决难度很大，需要花费很多时间与精力，还未必有正面回报，所以不应轻易介入。对管理者来说，应当选择那些组织成员关心、影响面大、对推进工作有帮助、能增强组织凝聚力、对建设组织文化有意义和价值的冲突进行处理，而且要一抓到底。对其他冲突可尽量回避。

（2）仔细研究冲突双方的主要参与者。如果管理者被迫参与或选择了某一冲突进行处理，那么仔细研究冲突双方的主要参与者是十分必要的。另外，还需要考虑哪些人卷入了冲突？冲突双方的观点是什么，差异在哪里？双方真正感兴趣的是什么？主要参与者的价值观、人格特点、经历、情感和资源如何？如果管理者能站在冲突双方的立场上看待问题，则冲突处理成功的可能性会大幅度提高。

（3）深入了解冲突根源。冲突的出现总是有原因的，解决冲突的方法很大程度上取决于冲突发生的原因。管理者不仅需要了解表层的、公开的原因，还要深入了解深层次的、根本性的原因。如果冲突是各种原因交互作用的结果，那么还需要进一步分析各种原因作用的强度。

（4）把握冲突处理者的角色。当在工作场景下发生对抗性的冲突时，作为冲突处理者的管理者可能会扮演以下3种角色。

· 参与者。一般来说，冲突处理者不应当让自己陷入参与者的角色当中，要防止卷入冲突中去。

· 裁决者。冲突处理者也应当避免扮演这个角色。如果要作为裁决者，需要听取双方的意见，权衡利弊，还需要对问题的最终解决做出结论性判断。显然，这样做有许多明显的不足：由于感觉到这是“外部”强加于人的压力，冲突双方可能不愿意接受由冲突裁决者提出的处理方法。裁决者还有可能会被认为偏向于某一方而受到责备。如果这种裁决结果会造成“或赢或输”的局面，失利的一方就会不满意，还可能会对裁决者产生怨恨，因此可能会在管理者与员工之间产生新的冲突。

· 协调者。这是冲突处理者应当扮演的角色。作为协调者，冲突处理者会从中调停争论，同时引导冲突双方自己解决冲突。在此过程中应当注意的是，协调者的功能是帮助双方达成满意的结果，不要超出这个角色范围；通过提出一些开放性的问题使双方观点明确，从而分离和定义出产生冲突的核心问题；找出冲突双方的共同利益和共同目标，完成相互关联的任务，顺利地完成工作。

【阅读资料】

如何有效调解员工冲突

管理者认识到员工之间产生了冲突时，观察一下他们自己是否在为解决冲突而努力。如果他们并没有这样做的话，那么管理者可以提供一些帮助。

当冲突产生时，有一个解决冲突的关键环节，那就是防止双方在他们各自坚持的观点上走向极端。在这个环节中，管理者可从以下几方面开展工作。

（1）引导争论双方找出共同利益。

（2）注意倾听。

（3）扼要重述讨论的主旨。

（4）强调员工已经达成的共识。

（5）帮助他们制订贯彻解决办法的计划或时间表。

管理者即冲突处理者应当对这些内容进行跟进，以确保冲突能够真正得以解决，冲突解决后，应对双方以合理、积极的方式化解冲突的表现提出表扬。

五、冲突处理方法

冲突处理者需要妥善选择处理冲突的方法。通常对冲突的处理方法有 5 种：回避、迁就、强制、妥协与合作。

第一种解决冲突的方法——回避。

回避是一种输家对输家的方法，即双方都不是赢家。当冲突无关紧要，或冲突双方情绪极为激动、需要时间恢复平静时，可采用回避的方法；当处理冲突的成本超过冲突解决后获得的利益时，也可采用回避的方法。采用回避的方法时，冲突处理者将冲突问题放置一边不去处理，希望问题能随时间的流逝而淡化，同时，双方都采取相互容忍的态度。回避意味着双方的愿望和需求是同等重要的。

第二种解决冲突的方法——迁就。

当维持和谐的关系十分重要时，可采用迁就的方法。迁就是以冲突中一方希望的方式解决问题，这是一种输家对赢家的方法。冲突中一方的愿望和需求被满足，这就造成了一种感觉，似乎冲突问题对整体来说不太重要，而组织成员之间的关系比问题更重要，需要一方迁就另一方。

第三种解决冲突的方法——强制。

当必须对重大事件或紧急事件进行迅速处理时，可采用强制的方法。强制是指用行政命令牺牲某一方利益来解决冲突。冲突处理者如果使用这种方式解决问题，会导致冲突双方关系的敌对，但有时迅速解决问题对于组织来说十分重要，而满足各方的愿望和需求是不可能的。这是一种赢家对输家的方法，不过要当心输家可能会采取报复行动，所以说该方法是一种紧急事件的处理方法，在暂时解决问题后还有心理安抚等大量工作要做。

第四种解决冲突的方法——妥协。

当冲突双方势均力敌、争执不下时，冲突处理者希望暂时平息冲突，让双方均做出一些让步，可采用妥协的办法。妥协与迁就的不同之处在于，妥协是一种双方的让步，实际上双方的愿望都没能得到完全满足，因此也是一种输家对输家的方法。

第五种解决冲突的方法——合作。

当事件重大、双方不可能妥协时，可采用合作的方法。其典型特点是，双方开诚布公地讨论、积极倾听并理解彼此差异，对有利于双方的所有可能的解决办法进行仔细考虑，取得对双方均有利，即双赢的解决方式。这种方法既考虑了自己的愿望和需求，也考虑了对方的愿望和需求，因而双方都是赢家，这种赢家对赢家的方法可以使工作事半功倍。它不仅有助于问题的解决，还极大地改善了组织成员之间的关系。

项目练习

一、判断题

1. 听与倾听是一回事。

2. 说服需要取得内化效果。

3. 运用积极的反馈方式只需要赞同，不需要提问。

4. 积极倾听是最高水准的倾听，积极倾听能够激发发言者和听者的灵感，使双方积极参与交流。

5. 倾听可以使我们获得友谊和信任，可以帮助我们获得重要的信息。

6. 反馈，尤其是提出批评性的消极反馈，应当是评价性而不是描述性的。

7. 组织中的信任关系并没有一个客观的标准，是由人们的主观判断与评价决定的。

8. 组织中的冲突是可以避免的。

二、简答题

1. 积极倾听具有哪些要求？

2. 积极倾听的技巧有哪些？

3. 有效的反馈技巧包括哪些？

4. 冲突的处理方法通常有哪些？

三、案例分析题

案例：王先生在一家生产和销售化学制品的公司任生产部门经理。

目前，为配合一种新型塑料产品的生产，公司成立了一个新产品计划小组，小组成员包括王先生与工程、研发、销售部门的代表，工程部门代表被指定担任计划小组组长。计划小组召开了一次会议，由王先生介绍新的建设计划，计划内容包括材料、设备、建设能力，以及建设进度时间表。在王先生的计划里有一项内容是使用新的加工设备，将比现在使用的设备节约相当多的生产成本，但估计要比使用现有设备推迟十个月才能投入生产。

小组会议上，销售部代表对王先生的计划提出强烈反对，指出目前重点应放在尽可能快地向市场推出新产品上，强调新产品先占领市场可带来高额回报。王先生则指出计划的长期利润要超出短期市场销售利润。讨论越来越激烈，双方都坚持自己的观点，工程部代表赞同王先生的观点，决定按照王先生的计划执行，而研发部代表则赞同销售部代表的意见。会议陷入僵局，无法做出最后的决策。

会议之后，王先生感到非常困惑不安，他意识到他与其他小组成员的观点不仅代表个人观点，而且代表了各自部门的观点。这是一个严肃的问题，所以一定要很快做出决策来保证计划的成功，他思考了以下几种办法：

（1）辞去他在这个小组中的职位。

（2）请求主管其工作的领导为自己的计划做调解。

（3）召集销售部代表开会，强调自己计划的积极方面，指出用新的设备可能使公司成为世界上该产品的最重要生产者。

（4）告诉销售部代表，如果他们同意自己的计划，自己可以在最近的小组会议中全力支持他们的新销售计划。

（5）找销售部代表开会来解决双方之间的分歧，并找到一个可行的解决方案。

（6）要求领导指派一个人以个人身份参加全部的小组会议，并作为各种问题的公断人。

（7）写信给销售部代表，并抄写副本给各组员和领导，表示由于他对计划的反对，因此具有可观潜力的利润计划无法实施。

问题：

1. 目前冲突出现的原因与冲突性质是什么？

2. 指出上述办法中你认为好的与不好的方法，并说明理由。

3. 参考上述办法，提出你认为更好的解决方法，并说明你所用方法的理论依据。

项目三 数字资源

项目四　制定职场沟通策略

学习目标

| 知识目标 |

（1）理解着装对第一印象的影响，深入理解第一印象在职场沟通中的作用，掌握自信、诚恳、幽默的表现要点。

（2）理解视觉、声音、语言对于沟通的意义，深入理解视觉、声音、语言的内涵，掌握其应用技巧。

（3）理解会议在职场中的功能与分类，深入理解会议角色的职责与注意事项，掌握会议沟通的基本技巧。

（4）理解演讲或当众发言技巧在职场沟通中的作用，基本掌握演讲的结构，掌握在工作场合进行演讲的基本技巧。

| 能力目标 |

（1）能有意识地注重着装得体，突出个人优势，形成给人良好第一印象的能力。

（2）能有意识地运用视觉、声音、语言等沟通技巧，形成准确、有效传达信息的能力。

（3）能区分个人在职场会议中的角色与职能定位，能有意识地运用会议沟通技巧完成会议角色的功能。

（4）能把握演讲的基本结构，能够应用演讲技巧，形成良好的演讲能力。

| 素养目标 |

（1）结合着装、视觉、声音、语言等沟通技巧的训练，形成整体性、开放性观念，善于分析事物的内在联系，树立普遍联系观。

（2）在有意识提升职场沟通技巧的过程中，进一步树立积极进取的人生观与价值观，坚持乐观向上、求真务实的工作态度。

引导案例

争取名额的王经理

公司为了奖励市场部的员工，制订了一项海南旅游计划，名额限定为10人。可是该部门有13名员工，大家都想去，部门经理需要再向上级领导申请3个名额，下面是两种场景。

场景一：

部门经理找到上级领导，诚恳地说："朱总，我们部门 13 个人都想去海南，可只有 10 个名额，剩余的 3 个人会有意见，能不能再给 3 个名额？"

场景二：

部门经理找到上级领导，开心地说："朱总，今天听说去旅游，大家都非常高兴，感谢领导这么关心员工，真是让员工感动。朱总，这是不是给大家的惊喜？"朱总："真的是想给大家一个惊喜，这一年公司效益不错，是大家的功劳，考虑到大家辛苦一年，年终了，一是该轻松轻松了；二是放松后，才能更好地工作；三是增加公司的凝聚力。大家要是高兴，我们的目的就达到了。"部门经理："也许是旅游计划太好了，大家都在争这 10 个名额。"朱总："当时确定 10 个名额是因为你们部门有几个人工作不够积极。你们评选一下，不够格的就不安排了，就算是对他们的一个提醒吧。"部门经理："其实我也同意领导的想法，有几个人的态度与其他人比起来是不够积极，不过他们可能有一些生活中的原因，这与我平时对他们缺乏了解，没有及时调整都有关系。责任在我，如果不让他们去，对他们打击会不会太大？如果这种消极因素传播开来，影响不好吧。公司花了这么多钱，要是因为这 3 个名额削弱了效果就太可惜了。我知道公司每一笔开支都要精打细算。如果公司能拿出 3 个名额的费用，让他们有所感悟，促进他们来年改进。那么他们多给公司带来的效益要远远大于这部分支出的费用，不知道我说的有没有道理。公司如果能再考虑一下，让他们去，我会尽力与其他两位部门经理沟通好，在这次旅途中每个人带一个，帮助他们放下包袱，树立有益公司的积极工作态度。朱总，您能不能考虑一下我的建议？"

思考一下，哪种情境下部门经理更可能争取到名额呢？

案例分析

在两种沟通场景中，部门经理与上级沟通的态度都是积极主动的，但在说明理由时，场景一更以市场部为中心，场景二则是换位思考，站在公司的角度考虑问题。在职场沟通过程中，为更有效地达成目标，制定充分的沟通策略是十分必要的。

任务一　形成良好的第一印象

第一印象是指当人们第一次见面或接触时给对方留下的总体印象，这个印象往往是在短时间内形成的，基于外在形象、言谈举止、态度表现等多个因素，也叫首因效应。第一印象往往是非常重要的，这种印象非常深刻，持续的时间也长，在职场和日常生活中，良好的第一印象可以帮助职场人赢得更多信任和机会，而差的第一印象一旦形成，则可能需要职场人付出更多的努力来改变。

一、第一印象的作用

在沟通中，人们发出和接收的信息包括语言信息与非语言信息，前者涉及的是信息发送者所选择的话题、运用的素材及语言组织技巧，后者是从信息发送者的外在形象、神态、情绪、声调，以及肢体语言中表现出来的。所以有效的信息传达包括多方面的内容，其中，第一印象在信息传达的有效性方面起着不可小视的作用。人们常说，不要“以貌取人”，这实际上从侧面说明人可能是习惯于以貌取人的，尤其在不了解对方的情况下，第一印象往往成为人们是否愿意进行深入沟通交流的标准之一。

心理学家认为，第一印象主要是由性别、年龄、衣着、姿势、面部表情等“外部特征”确定的。一般情况下，一个人的体态、谈吐、衣着打扮在一定程度上反映出这个人的内在素养和个性特征。在人际交往的最初阶段，仪表是最先引起对方注意的。仪表，指人的外表，包括容貌、姿态、服饰和个人卫生等方面，它是人精神面貌的外在表现。人们常说的“第一印象”多半来自一个人的仪表。一个仪表端庄、衣着得体的人给他人的第一印象会比较好。仪表也包括风度，风度是一个人性格、气质、文化水平、道德修养的外化，是人自身所具有的较为稳定的行为习惯的外在表现形式，如某人在言谈举止中自然表现的独特语气、语调、手势动作等。它是人的一种下意识的行为习惯，是人内在精神世界的自然流露。

诚然，一个人的先天条件对其仪表有着重要的影响，但起决定性作用的还是其内在的素质。仪态、举止等能在一定程度上综合反映一个人的内在素质。在沟通中，我们需要注意给对方留下良好的第一印象，因为它传递出许多有效的信息。

（1）自尊的信息。每个人都有尊重自我的需要，也有获得他人关注与尊重的需要，职场人尤其需要获得组织成员和组织外合作伙伴等的尊重。在沟通过程中，沟通的一方如果衣冠不整、不修边幅、神情憔悴，可能会被认为懒散、拖沓、没有责任心、不尊重他人等。而如果给人的第一印象是具有良好的修养与蓬勃的生命力，则或许会为沟通消除不必要的心理障碍。

（2）尊重他人的信息。无论有意或无意，在沟通时，每个人都会给对方留下第一印象，或轻松愉悦，或和蔼可亲，或庄重严肃。如果尊重他人，就应当让他人在对自己的第一印象中感觉到被重视。

（3）深入沟通的信息。由第一印象反映出来的个性、修养、工作作风、生活态度等最直接的信息，将决定沟通双方对对方的接受程度，继而影响进一步的沟通与交往。沟通中表现出来的良好的第一印象，会增加深入交往与沟通的可能性。

【阅读资料】

第一印象的心理学秘密

有心理学家设计了两段文字描写一个叫吉姆的男孩一天的活动。其中，一段将吉姆描写成一个活泼外向的人，另一段则将他描写成一个内向的人。研究者让一些人先阅读第一段文字，再阅读第二段文字，而让另一些人先阅读第二段文字，再阅读第一段文字，然后请所有的人都来评价吉姆的性格特征。结果，在先阅读第一段文字的人中，有78%的人认为吉姆热情外向，而在先阅读第二段文字的人中，则只有18%的人认为吉姆热情外向。由此可见，第一印象很重要。事实上，人们形成的某种第一印象往往很难改变。而且，人们还会寻找更多的理由支持第一印象。

所以，第一印象的重要性是显而易见的，它在人们以后的交流中起了“心理定式”的作用。

二、注重着装

得体的着装有助于形成良好的第一印象，着装是个人形体的外延，包括衣、裤、裙、袜、鞋、手套和各种饰物等，起到遮体、御寒、美化的作用。服饰又是一种无声的语言，它传递着一个人的个性、身份、涵养及心理状态等多种信息，正如莎士比亚所说，服饰往往可以表现人格。着装能在一定程度上反映一个人的文化素质与审美情趣。

事实证明，服饰只有与穿戴者的气质、个性、身份、年龄、职业，以及穿戴的环境、时间协调一致时，才能达到好的效果。人们要清醒地认识到，在职场沟通中，个人不仅仅代表自己，同时也是公司其他员工或客户、公众的审美对象。因此，职场着装应当符合以下原则。

（一）符合年龄、职业和身份

在职场中，不同年龄的人有不同的穿着要求。除了在正式宴会、各种仪式等特定场合对服装有特殊要求外，年轻人可穿得活泼一些，而中年人则可以体现出成熟和稳重。此外，不同职业可能有其着装要求，从业者应顺应其职业特征和身份进行着装。

（二）符合个人体貌特征

人的身材有高有矮，体形有胖有瘦，肤色有深有浅，穿着应考虑到这些体貌上的差异，扬长避短。不过，每个人在决定自己的服饰穿戴上，要根据自己的具体情况而定，不必墨守成规。

（三）符合情境

总体上，情境包括时代等大的方面，职场人应使着装体现时代风貌。随着对外交往的频繁，西装成为男士在交际中穿着最多的服装，女士则可根据不同的场合选择职业套装、各种式样的裙子等。如果穿戴过时的服饰，会给人以僵化、守旧的印象，但一味追求时髦或穿奇装异服，也会显得不稳重。

具体来说，情境指各种场合。正式宴请、庆典仪式、会见外宾等场合，对着装有严格的要求。男士西装要合体、优雅、符合规范，女士服装要求美观大方、时髦又得体。

（四）注重色彩协调

服装色彩搭配要求和谐、美观，否则就会给人以不协调之感。服装色彩的搭配有两种有效的方法，即亲色调和法和对比色调和法。亲色调和法是一种常用的配色方法。这种方法要求将色调相近，但深浅不同的颜色组合在一起，如深绿与浅绿搭配，浅红与深红搭配等。对比色调和法的特点是在服装色彩搭配上以其中一种颜色衬托另外一种或两种颜色，各种颜色不失各自的特色，相互映衬。在颜色搭配上，切忌上下身都采用鲜明的颜色。

此外，服装要根据不同的地区环境和不同的社交场合搭配色彩。

（五）合理搭配

服饰搭配是一门艺术，不仅满足了人的生理与心理需要，而且反映了一定的文化修养水平。服饰搭配有三点要求：与服装相协调、与身份相协调、与环境气氛相协调。

以上是最基本的穿着原则，除此以外，还应特别注意保持服饰的清洁与整齐，整洁是服饰美的根本。如果初入职场的人对自己工作时的着装还有些拿捏不准，那么可以参考一下受大家欢迎的同事们是怎样穿着的。

三、自信与诚恳

自信与诚恳是人们希望能从职场人士自我表露中获得的态度。自我表露是指个体在社交互动中分享个人信息、情感、经历和观点的过程。在职场中，有许多环境需要进行自我表露。比如，在团队讨论或项目会议中，自我表露能够增进团队成员之间的理解；在与上司、同事或客户单独交流时，自我表露可以有助于表达个人需求，以及对工作的看法；在培训或团队建设类社交活动中，自我表露可以加深同事之间的联系；等等。人们希望专业的职场人能体现出自信与诚恳，如果再有一定幽默感则更好。也就是说，职场人可以通过自我表露树立一种自信自强、专注专业的形象。

（一）自信

自信的人经常得到诸如“信心十足、成熟开朗、值得信任”等正向评价。有高度自信的人通常表现得有活力、大方，愿意与他人沟通。因此，对于职场人，展现自信是非常有效的沟通策略，以下是一些具有实用性的建议。

1. 用语言表达自信

· 陈述问题简单明了、有重点。

· 使用“我支持，我欣赏，我认为”等表述方式。

· 表达中区分事实和观点。

· 提出改进意见，而不是责备或假设“应该如何”。

· 通过提问了解他人的思想和情感。

2. 通过身体语言表达自信

· 与他人眼神接触时不躲避。

· 坐、立姿态挺拔。

· 以稳重、坚定的语调讲话。

· 以微笑表示欣赏。

职场人需要自信地发表自己的见解和观点，处理不同意见，同时，在无法承担某项任务的时候直接说明，在需要拒绝的时候果断说“不”，这同样是自信的表现。

（二）诚恳

诚恳，意味着诚挚、恳切。在工作过程中，如果要让信息更有效地被传达并接收，就需要调动起对方的积极态度。因此，信息发送者如果能够做到态度诚恳，发自内心，则信息接收者可能积极地进行心态调整，接受建议或意见。

诚恳首先是一种思考问题的方式，即设身处地地为对方着想，为对方寻找更好的方法及解决问题的思路。诚恳同时也是职场沟通中的基本态度与原则，它要求把对方的回避态度理解为对方内在心理冲突的外在表露，而自己则应起到减轻、缓和这种心理冲突的作用。要真正做到诚恳，必须有一种高度积极的精神与感情投入。不是在试图影响或说服别人时才表现出诚恳的态度，而是要在生活与工作中不断提升修养。对职场人来说，拥有坦荡胸怀，一定能使其诚恳地面对他人的疑虑与反对。诚恳的精神与专业的态度就是一种最好的说服力，有助于个体更加有效地传递信息。

【阅读资料】

自信的技巧

许多初入职场的人在开始运用自信的技巧进行交流时，常常做过了头，从而变成在沟通中富于攻击性，总是急切地表述自己的观点，要求他人接受，甚至忘记了他人也有表述自己观点的权利。注意，在自信技巧的运用中，要时常检查自己是不是表现出了尊重与换位思考。练习自信技巧的最好方式是与亲近的人沟通，这样，当我们的行为越过边界转向具有攻击性时，他们就会提醒我们。

我们需要认识到，有自信的人是用“我”开始传递信息的，使用“我认为、我想、我需要、我愿意”等表达方式。陈述简单明了，直截了当。自信的表达中用建议代替劝告、命令。自信者关心他人，提出建设性的意见，不责骂或进行无谓的假设，他们轻松、灵活、开朗，善于接受他人的观点。

如果愿意学习自信的交流技巧，可以多读一些关于表现自信的文章，同时注意观察周围自信的人在交流中是如何表现的，并从中学习。从模仿到掌握，这是实践自信交流技巧的方法。

任务二 有效的信息沟通策略

我们在进行沟通时，信息是由诸多方式传递的，其中，最主要的传递方式有三种：视觉——信息接收者能看到的一切；声音——语音、语调等；语言——对词句的选择。

信息传递方式所产生的影响取决于沟通方式。当我们与人面对面进行沟通时，视觉和声音的传达效果有时候比语言影响更大；在电话或语音联络时，由于没有明显的视觉影响，语言和声音的表达则发挥了主导作用；在书面形式的交流中，阅读者会在脑海中对文字加工形成理解，因此词句的选择变得很重要。

一、视觉沟通策略

所谓“眼见为实”，当面对面沟通时，人们实际上是通过传达给交流对象的视觉印象来展示自己。每一次点头，每一个手势，每一个扬眉的动作，每一丝笑容或者轻皱眉头……任何动作都可以成为对方形成全面印象的信号。

有一些信号微不足道，大多数人都不会留意到；有一些信号则十分明显，对形成印象产生重要影响。视觉沟通的主要线索是人的面部表情和肢体语言。

面部表情就是面部器官（包括眼、嘴、鼻等）的动作。在沟通过程中，面对面交流的双方最易被观察的区域莫过于面部。由于面部表情是心理状态的体现，因此，我们在日常生活中时时都在使用面部表情这一身体语言，职场中同样如此。在沟通时须注意对方的面部表情，从而理解沟通效果。

而肢体语言在沟通过程中传递着比有声语言更为丰富、真实的信息。肢体语言大多是人们的非自觉行为，它们所载荷的信息往往都是在沟通主体不知不觉中显现出来的，一般是沟通主体内心情感的自然流露。与经过人们思维进行精心组织的有声语言相比，肢体语言更具有表现性。

因为肢体语言在沟通过程中可控性较小，所以传递的信息更具有真实性，正因为如此，肢体语言所传递的信息常常可以印证有声语言所传递信息的真实性。在现实沟通过程中，我们常会发现所谓“言行不一”的现象。要想正确判断一个人的真实思想和心理活动，须通过观察其肢体语言，而不是有声语言。比如，在日常工作中，同事之间一个很小的动作，就能验证出个人品质；在商务谈判中，可以通过观察对方的言谈举止来判断对方的合作诚意和所关心的目标；等等。作为职场人，需要有意识地控制自己的肢体语言，使其与有声语言透露一致的信息，加强信息传达效果。

肢体语言包括人们头部与躯体动作、各种姿势、身体接触、身体空间位置等方面。掌握不同肢体语言表达的含义是有效沟通的重要保证。

（一）微笑

微笑在面对面沟通中具有其他沟通方式所不可替代的作用。真诚的微笑会传递给他人友好的信息。微笑能够使沟通在一个轻松的氛围中展开，可以消除陌生带来的紧张。同时，微笑也能显示自信，以及表达希望通过良好的沟通达到共同目标的期盼。

【阅读资料】

微笑的意义

微笑既是一个人自信的展现，也是对工作胜任感和对生活幸福感的表达，同时能给他人带来快乐。我们向他人微笑，他人也会以微笑回报。

笑容可以使人的面部表情放松，为搭建沟通桥梁发挥积极作用。笑容同时伴随着善意的幽默感，在沟通中占据重要的一席之地。微笑的作用是巨大的，多方面的，把它运用到日常工作中去，就会给我们带来意想不到的收获。

（二）眼神与注视方式

个体传达信息的方式很多，但真正传神的还是人们的眼睛。意大利杰出的艺术家达·芬奇说："眼睛是心灵的窗户。"德国著名的哲学家黑格尔也说过："不但是身体的形状、面容、姿态和姿势，就是行动和事迹、语言和声音，以及它们在不同生活中的千变万化，全部可以由艺术化成眼睛。人们从这眼睛里，可以认识到内在的无限自由的心灵。"从一个人的眼神中，可以看到他的生活经历、个人修养、性格特点和心理状态，甚至思维的细节等也都可以从眼神中表现出来。

在交际中，眼睛是"会说话的"。当职场人当众发言时，首先要环顾会场，这眼神是在告诉大家"赶快安静下来，我就要开始讲话了"。在发言过程中，如果有听众小声说话，发言者无须直接用语言阻止，只要停顿片刻，并向小声讲话的听众投以善意劝阻的目光，自觉的听众能够领会这一无声的语言，会马上安静下来。发言者如果从听众的眼神中发现听众对讲话内容有兴趣，必然会受到鼓舞，从而更好地与听众交流感情。

【阅读资料】

善用眼神沟通

面对面交流时离不开眼神沟通，有经验的发言者都很注意恰当而巧妙地运用自己的眼神，借以充分发挥口才作用。如果一名职场人说话不善于用眼神，就会给听众一种呆滞麻木的感觉，无法引起听者的注意，有损于语言表达。一般地讲，职场人说话时不要仰视天上，也不要俯视地面，眼睛要朝向对方，适度地注视对方的脸和眼。既不要一动不动地直视对方，也不要眼睛滴溜溜乱转。另外，不停地眨眼或者斜眼看对方，都会留给对方不好的印象，应当避免。

一个良好的沟通形象，眼神应是坦然、和善、热情、乐观的，与人交往时，冷漠、狡黠、傲慢的眼神都是不健康的，也是不会被人所接受的，只能使对方在内心深处产生抵触情绪；左顾右盼、挤眉弄眼、斜眼看人，也是不良的沟通形象。沟通中的信息传递者一定希望沟通对象感受到自己的关心，那么与人交流时就需要给予对方关切的眼神。

在友好与善意的前提下，与不同的对象沟通，眼神能够传达出不同的信息。主人招待客人，眼神应热情而愉快，表示欢迎；与组织内部成员交往应体现热情、坦荡；在长辈或上司面前，目光应略微向下，以示谦恭。

以下几种常见的注视方式通常代表不同的含义。

（1）凝视。自然地凝视对方脸部由双眼底线和前额构成的三角区域，是商务谈判中最常用的一种注视行为。这种方式显得严肃认真，给对方以诚恳的感觉，在商务洽谈中运用这种注视行为往往能把握谈话的主动权。如果凝视对方脸部由双眼上线和唇中点构成的三角区域，则是在举行酒会、餐会、茶会等场合常用的注视行为，这种行为能营造轻松的社交气氛。

（2）扫视与侧视。扫视常用来表示好奇的态度，侧视表示轻蔑的态度。在交际中过多使用扫视，会让对方觉得我们心不在焉，对讨论的问题没兴趣；过多使用侧视会给对方造成有敌意的感觉。

（3）闭眼。长时间闭眼会给对方以孤傲自居的感觉。如果闭眼的同时还伴有双臂交叉、仰头等动作，就会给对方以目中无人的感觉。

做好眼神交流在面对多位信息接收者时所起的作用更大。在面向多人发言时，我们应该使每个人都感到被重视。我们必须向某一位听众表达一个完整的句子，在这期间与其保持眼神接触，当讲完之后，把目光移向下一位，并再次保持眼神接触。通过这种方式顾及全体听众，使每一个人都有机会分享我们的注意力，这样我们就保持了与全体人员的眼神交流。

（三）头部动作

头部动作是运用较多的身体语言，头部动作所表示的含义也十分丰富，需根据头部动作的程度，结合具体情境进行判断。

点头动作可以表示“好，我同意”，可以表示“行，就那样”，也可以表示“对，是个好主意”，还可以表示事先约定好的特定暗号。在某些场合，点头还表示礼貌的问候，是一种优雅的社交肢体语言。

摇头一般表示拒绝、否定。在一些特定沟通背景下，轻微摇头有沉思的含义，不是不可以或不行的表达。外国人常将摇头与耸肩这一动作连用，表示无可奈何、放弃、不理解等多种含义。还有一种可能产生误解的情况，当他人对我们说话时，如果我们一直摇头，对方会认为我们已经有所决定，不给机会让他们把话讲完。

在职场沟通中，要注意避免在不经意间传递一些并非我们本意的信息。例如，在听他人讲话时，应尽量保持头部不乱动。

（四）手势

手是人体最敏感、最富表现力的器官之一，它以不同造型传递讲话者的心声。手势是肢体语言中最重要、最明显的部分，在交流中，大方得体的手势不但帮助讲话者准确表达思想感情，也能够激发听众的情绪。

手势可根据含义和作用，分为引领手势、模仿手势和抒情手势3种。

（1）引领手势用来指示视觉范围内的事物和方向，便于通过视觉感受到具体事物。比如，引领员工到办公室或会议室中具体位置；通过引领手势来详细介绍产品，使顾客对产品的功能与特点一目了然。

（2）模仿手势主要是用模拟的方式给对方一种更为形象的感觉。模仿手势具有具体性和象征性，比如，用具体性的手势来比画事物的大小、形状等；象征性的手势则根据沟通内容来做出相应动作，以触发听者的联想。

（3）抒情手势是用来表达讲话者喜、怒、哀、乐等情感的手势。朗诵者或演讲者为了表现丰富的感情和加强感染力，会做出配合内容的抒情手势，以达到语言所不能达到的效果。

事实上，手势并没有固定的模式。个人的习惯不同，讲话的具体情境不同，沟通双方的情绪不同，手势也就不同。采用何种手势都要根据不同情境与不同人物而定。

【阅读资料】

常见手势的含义

手势具有丰富的表现形式，不同的手势有不同的含义，以下是一些常见手势代表的含义。

· 伸出双手并张开手掌，表示言行一致，给人诚恳的感觉。

· 谈话时掌心向上，表示谦虚、诚实，不带有任何威胁性；掌心向下，表示控制、压制，带有强制性，易引发抵触情绪。

· 食指伸出，其余手指紧握，呈指点状，这种手势表示教训，带有很大威胁性。

· 双手相握或不断把玩手指，表示缺乏信心、拘谨。

· 十指交叉，表示控制沮丧心情的外露，有时这种手势表示敌对和紧张情绪。

· 塔尖式手势，即把十指端相触，撑起呈塔尖式，这种手势表示自信，若再伴之以身体后仰，则显得高傲。

· 背手，常显示一种权威，但在一个人极度紧张不安时也会背手，以缓和紧张情绪。另外，如果背手伴以俯视踱步，则表示沉思。

· 搓手，表示对某事结局的急切期待心理。在谈判中这种手势可以告诉对方自己在期待着什么。

· 双臂交叉于胸前，表达一种敌意和防御的态度。

正确的手势可以在视觉效果上表达出言辞中的意思，起到强调的作用。帮助发言者吸引听众的兴趣和注意力。

手势同样也可以减损意思，如果沟通中的手势太多、太泛，则可能使沟通的语言减色。

（五）身体姿态

一个人的身体姿态能够表现出其是否精力充沛。通常，人们想象中精力充沛的姿态是微微收腹、肩膀平直、下巴上提等。与此同时，良好的姿态会显得自信而放松，而太过严肃的姿态会显得紧张和刻板。

在坐姿方面，避免后仰或者靠在椅背上，这样会显得漫不经心或对讨论的话题不感兴趣。当我们要强调某个问题或者想显示出对话题很有兴趣时，应轻轻地斜着身子面对交流对象，但是动作不要太大，以免与他人太接近。

走路的姿势最能体现一个人是否有信心。走路时，身体应当保持直立，两眼平视前方，两腿有节奏地交替向前，两臂在身体两侧自然摆动。良好的走路姿态会给人轻、灵、巧的感觉。

站立的姿态在一定程度上体现了个人修养、精神面貌，以及与他人交往是否有诚意等。站立时，身躯要直立，头颈、腿与地面垂直，两眼平视前方，挺胸收腹。切忌东倒西歪，耸肩驼背。站立交谈时，可根据说话内容做一些手势，但动作不要过大。在正式场合，站立时避免将手插入裤袋里或交叉在胸前，同时避免一些下意识的小动作，如摆弄手中的笔、手机、衣带、发辫等，这些不仅显得拘谨，给人一种缺乏自信和经验的感觉，而且也有失庄重。良好的站姿应该像松树一样舒展、挺拔。

（六）身体接触

身体接触是一种沟通双方通过身体部位互相接触来传递信息的肢体语言。身体接触是肢体语言中直接表示信息的重要形式。

握手是一种最典型的身体接触。握手的力量、姿势和时间长短均能传递不同的信息。当握手时掌心向下，表明此人希望掌握控制权；当握手时掌心向上，表明此人缺乏个性，或处于相对谦恭、顺从的地位；当握手时双手紧握住对方的手，表明此人诚恳或热情；当握手时只握住对方的指尖，表明此人缺乏自信、冷淡，或想与对方保持一定的距离。另外，握手时间长一般表示情深谊长、依依不舍；握手时手心出汗表明紧张；握手时力量大，表明个性较强；等等。

身体接触的其他形式还有拍肩膀等。领导对下属拍肩膀表示关心、鼓励和信任，是关系融洽的一种体现。而熟人、老朋友见面拍肩膀则表示一种亲切、热情的关心。

（七）相对位置

位置在沟通中所表示的最主要的信息就是身份。例如，我们去拜访一位客户，在其办公室会谈，我们坐在其办公桌前，表示他是主人，我们是客人。又如，宴请是一种很重要的社交手段，很讲究主宾之分。东道主坐在正中，面对上菜的方向，其右侧第一个位置给最重要的客人，其左侧第一个位置留给第二重要的客人，其他客人、陪同人员以东道主为中心，按职务、辈分依次落座。由此可见，相对位置在正式沟通场合是非常有讲究的。

（八）人际距离

从生物学的角度来看，每个人都有自己认为安全的空间范围，称为“安全圈”，一旦被其他人闯入，就会感到不安并处于防备状态。一般情况下，每个人都不愿意让他人侵犯自己的空间。

在相互交流中，沟通主体间的距离对沟通效果也具有重要影响。这里的“距离”有两层含义：一是指心理距离，二是指空间距离。心理距离和空间距离有着相应的关系。“亲则近，疏则远”就表现两者的关系。心理距离越近，社交时的空间距离也就越近；反之，心理距离越远，社交时的空间距离也就越远。心理学家认为，45 厘米以内为亲密距离；45~119 厘米是私人交往距离；120~210 厘米为社会交往、工作业务距离；210 厘米以上为一般距离。双方关系越亲密，人际距离就越近。这种划分只是大致范围，并非固定不变。那么，在沟通过程中，每个人都应当根据双方的关系及环境、事由等因素，考虑保持什么样的人际距离是恰当的，而不能“侵入”对方的心理空间，引起对方不愉快，影响信息的有效传达。

二、声音沟通策略

你是否有过对谁的话听得入迷的经验？如果有，我们会知道，声音在语言表达中具有重要位置，尤其是在无视觉接触的语音交流中。声音包括语速、音调、音量与语调 4 个维度。声音的表达常常受到外部因素的影响，如时间限制，沟通环境和说话方式。如果被限制在 5 分钟内阐述方案，我们必然会加快语速；处于一个很喧闹的环境中，自然就会在平常音量的基础上提高一些；如果沟通对象看上去心情和语气都很压抑沉重，我们会用一种区别于平常沟通的语调去交流；等等。这些表现是可以理解的，但不是时时恰当明智的。掌握沟通技巧的沟通者会设法不被外部因素所左右。沟通的目标是对他人产生影响，因此，我们要控制好传达给他人的声音提示信息。下面从 4 个维度阐述声音沟通策略。

（一）语速

语速指在沟通中的谈话速度。

当他人说话很快时，我们有什么感受？首先，我们会觉得他们很紧张，尤其当我们知道他们平时说话并没有这么快的时候，这种感觉就更为明显。第一次在同事们面前作报告时会紧张，但如果在陈述一个重要项目时过于紧张，同事或客户就可能会对我们的工作能力产生怀疑。其次，说话太快可能意味着一个人处于匆忙之中。当他人找我们讨论问题时，语速太快则意味着告诉对方“我没有时间”。建立良好的人际关系对职场人而言非常重要，所以职场人需要将自己的语速适当放慢，如果当时的确很忙，那么可以约定把事情延后处理，不要一心两用。最后，说话时语速太快有时会让人难以理解其中的内容，听者可能漏掉谈话中的重要信息。

说话语速太慢时，首先，听者会认为讲话者的思维缓慢，虽然事实可能并非如此。其次，语速过慢可能会使听者无法串接整体内容，从而失去沟通耐心。最后，沟通过程中语速太慢或对每个词都仔细斟酌，会使听者难以接受。

语速并非一成不变，职场人控制语速应当与主题和听者相关。比如，对于一个复杂的主题，需要给予听者更多的时间来消化所讲的内容。同时，需要了解不同听者自身的讲话速度与理解能力。职场人可以根据不同谈话主题和不同听者的情况调整自己的语速，以取得良好的沟通效果。

（二）音调

音调一词是从音乐中借用而来的，用来描述声音的高低程度。高音调的声音听起来比低音调的声音更尖细；而低音调的声音听起来比较圆润。

过高的音调容易与不成熟联系在一起，如娃娃的尖叫、孩子们脆生生的声音等。而过低的音调听起来更像从喉咙里发出的，说话的人往往被认为在喃喃自语或者发出抱怨。

人们常常把音调的特点与人的个性特点联系在一起。因此，在职场沟通中，应留意自己的音调，使其处于一个适中的状态，这也需要加以练习和实践。

（三）音量

音量指人们在语言交流中声音的大小。人们往往可以根据不同场景来调整自己的音量。在封闭的场所与他人单独谈话时，会适当减小音量；在一个大会议室里和一群人讲话而又不借助麦克风的情况下，就会要提高音量以使每个人都能听到。

通常情况下，大喊大叫是具有攻击性的表现；适当而洪亮的声音是外向、自信的表现，会给人以一种能掌控全局的感觉；说话音量太小是腼腆或者害羞、不自信的表现。初次交谈中对音量的控制是十分重要的，在熟悉彼此的音量之后，突然提高或降低音量会引起其他人的注意，也可以借此传达更多的信息。

（四）语调

语调指在语言交流中对语句抑扬顿挫的处理。同样一句话，不同的语调处理方式能留给人不同的印象。比如，简单两个字“是吗”，句末用升调或降调表现的意思就不一样。语调是最重要的信息表达方式之一，语调的变化可以使谈话对象或者轻松自如，或者提高防备心理。

对职场人而言，注意自己的语调是十分重要的。比如，在与同事谈话时，如果采用消极的语调，对方可能会误解我们的工作态度，认为我们对待工作是消极的或不愿意承担任务。有时，管理者被认为带有命令或讽刺语调时，会引起员工防御性或攻击性情绪反应，从而对工作造成不利影响。

总之，职场人需要对自己的声音有明确的认识与期望。在大多数情况下，职场人声音的特点应当是中性的。“中性”意味着说话的语速不快不慢，音调不高不低，音量不大不小，语调也保持平静。当然，如果职场人从头到尾都保持这种状态，那么也缺乏重点与感情色彩，所以也需要在表达中增加一些变化，在语言沟通时恰当地调节一下语速、音量和语调，在需要传达的信息中增添一些感情色彩。比如，在有的场景下，职场人的声音需要听起来带有关心意味；在需要强调重点或需要仔细阐述某个观点时，可以适当放慢语速，降低语调，以使听者集中注意力在接下来的沟通内容上；在有些场景下还需要用语音语调表现出热情洋溢；等等。

【阅读资料】

如何运用语速、音调、音量和语调获得最佳沟通效果

有人可能会想，声音是天生的，听起来是什么样就是什么样，我有什么办法。其实并非如此，像其他多种沟通方式一样，声音的沟通技巧也是可以通过学习而提升的，大多数人都能通过声音沟通策略提高沟通能力。

一些人的声音温和，一些人的声音浑厚……音调能表现声音的质量和感情色彩，音调变化可以表达不同的意思。语速和音调结合，能影响听者对沟通内容的不同理解。我们可以塑造一种具有个人特色的语速、音调、音量和语调，以保证听者所接收的信息与我们的表达意图相吻合。

从头到尾一字不差的一句话，语气、神态、声调不同，就有不同的含义。比如“我没说她偷了我的钱”这样一句话，以下不同的语调可能有不同的表达效果。每一句阴影部分的字词用重音读出表示强调。

我没说她偷了我的钱。（有其他人这么说）

我没说她偷了我的钱。（我确实没这么说）

我没说她偷了我的钱。（可是我暗示了这个意思）

我没说她偷了我的钱。（有其他人偷了我的钱）

我没说她偷了我的钱。（可是她对我的钱做了手脚）

我没说她偷了我的钱。（可能她偷了别人的钱）

我没说她偷了我的钱。（她偷了其他东西）

每个人在沟通中都会遇到许多类似的情形，应当有意识地控制自己的表达方式，以得到不同效果。

如果预算允许，我们可以考虑聘请专业的语言教练。大多数时候，我们可以向播音员和主持人学习，听一听这些人的发音方法，学习他们是怎样使用语音语调的，以此来不断提高自身声音的质量，加强声音的表达效果。同时，还可以积极地模仿，从音频、视频和各种工作会议上，从各类专业人士身上学到经验。

假如声音是从丹田发出的，而不是发自喉咙，那么声音将更富于表现力。让我们这样练习：先深深地呼吸，然后放松颈部肌肉和声带，练习大声朗读，直到获得自己满意的音质、音调，使自己的声音更富于变化为止。

三、语言沟通策略

在面对面沟通中，职场人的措辞也可以透露许多信息。通常情况下，通过对语句的精心选择，人们可以增强表达的感染力。但不恰当的措辞常常引起听者的消极反应。职场人应当有意识地提高自己的语言组织能力。

（一）避免不恰当措辞

通常而言，不恰当的言辞会破坏有效沟通，使他人对讲话者形成缺乏职业作风，不负责任的印象。不恰当措辞有以下几种类型。

1. 命令式措辞

“你必须……”“你一定要……”“我决定……”“你最好……”等，属于命令式措辞。对于这些命令式措辞，职场人会有一些常规反应，他们一般会想“不要告诉我一定要做什么”。职场人在工作的同时会充满抱怨。

使用命令式言辞会使听者觉得无从选择。所以职场人在语言表达时应让沟通对象感觉到自己是有选择权的，这样才有利于形成良好合作关系。比如，相较于“你必须在下午 3 点前完成”，“我在下午 3 点时需要拿到这份报告，可以吗？”就好得多。

2. 贬义式措辞

贬义式措辞是指用贬义词对某一个人或一件事进行否定。比如，在工作会议上，大家在热烈探讨某个工程项目问题，一名员工提出一个解决方法，这时主持会议的人发表意见了，说道：“真是一个可笑的主意。”这时，这名员工会有怎样的想法？尽管有些人不以为意，觉得自己用一种轻松的语气表达出来，只是开玩笑，但这些言辞本身会伤害他人的感情。因此，在沟通中应避免“你怎么这么笨呢？”“那是蠢人才干的事！”这类表达，即使是开玩笑，这些话仍然会伤害到他人，对职场人来说尤其如此。如果我们与他人共事，需要通过所有人的努力来达成共同目标，就一定要学会鼓舞和激励他人。

职场人也需要注意，不使用“失败”这类贬义词或语句，如“你没能完成任务”这样的说法会被理解为“我失败了”，换成“你在完成任务时忽略了这点”或者“结果就差了那么一点”这样的说法就缓和得多。

3. 歧视性措辞

歧视性措辞代表的是偏见。职场人应避免在年龄、性别、种族、宗教信仰、个性特征等方面有所偏向或歧视，使用歧视性言辞很可能会被认为处事不公正，缺乏专业性。职场人应该根据员工的工作业绩做出判断与评价。

4. 否定式措辞

否定式措辞指“不行、不能”之类的表达方式。例如，员工想通过出色的业绩表现来升职，上级却对他说："不行，你没有能力胜任这个职位。"这时员工会怎样想？假设上级换一个说法："只要你完成……，我想你一定适合那个位置。"这时员工会有什么样的想法呢？否定的言辞"不行"与"不能"等常常会引起消极反应，当员工从其他人，尤其是上级那里听到否定式言辞时，他们可能会这样想："并不是我不能，其实就是你不愿意提拔我而已。"

如果职场中确实需要拒绝某些不合理要求，就需要思考怎样以一种积极的方式来表达。比如，与其说"不，那可不能"，不如告诉对方怎样做才是可能的；与其说什么不能做，不如说什么应当做。如果每位员工都能从与管理者的沟通中接收到积极的信息，知道接下来的行动方向，那么工作推进将会容易得多。

（二）恰当的语言表达策略

语言表达的基本原则是：让表达既容易理解又令人愉快。要做到这一点，可以使用以下几种策略。

1. 表述简洁清晰

使用一些清楚而易于理解的话语，使信息明白清楚，而非累赘、冗长，尽量减少发生误会的可能性。注意，该策略并非鼓励生硬直率的表述方式，而是倡导以一种直接的方式来表达核心信息。避免长篇大论或使用暗示的方式，绕来绕去点不到主题，降低沟通效率。沟通时应做到诚实坦荡，表述简洁清晰。

2. 表述具体明确

【模拟演示】

写　答　案

目的：测试个体的理解差异。

下面列出了一些常见的词或短语：

——很多

——极少

——绝大多数

——有一些

——常常

——很少

——相当多

——有限增长

请你与身边的人各自用百分数表示以上词或短语的程度，完成后把你的答案与其他人的答案相互对照。

通过模拟演示我们可以看出，大家对每个词或短语表示的程度可能存在不同的理解。因此，如果我们希望他人能够准确理解自己的意思，那么表达一定要具体和明确。

在某些场合，非具体明确的表达确实无关紧要，比如与朋友聊天时，说“过几天再聚聚”，表达的意思并不明确，即使大家的理解不同，在这种情境下也不会出任何问题。但在职场中，表达具体明确则十分重要。例如，在会议中做年度中期汇报时，如果说“本部门产量有明显增长”，则不同的人对“明显”一词可能有不同理解。当发言者要表达的是10%的增长率，而听者却可以理解为产量翻了一番。这样，在看到实际增长数值时，发言者就有弄虚作假之嫌，听者心理落差特别大，从而产生负面情绪。再如，员工可能经常得到“尽可能快”的指示，但“尽可能快”究竟是什么意思？管理者认为自己表达的是“非常紧急，我马上就要”的意思。但是接收到这一信息的人却可能理解为“有时间就要优先做”，但实际上，工作中的人总是没有时间的。所以，在职场中，要把“快速、尽可能快”的要求表达得更加具体明确，如“三点前”或“星期二下班前”等。

3. 使用礼貌用语

职场人不仅要考虑他人如何接收我们传达的信息，还要考虑他人如何接受我们的态度。当职场人彬彬有礼时，其他人就会对我们产生积极、正面的印象。因此，职场人需要把使用文明礼貌用语当作一种习惯，如请、谢谢、欢迎、可以吗、请原谅等，说的时候要诚恳、友善。

可以设想一下使用与不使用礼貌用语的差别。假设两个员工正在讨论合作的项目，这时有人闯进来打断了他们的谈话，他们会觉得闯入者很粗鲁。但如果这个人进来后稍等一会儿，彬彬有礼地说道：“对不起，我可以打断一下吗？”这时，他们可能会感觉这个人是礼貌且很周到的，这也会更有利于培养良好的工作关系。

4. 以他人为中心

以他人为中心，实际就是一种“从我到你”的表达方式。比如，管理者给员工分配了一项重要的工作，员工提前完成并且超乎期望，管理者表示赞许。管理者可以说：“对于你完成的计划方案，我很满意。”也可以说：“你的计划方案完成得非常出色。”两种方式都是对员工工作成果的认同，但是后者用“你”开始，将会给员工形成更加积极与深刻的印象。如果在职场沟通中我们认识到这一点，就尽可能把“我”转为“你”，在表达中以他人为中心。比如：

· 把“我需要帮助”换成“你能帮我一下吗？”。
· 把“我有一个好主意”换成“你可能会喜欢这个主意”。
· 把“我已经扩大了销售额”换成“你一定会高兴的，因为销售额扩大了”。
· 把“我已经寄出了合同文本”换成“你会收到合同文本”。

职场人如果掌握了这一方法，就会发现沟通效果显著提升。沟通对象会认为我们善于理解他人，关心他们的利益和需要，从而推动工作顺利开展。

任务三　会议沟通策略

会议是指在一定的时间和地点，由主持人主持，与会者依据事先通知或约定，就共同关心的议题进行讨论、交流、决策和协调的活动。在现代社会各类型的组织中，会议都是最常见的工作方式之一，人们筹划与召开各种形式的会议，通过会议形式传递信息、沟通意见、协调关系与解决问题。会议是一种重要的沟通方式，因此，掌握会议沟通策略是十分必要的

一、会议类型与功能

（一）会议类型

以企业会议为例，按照参与对象可以分为内部会议与外部会议。内部会议指只有企业内部成员参加的会议，通常是为了更好地协调和管理企业的各项工作；外部会议是指企业与外部机构、组织或个人共同参与的会议，通常是为了促进业务合作、交流经验、宣传企业形象等。

企业会议按照内容或主题划分，主要分为以下几种类型。

（1）经营管理会议：主要讨论企业的经营管理问题，包括管理、生产、销售、财务、人力资源等，以便更好地协调各项工作。企业重大的经营管理会议包括股东会议与高层会议，股东会议主要是为了讨论企业的股东权益问题，包括股权转移、股息分配、股东大会决策等，以便更好地维护股东利益和进行公司管理；高层会议主要是为了讨论企业战略问题，包括企业愿景、使命、战略目标等，以便更好地引领公司发展。

（2）项目会议：主要讨论企业某一项目开发、实施、监控等方面的问题，包括项目计划、预算、人员安排、进度跟踪等，以确保项目顺利进行。比如，培训会议主要是为了提高员工的工作能力，包括岗位培训、职业发展规划、团队协作培训等。

（3）业务会议：指企业为了商讨具体业务问题而举办的会议，如销售会议、采购会议、市场会议等。市场会议讨论的内容包括市场调研、品牌推广、产品销售等，以更好地把握市场机遇，提高市场竞争力。

（4）庆典会议：主要是为了纪念企业的重大事件或庆祝重要节日而举办的会议，包括企业成立周年纪念、新产品发布会等。

会议按照举办方式可分为常规会议、现场会议、电话会议、网络会议等；按照举办规模可分为大型会议、中型会议、小型会议；依据举办周期可分为定期会议、不定期会议和临时性会议；等等。

目前，依赖互联网技术的云视频会议（简称“云会议”）越来越常见，云会议的

类型主要包括：

（1）基于网页的云会议：通过网页进行的视频会议，无须下载任何软件，只需输入会议代码即可加入会议。

（2）桌面应用程序云会议：通过在计算机或移动设备上安装云会议应用程序进行的视频会议。

（3）企业云会议：通过企业内部使用的云会议平台举办的云会议，一般支持多人视频会议、屏幕共享、文档共享等功能。

（4）公共云会议：通过个人或小团队使用的云会议平台举办的云会议，该类平台可免费或付费使用，支持多人视频会议、聊天、屏幕共享等功能。

（5）在线培训云会议：通过在线培训的云会议平台举办的云会议，支持远程授课、互动问答、屏幕共享等功能。

（二）会议功能

对于现代组织尤其是企业来说，会议需要实现的主要功能包括：

1. 促进信息共享和沟通

会议是企业内外部沟通的重要方式之一，对内可以促进各部门之间的交流和协调，加强员工之间的互动和沟通；对外可以让企业内部员工和外部合作伙伴之间更好地了解彼此的情况，从而促进信息共享和协作。

2. 提高管理与决策效率

会议可以帮助企业更好地协调和管理各项工作，通过讨论和决定各种重要事务，如业务发展计划、战略决策、财务预算等，提高工作效率。

3. 解决问题与推进工作

会议可以帮助企业发现和解决问题，尤其是一些紧急问题或需要集体智慧解决的问题；同时，会议可以对企业内部各项工作进行督导，推动各项工作顺利开展。

4. 增强凝聚力

宣传与激励会议可以促进企业内部员工沟通和交流，增强团队凝聚力；也可以激励员工的积极性和创造性，鼓励员工为企业发展做出更多贡献；同时，会议可以用来宣传企业文化、理念、形象和产品，增强企业的品牌形象和竞争力。

【阅读资料】

分段开会

销售部的李经理最发愁的事就是部门业务例会员工迟到的问题。每次开会都拖拖拉拉，有的员工甚至迟到一两个小时，没等讲上几个问题，先来者又急着要走。这不，事先通知下午两点开会，只差五分钟了，可偌大的会议室空空荡荡，李经理明白，如果严厉批评，可能起一些作用，但是无法解决根本问题，还可能得罪这些拥有丰富客户资源的销售员。

新来的部门副经理老谢具有丰富的沟通协调经验，老谢建议准时开会，不再等待。李经理担忧地说："人还不到一半，怎么开呀？"谢经理说："已经来了1/3，可以开了。"李经理说："晚来者无法听到有关要求，怎么办？"老谢说他自有办法。

李经理只好宣布开会，老谢拿出相机，对着按时参会的人拍照。销售员们陆续到会，到了三点，人员才全部到齐。

四点十分，预定的会议内容完成了。老谢用投影仪在墙上打出三张照片，这三张照片分别拍摄于两点整、两点半和三点整。老谢请第一张照片中的人退席，留下的人补开两点到两点半的会议；然后请第二张照片上的人退席，其余的人补开两点半到三点的会议。如此操作，早来者没意见，晚来者也无话可说。大家对于老谢的做法拍手称绝。逐渐地，销售部形成了良好的会议风气，迟到现象消失了。

（资料来源：《与人合作能力训练手册》，人力资源和社会保障部职业技能鉴定中心，人民出版社，2011年）

二、会议要素与会议角色

（一）会议要素

一般来说，会议的构成要素主要包括会议形式、会议内容、会议角色和会议组织。

（1）会议形式：包括会议名称、举办方式、时间、地点等。

（2）会议内容：指会议目的、议题、讨论方式、基本任务等。重要会议的内容以会议议程形式出现，会议议程是会议的核心，包括会议主题和讨论内容的纲要，需要在会议开始前准备好，并在会议中按照顺序逐项进行。

（3）会议角色：指会议的人员组成，主要包括主持人、与会人员、记录人员等。有些会议也包括列席人员、服务人员、安保人员、宣传人员等。

（4）会议组织：包括会议策划、准备、举办和评估等工作，具体体现在确定会议时间和地点、邀请与会人员、准备会议资料、安排会议流程等。

（二）会议角色

主持人、与会人员与记录人员是基本的会议角色。

1. 主持人

主持人负责把握会议节奏和引导与会人员进行讨论和做决策。会议主持人需要完成以下工作。

（1）做会议前的准备工作，包括确定会议议程、邀请嘉宾、确定会议时间和地点等。

（2）在会议开始前，向出席人员介绍自己，并简要介绍会议议程和规则。

（3）主持会议并确保会议按照议程进行，主持人需要掌握会议进展情况，确保会议不会偏离主题或浪费时间。

（4）引导与会人员发言。

（5）促进与会人员之间的交流和讨论，确保讨论有序、充分、公正。

（6）管理会议时间，确保会议按时结束。

（7）总结会议内容。

（8）向与会人员致以感谢词。

（9）整理会议记录和文件。

2. 与会人员

与会人员（或参会人员）需要按照会议议程和主题进行讨论和交流，与会人员可能发言也可能不发言，应注意以下事项。

（1）准时到达会议现场，避免迟到或早退。

（2）着装得体，符合会议要求。

（3）准备充分，熟悉会议议程和相关资料。

（4）尊重其他与会人员。

（5）在发言前仔细听取其他发言者的观点，避免重复他人的发言和偏离主题。

（6）发言时，清晰、简洁、有逻辑地陈述观点；同时，注意控制时间，避免超时或占用他人的时间。

（7）根据会议规则和程序提出自己的建议。

（8）会议结束后，及时整理会议记录和资料。

3. 记录人员

会议记录人员（或会议秘书）是会议的重要角色，他们需要具有良好的组织能力、文字表达能力和沟通能力，以及对会议主题和议程深入了解。其主要工作职责如下。

（1）准备会议需要的资料，包括会议议程、材料和与会人员名单等。

（2）记录会议的全部内容，包括讨论的主题、决策，发言者的姓名、发言内容和意见、提出的建议等。

（3）确保会议记录的准确性和完整性。

（4）在会议结束后整理会议记录和资料，制作会议纪要和报告，并及时通知与会人员。

（5）将会议纪要和资料归档。

三、会议沟通策略

参加或主持会议是职场人常见的工作方式与沟通形式，主持会议与在会议中发言，都是展示个人能力和表达意见的重要机会，因此，需要学习一些基本的会议沟通策略。

（一）主持人沟通策略

会议主持人主要的沟通项目包括：和与会人员建立良好的关系、倾听理解与会人员的发言、控制会议进程、促进互动和交流等。主持人需要具备良好的沟通能力、组织能力和解决问题的能力，会议主持人的沟通策略包括：

1. 会议前

主持人在会议前需要进行充分的准备，熟悉会议议程和主题，提前和与会人员沟通相关事项，确保会议顺利进行；在会议前向与会人员介绍自己，了解大家的背景和需求，为会议创造一个和谐的氛围。

2. 会议中

在主持会议过程中，主持人要控制好时间和会议进程，避免出现超时的情况；应善于倾听，理解与会人员的情绪和需求，耐心地倾听他们的发言，不批评他们的观点；重视与会人员的意见和建议，及时解决问题和疑虑，使会议达到预期效果；根据现场情况，通过引导问题、提出建议、回应疑虑等方式，促进与会者之间的互动和交流；应对出现的意外情况。

3. 会议后

在会议结束时，主持人要对会议进行总结，了解与会者的反馈意见，审查会议纪要并将会议纪要按要求下发与归档，以便将来参考。

（二）与会人员沟通策略

在工作会议中，与会人员需要注意的事项包括：

1. 注意会议礼仪

与会人员着装应符合会议要求；准时到达会议现场；尊重主持人和其他与会人员；遵守会议规则；认真倾听他人发言；控制自己的发言时间；对于被提出的问题，应认真回答，不敷衍或回避；不在会议中处理与会议无关的事务；态度诚恳、谦虚。

2. 展现发言技巧

在会议前，与会人员应准备好发言的内容，必要时提前准备好发言稿，把握好发言的重点和主题，尽量避免在会议中临时起意发言；可以先简要介绍自己，让其他人了解自己的发言背景和立场；发言简洁明了、重点突出，可以适当引用相关数据和知识，让自己的发言更有说服力；在发言中要表现出自信的态度，不过于紧张或胆怯。

3. 及时总结

根据会议主题，对个人需要对接的工作或注意事项进行记录，总结会议重点；如果有需要，根据会议规则和程序提出个人书面建议；会议结束后，及时整理会议资料，梳理个人或团队下一步工作重点。

【阅读资料】

一次简单的团队工作会议

小张是一名团队负责人，他需要与其团队成员开会讨论下一步的项目计划，以下是会议过程。

小张：大家好，谢谢大家来参加这次会议。我们今天要讨论下一步的项目计划。我会先介绍一下我的计划，然后我们可以一起讨论，看看有没有其他更好的想法，好吗？

团队成员 1：好的，听起来不错。

小张：好的，那么我首先想到的是我们需要增加市场营销的力度，以提高我们的知名度和销量，我想我们可以通过社交媒体进行推广。

团队成员 2：我同意这个想法，但我认为我们也应该考虑一些其他的推广方式，比如参加行业展会或者与其他公司合作进行联合宣传。

小张：嗯，这是一个很好的想法。我会把这些想法加入我们的计划中。还有其他人有什么想法吗？

团队成员 3：我认为我们应该更注重产品质量和创新，以吸引更多的消费者。

小张：非常好的想法。我们会在计划中考虑这个方面。还有其他人有什么意见吗？

团队成员 4：我想我们也应该考虑一下成本和效益的问题，以确保我们的计划是可行的。

小张：非常好的想法。好的，看起来我们已经得到了不少好的想法，我会整理这些想法，制订一个更完整的计划并与大家分享。谢谢大家参加这次会议。

任务四　当众发言技巧

职场人经常需要参加会议、宣讲、谈判等活动，如果能够在这些活动中流利地发表自己的观点，较好地展示自己的专业知识和能力，那么不仅能让个人更加自信，也能拓展职业发展空间。因此，演讲等当众发言技巧对职场人的重要性不可忽视，并且可以通过不断练习和实践掌握和提高这种技巧。

一、演讲要素与目标

演讲是指在公共场合或某个特定场合，借助有声语言、肢体语言表达观点和情感的过程。

（一）演讲要素

演讲活动具备三项基本要素，分别是演讲者、信息、听众。

1. 演讲者

演讲者是演讲活动的核心，负责传达信息和观点，引导听众思考和行动。演讲者需要具备良好的语言表达能力、思维能力和情感表达能力，以便更好地吸引听众，传达信息。

2. 信息

信息是演讲活动的内容，是演讲者要传达的思想、观点、知识和经验。演讲者要选择合适的信息，通过生动、有趣、具体的表述方式，使听众能够理解、接受和记忆。

3. 听众

听众是演讲活动的另一要素，是演讲者的传播对象。演讲者要了解听众的背景、兴趣、需求和心理状态，以便更好地把握演讲的重点和语言风格，使演讲更具吸引力和说服力。在职场中，听众经常可以分为上级听众、同事听众、团队听众、混合听众、有抵触的听众、客户听众等。

演讲活动中的三个要素相互依存、相互作用，演讲者只有选择适当的信息，针对听众的需求和心理状态进行表达，才能最大限度地实现演讲的效果。

（二）演讲目标

演讲目标是决定演讲内容与策略的关键因素，演讲目标决定了演讲主题、演讲内容和沟通策略的选择，以确保演讲达到预期效果。

为使目标更加突出，演讲者应当能用一个短句写下本次演讲或发言的目标。比如：

· 获得对第 35 号项目的资金批准认定。

· 说服顾客购买产品。

· 告诉我的团队今年公司成果怎样，我们为什么要做得更好。

清晰的目标描述有助于演讲者分析本次演讲要向听众传达什么信息，是施加影响，还是告知情况、传授知识等，职场中一些可能的演讲目标及其相关的演讲策略如下。

1. 施加影响

如果演讲的目标是对听众施加影响或进行说服，那么演讲内容应该聚焦于论点和证据，以及如何将它们结合起来让听众相信演讲者的观点。在策略方面，演讲者应该考虑采用各种施加影响及说服的技巧，如情感沟通、数据说明、逻辑推理和社会证据等，以确保听众能够理解并接受所传达的观点。

2. 告知情况和传授知识

如果演讲的目标是告知听众一些情况或希望听众获得一些知识，那么演讲内容设计应该清晰、简洁、易于理解。在策略方面，演讲者应该考虑采用各种宣传与教学技巧，如示范、演示和解释等，以确保听众能够充分理解信息。

3. 激发动力

如果演讲的目标是激励听众形成某种行为的动力，那么演讲内容应充满激情。在策略方面，演讲者可以考虑采用各种激励技巧，如挑战和激励等，并设置行动目标，最大限度激发听众的热情和行为动力。

总之，演讲的目标确定后，要先明确主题，再进一步明确要传达的信息和观点，对目标听众进行分析，了解他们的背景、兴趣和需求，以更好地把握演讲重点和语言风格。

二、演讲结构

好的演讲需要一个清晰的结构来组织思路和内容，演讲通常可以分为三部分，即引言、主体与总结。

（一）引言

引言也叫开场白，是演讲的开端，是引导听众进入主题的部分。在引言中，演讲者需要概述演讲内容，表达自己的立场和目的。引言应简洁而明确，它可以吸引听众的注意力，引导听众进入主题，为后续演讲内容打下基础。以下是一些常见的演讲开场白设计方法。

1. 引用名言或故事

引用名言或家喻户晓的故事，以吸引听众的注意力。这些名言或故事可以与演讲主题相关，也可以与听众的生活经验相关。

2. 提出问题

提出一个引人入胜的问题，以引导听众思考和关注演讲主题。这个问题可以是一个普遍存在的问题，也可以是与听众工作或生活相关的问题。

3. 使用幽默“段子”

可以使用一些幽默“段子”，以吸引听众的兴趣。这些幽默“段子”应与主题相关。通过应用幽默“段子”，演讲者可以让听众感觉到其幽默感和亲和力，从而提高听众对演讲内容的接受度。

4. 介绍自己或演讲背景

演讲者可以在引言中自我介绍或对公司、演讲背景进行介绍。这种介绍可以包括个人姓名、职业、爱好、经历等方面，也可以包括公司的品牌、文化、产品美誉度等方面。自我介绍或演讲背景介绍可以强化听众对演讲者个人亲和力和专业性的认知。

总之，一个好的演讲引言或开场白需要吸引听众的注意力，引导听众进入主题。在设计演讲开场白时，需要考虑听众的背景和兴趣，以及演讲内容和目的。无论使用哪种方法，都需要确保引言简洁、生动、有力，以便为后续演讲内容打下良好的基础。

（二）主体

主体是演讲的核心部分，主要阐述演讲者的观点和论据。在主体部分，演讲者需要组织好思路，明确论点，以及提供足够的证据和例子来支持观点或主张。

1. 明确核心观点

演讲者首先要明确核心观点，只有找到核心观点，才能使演讲内容更加有针对性和连贯性，为后续内容提供逻辑线。

2. 提供充足证据

在演讲中提供充足的证据可以增强演讲内容的可信度和说服力。证据可以是事实、数据、案例等，证据要具有客观性和权威性，可以通过调查、研究、采访等方式获得。

3. 解释和分析证据

提供充足的证据之后，需要对证据进行解释和分析，使听众更好地理解和接受核心观点。在解释和分析证据的过程中，可以使用对比、分类、归纳等方式，也可以使用故事和比喻，以帮助听众更好地理解和接受演讲者的观点。注意，故事和比喻的使用要与演讲内容相关，同时也要具有情感共鸣性和启发性。

总之，要使演讲主体的内容更加充实和有说服力，需要提供充足的证据，并对证据进行解释和分析等。同时，也要注意演讲的逻辑性和连贯性，限制主要论点的个数以避免信息过量，使用承接词连接演讲内容，可以做阶段性小结以避免听众觉得内容冗长。另外，还可以考虑在演讲中加入一些例子、幽默“段子”等元素，以增加演讲的吸引力和互动性。为了让演讲更加生动有趣，还可设计好语调、手势、表情等，以展现演讲者的个性和风格。

（三）总结

总结部分是演讲的结尾，演讲者可在总结中强调观点和论据，以及内容立场和演讲目的。总结或结语应凝练、有力，不过于模糊或空洞，以给演讲做一个有记忆点或冲击力的收尾。

1. 引用名言

可以引用名言或经典语句，以强调演讲主题。这些名言可以与演讲主题相关，也可以与听众生活经验相关。引用名家名言或哲思语句，可以让听众对演讲有更为深刻的印象。

2. 总结演讲内容

在结束时，演讲者可以对演讲内容进行总结，强调演讲的核心观点和要点。使用有效的结束语对演讲主题进行前后呼应，可以让听众更好地理解和记忆演讲主题和内容。

3. 提出行动呼吁

在结束时，演讲者可以提出行动呼吁，给出建议和行动计划，鼓励听众采取行动解决问题或实现目标。这个行动呼吁可以是具体的行动步骤、工具或资源等，要具有可操作性和实用性，以帮助听众更好地应对问题或挑战。

4. 留下反思问题

在结束时，演讲者可以留下一个反思问题，引导听众思考和深入探索演讲主题。这个反思问题可以与听众生活相关，也可以与演讲主题相关。反思问题可以让听众在演讲结束时有一个深入思考的方向。

总之，在给演讲做总结时，需要注意语言简洁、深入人心。同时，要考虑听众的背景和兴趣，以及演讲内容和目的，以便让听众对演讲有深刻印象。

【阅读资料】

演讲开场白与结束语实例

1. 开场白实例

· 提问：

"我想问一下在座的诸位，哪位知道过去24小时里在中国有多少孩子出生？"

"我想知道，如果我告诉您，您的计算机在买到手时就已经过时，您有何感想？"

· 引出主题：

"我今晚要给您讲述令人激动和振奋的××程序，告诉您这种程序将如何改变您的经商方式。"

· 引用名言：

"一位伟人说：'每个人的经历远远超过他的想象范围。'不过，正是经历而不是想象，才影响人的行为。"

2. 演讲结尾实例

· 提问：

"所以，女士们，先生们，我要提醒诸位思考——如果有人告诉您，您正在受到这种疾病的困扰，您有何感想？"

· 提出行动呼吁：

"我的建议已告诉诸位，如果我们想避免灾难，那就必须立即行动。要想保证公司未来的繁荣，希望各位不要再迟疑，行动起来！"

三、演讲技巧

演讲是一种双向的沟通活动，因此，学习并熟悉一些演讲技巧是十分必要的，演讲技巧可以帮助演讲者更好地表达自己的思想和观点，控制自己的情绪和表达方式，使听众能够更加清晰地理解和接受演讲内容，使演讲者更加自信，表达更有说服力，从而取得更好的演讲效果。

（一）熟记演讲内容

熟记演讲稿或演讲内容是演讲最基本的要求，以下几个技巧可以帮助演讲者熟记演讲稿和演讲内容。

1. 分段记忆法

如果演讲内容不多，可以利用分段记忆法，就是将演讲稿分成几个小段或小部分，每个小段独立记忆。先记忆第一个小段，等到能够熟练地背诵后，再开始记忆下一个小段，这样逐个小段进行记忆，最后将它们串联起来。

2. 记忆卡片法

如果演讲内容比较多，涉及较多方面，可以利用记忆卡片法。抓住演讲稿的主体或大纲，从内容和结构入手，按提出问题、分析问题、解决问题的顺序，或者按时间、地点、背景、经过、结果、分析等思维顺序制作记忆卡片，将要记忆的内容写在卡片上。可以使用关键词或图片来帮助记忆，并通过这些卡片反复练习，直到能够熟练地抓住各个要素，熟记它们。

3. 联想记忆法

联想是重要的记忆方法。演讲者可以将演讲稿中的每个词、短语与已知的信息或形象联系起来，形成有逻辑的联想，也可以利用思维导图帮助记忆。这种方法适合记忆演讲内容中比较容易忘记的部分。

4. 重复练习法

重复练习法是通过一次一次出声朗读来重复记忆演讲内容，多次反复练习不仅可以帮助演讲者熟记演讲内容，还可以把每次练习当作演讲排练。演讲者可以在不同时间和场地反复练习，不断重复可以使记忆更加深入。

（二）注意语音、语调和语速

演讲中的语音、语调和语速等是影响演讲效果的重要因素。演讲者通过语音和语调变化，可以强调演讲重点，让观众更加关注和理解演讲内容。在演讲前多练习与掌握语音、语调等变化技巧，可以帮助演讲者提高演讲效果。

1. 语音清晰

在演讲中要保持语音清晰，发音准确，吐字清楚，这样可以让听众更好地理解演讲内容。为此，应避免使用过长的语句，尽量使用常见词语和大家喜闻乐见的口头语，使语言富有活力。

2. 语调自然

语调自然首先要求语调的选择和运用必须贴合演讲主题，符合语境与现场听众身份。语调应是演讲者思想感情的自然流露，因此不应夸张或刻意，只需要根据演讲内容和情感表达适时调整语调即可。

3. 语速适中

语速的变化是突出人们说话内容的最常用方法之一，比如，教师在上课过程中，如果要强调某一问题，语速会放慢。演讲中的语速不应过快或过慢，太快听众可能无法听清楚或认为演讲者怯场（因为人们胆怯时往往语速较快），太慢则使听众感觉拖拉无趣。一般每分钟120~150字即可，同时要根据演讲内容的复杂程度和听众的接受能力来调整语速，用适当的停顿帮助控制节奏，用语速变化突出演讲内容的清晰度与节奏感。

（三）运用肢体语言

演讲中的姿态、表情和肢体动作是影响演讲效果的重要因素，可以帮助演讲者更好地表达情感和引起听众的兴趣。在演讲前可以多练习肢体语言以配合演讲内容，确保演讲效果更好。

1. 保持姿态自然

在演讲中要保持自然的姿态，首先，站姿端正，双脚与肩同宽，身体保持平衡，给人以自然、精神的感觉。可以略微向前倾身，以更好地与听众沟通。演讲中避免过度活动，如摇晃、踱步等，以免分散听众的注意力。其次，手势可以帮助演讲者更好地表达情感和强调重点，可以使要表达的情感更加具象化，因此手势的配合要自然流畅，不夸张或刻意，以免影响演讲效果。最后，着装协调自然，贴合演讲者身份和演讲内容，同时配合展示演讲者的形象与风度。

2. 调节眼神与面部表情

眼神与面部表情可以展现丰富的情感。在演讲中，演讲者要注意与听众进行眼神交流，以增强与听众的联系和信任感。演讲者的目光应遍及全场，不能只盯着一个角落或一个方向，可以通过与面部表情的配合表现更多的情感，如喜悦、同情、愤怒等。美国听众在评述罗斯福总统演讲时，说他满脸都是动人的表情：在20分钟时间里，他的脸上呈现出诧异、好奇、吃惊、感兴趣、焦虑、同情、幽默、尊严和无比的魅力，但他几乎没有说什么东西。可以看出，面部表情能准确灵活地反映出人的种种情绪，在演讲中传达更为精准有效的信息。

3. 避免不良体态

在演讲中，演讲者应该注意自己的体态，不良的体态可能会分散听众的注意力，影响演讲效果。不良的体态可能包括：呆板的姿势，如僵硬的肩膀、半蹲的身体、低头、垂肩、拳头握得太紧等；不自然的手势，如过度挥舞手臂、手势频繁、手指不停地弹动、不自然地握拳等；非语言噪声，如频繁咳嗽、深呼吸、手指敲打桌子、敲击话筒等；焦虑的面部表情，如频繁眨眼、皱眉、咬唇等；不恰当的小动作，如玩弄衣角、不断卷起又放开讲稿、无意识地摆弄小物件等；不规范的步态，如走路不稳等。

（四）使用辅助资料

演讲者可以使用PPT等视听材料作为辅助资料，配合展示演讲内容并增强演讲效果。使用辅助资料是一种全方位的展示技巧，也是一种非常实用的技巧。

1. PPT 制作技巧

首先，配合演讲的 PPT 要简洁，不能喧宾夺主，避免使用过多的文字和图表，以免分散观众的注意力；其次，PPT 中字号和颜色要清晰易读，避免使用过小的字号和过亮的字体颜色，以免影响视觉效果；最后，如果 PPT 中要使用图表来帮助观众更好地理解演讲内容，要注意选择简洁的图表。

2. PPT 展示技巧

在演讲过程中，PPT 展示要与演讲的节奏相配合，避免出现演讲和 PPT 不同步的情况。可以在演讲前多次练习演讲和 PPT 的配合，以确保内容流畅和现场展示的最佳效果。

3. 音视频使用技巧

视频与音频资料的使用同样要配合演讲节奏，总体要与演讲内容匹配。动画效果与视频资料的使用可以增强演讲过程中的记忆点，但要注意不能使用过多，而且尽量用简单的，过于复杂的动画效果反而会影响观众的关注点，甚至打断演讲的连贯性。

（五）交流与互动技巧

演讲过程中的互动可以增强演讲的参与感和交流效果，以下是一些演讲过程中的互动技巧。

1. 互动环节设置技巧

在演讲过程中，互动环节的设置可以有多种方式。一是设置提问环节，提问环节的设置可以通过问题设置与回答的过程来了解听众的需求和反馈。二是设置投票环节，对二选一的选择性问题可以采取举手投票的方式，对复杂一点的有既定选择范围的问题可以利用现场扫码方式投票，让听众投票表达自己的意见和看法，投票结果可以同时帮助演讲者和听众了解相关问题的倾向性意见。三是设置讨论环节，可以是听众间简单地相互交换意见，也可以是比较正式的分小组讨论。这不仅可以增强听众的参与感，还可以增加听众对于内容的认同度。四是设置互动游戏环节，在演讲过程中让听众参与一些互动小游戏，可以增加演讲的趣味性和听众的参与感。

2. 互动过程交流技巧

首先，演讲者需要保持积极和尊重的态度，让听众感受到互动的热情和友好；其次，要控制互动过程与时间，不要过于强调互动，以免让互动影响到演讲的连贯性和效果，而且，互动交流可能会耗费较多时间，演讲者需要控制好时间，保证演讲的进度和质量；最后，要认真倾听与反馈，在听众提出问题和疑虑时，演讲者应给予积极的回应和解答，并尽可能解决问题，同时也要注意控制情绪，不要因为听众提出的问题或意见比较尖锐而产生不良情绪，尽可能建立良好的互动关系。总之，演讲者在互动交流中需要保持专业的形象和态度。

（六）意外情况处理技巧

在演讲过程中可能出现一些意外情况，如设备故障、忘词、干扰等。如果遇到意外情况，要保持冷静，及时处理，以保证演讲效果，以下是一些常见问题的处理方式。

1. 设备故障问题

在确定好演讲时间、场地和设备后，要提前做好现场的布置和演讲的技术准备，如果出现 PPT 或音视频无法播放、麦克风等设备故障问题，可以尝试重新启动设备或联系工作人员更换设备，如果仍然不能解决问题，可以考虑放弃设备辅助，直接进行口头演讲。

2. 个人失误问题

如果在演讲中忘词或出现失误，不要惊慌失措，可以适当停顿，调整呼吸，重新组织语言继续演讲，也可以利用手中的资料，帮助自己恢复状态。如果个人有过怯场情况的发生，应尽量在演讲前多加练习，可以在家里或朋友面前进行模拟演练，也可提前熟悉演讲场地等，以克服怯场状态，减少失误的可能。

3. 听众干扰问题

如果在演讲中出现听众的无意干扰，如有人大声讲话、打电话等，可以尝试停顿一下，等待场内安静，或者适当提示干扰者。听众有意的干扰也要区分情况，如果是听众就关心的问题打断演讲者，演讲者尽可能简短回答，如果回复会比较复杂或在后面演讲内容中能涉及，可以表示演讲后回答或接下来解释；如果听众是恶意干扰，可以请工作人员帮助处理。

4. 时间控制问题

演讲在事前会确认好基础时间，演讲者也会根据预计时间做好安排，但事无绝对，如果演讲时间不足，演讲者可以适当压缩演讲内容，突出重点，保证演讲的连贯性和完整性；如果时间富余，演讲者可以利用事先准备的互动环节进行互动，或视情况增加互动时间。

另外，如果演讲现场出现突发情况，如火情、地震等，要注意安全，及时指导观众有序撤离，并根据现场情况采取合适的应急措施。

【巩固练习】

演讲技巧的自我评估

评价标准：非常不同意／非常不符合（1分）；不同意／不符合（2分）；比较不同意／比较不符合（3分）；比较同意／比较符合（4分）；同意／符合（5分）。

测试问题：

（1）我在整个演讲过程中眼睛始终同听众保持接触。

（2）我的身体姿态很自然，没有因为紧张而做作。

（3）我能运用基本的手势来强调要点。

（4）我运用停顿、重复和总结来强调我的观点。

（5）我每次演讲前都会确定具体的目标。

（6）我会对听众的需求、忧虑、态度和立场进行分析。

（7）在组织思路时我会先写下几个主要的论点。

（8）我会特意准备一个颇具吸引力的开场白。

（9）我演讲的结尾会呼应开头，且必要时能呼吁听众采取行动。

（10）我制作的视频简明扼要，有助于达到演讲目标。

（11）我的论点、论据之间有内在逻辑联系，有助于支持我的主张。

（12）我会把紧张、焦虑转换为热情和动力。

（13）我会清楚地叙述我的观点能给听众带来的利益。

（14）我会热切地讲述我的观点。

（15）我会事先演练，以免过分依赖讲稿，且有助于集中注意力在听众的反应上。

（16）我的演讲稿只写关键词，以免照本宣科。

（17）我会预测听众可能会提的问题，并且准备相应的回答。

（18）我的声音清楚，语速适中，富有感染力。

（19）我会有意识地运用语音、语调和语速来表示强调。

（20）演讲前我会检查场地及相应的设施。

（21）准备演讲时，我会预测将会遭到的反对意见。

（22）整个演讲过程我会充满自信。

（23）演讲前我会检查我的衣着打扮是否得体。

自我评价：

总分：105~115 分，具有优秀演讲者的素质；98~104 分，演讲水平略高于平均水平，有些地方尚需要提高；98 分以下，需要严格训练演讲技巧。

选择得分最低的 6 项，作为本部分技巧学习提高的重点。

项目练习

一、判断题

1. 在任何情况下，第一印象都是人们判断是否进行深入沟通的标准。
2. 第一印象的构成包括仪容、仪表、仪态与礼仪。
3. 声音的特点包括语速、音调、音量与语调四个方面。
4. 头部运动是肢体语言中最重要、最明显的部分。

5. 演讲内容是演讲活动的核心，其负责传达信息和观点。

6. 自信的本质是以对方为中心，一切为对方的利益考虑。

7. 沟通中存在的暗示信息，基本上通过视觉、声音、语言三种形式表现出来。

8. 演讲的目标是决定演讲内容与策略的关键因素。

二、简答题

1. 肢体语言包含哪些方面？

2. 会议的与会人员有哪些基本沟通策略？

3. 演讲有哪些基本技巧？

4. 简述会议要素与会议角色。

三、案例分析题

案例 1：小王大学毕业后第一份工作是销售部经理助理。刚上班，经理让她给副总裁打个电话，请副总裁处理一项工作。于是小王拨打电话，说：“是于副总吗？刘经理让我告诉你，你把 ××× 事情赶紧处理一下，刘经理很急的。”刘经理听了直摇头，办公室里其他人听完小王说的话也都无奈地笑了。

问题：

1. 刘经理为什么摇头？

2. 如果你是小王，你会怎么打这个电话？

案例 2：某公司生产部林经理经常通过召开会议来解决问题，同时他自己又必须参加很多其他会议。他感觉整天忙于各种会议，无暇处理工作，造成了工作上的被动，为此下决心改进会议。

过去，他每召集一次会议，不管会议内容是什么，总是要求所有下属来开会。结果，会议规模很大。每位参加者为了表示对会议的重视，都至少提出一个问题，而多数问题都与会议议题无关，这就难免使会议时间拖得很长。究竟怎样确定与会人员的范围才合理呢？经过认真分析研究，他找到了一个两全其美的办法。会前，先分发一份会议须知单，内容为：某月某日某时，在某会议室，讨论某问题，已邀请有关领导参加讨论，如你认为需要了解有关情况或愿参加讨论，届时出席。未到会者，我们将于会后送上会议纪要，供参考并提出意见。

改进后，每次开会只有少数人参加，用较短时间把会开完了，大大提高了效率。

问题：作为会议的主持者，林经理运用了哪些会议沟通策略？

案例 3：总裁秘书小林受总裁委托，去公司的生产车间主持第一季度的生产运营会议。会议开始时，她首先发言：“今天，我们主要谈一谈今年第一季度的生产运营计划，大家自由发言吧！”大家先是面面相觑，过了一会，张副厂长开始说到生产设备需要更新的问题，王副厂长又由生产设备更新说到职工食堂设备也需要更新，大家七嘴八舌，小林发现讨论越来越偏离主题，谈了半天，正题也没说几句，而且就听几个人在夸夸其谈，大多数人无法发表自己的见解。会议就这样不了了之了。

问题：

1. 会议为什么不了了之？
2. 作为会议的主持者，小林应当怎样做？

项目四 数字资源

项目五　应对职场沟通场景

学习目标

| 知识目标 |

（1）理解职场沟通中，上行、下行、平行沟通场景中的正确工作态度。

（2）深入理解职场沟通中，上行、下行、平行沟通过程中的具体场景。

（3）掌握职场沟通中，上行、下行、平行沟通过程中具体场景的沟通技巧。

| 能力目标 |

（1）具备迅速判断具体沟通场景的能力，能在具体沟通场景下展现正确的沟通态度。

（2）能有意识地运用不同职场沟通场景下的沟通技巧，具备综合应用沟通技巧完成工作任务、达成职场沟通目标的能力。

| 素养目标 |

（1）结合职场沟通的不同场景，坚持一切从实际出发、从工作出发的工作态度，具备独立思考的能力。

（2）结合不同场景的职场沟通技巧，进一步强化职业道德，坚持敬业、诚信、友善的社会主义核心价值观。

引导案例

年底的订单

辛苦工作一年之后，某服装公司的任务基本完成，眼看着还有十几天就要过年了，大多数员工归心似箭，都在期盼着回家过年，与家人团聚。此时。老板此前一直跟进的一个大客户着急要一批服装，虽然订单不大，但是要想在春节前完成还是有一定难度的。然而，如果在客户需要的时候不能及时提供帮助，那么可能失去这个大客户。思来想去，老板还是觉得不能放弃这个项目，也想到了鼓舞士气的办法。

这一天，老板召集所有员工开会，在会议上老板说了很多感谢的话："今年非常感谢在座每一位的鼎力相助，我们才能圆满完成任务。可以说，公司能有现在的规模和业绩，是和每个人的努力分不开的，因此今年每个人都可以拿到全额年终奖。公司还订购了一批年货，为大家的年夜饭添几个大菜。"老板的话音刚落，大家就热烈鼓掌。这时，老板趁热打铁，说："新的一年，新的开始，大家靠自己的努力，打造了我们的优质品牌。如今我们新年还没过呢，好兆头就已经来了。此前我一直联系的一个大公司主动找上门来，想和我们签订协议，但是要求我们在春节前交货，订单是2万件衣服。我当然也知道大家累了一年了，所以很犹豫，如果接下这个订单，大家有可能要加班到年底，不过这是个大客户，未来的一年肯定还会有百万订单。我尊重大家的意见，由大家说了算。”这时，员工们似乎看到了明年的年终奖，不由得喊道：“接，接，接！”老板面露难色：“万一不能按时交工，就涉及违约啊。”员工们异口同声地说：“我们保证按时完成任务。”看到员工们众志成城的劲头，老板也当即表态：“好的，我相信大家，保质保量完成任务后，我保证每人都有一个大大的红包。”

（资料来源：《职场沟通学》，邓兮，中国纺织出版社，2019）

案例分析

这位老板知道员工付出了劳动，就应该得到相应的报酬，因而给了员工积极的回报，也得到了员工热情的回应。老板并没有以直接下达任务的方式进行下行沟通，而是把年终奖和加班赶工两件事完全分开，先是承诺每个人都能得到全额年终奖，然后以征求意见的平行沟通方式询问员工是否接下订单。这样一来，员工很受感动，意识到在老板心目中他们都是工厂的主人。当老板足够尊重每一位员工时，员工工作的动力更强，团队凝聚力也会更强，从而沟通也更为顺畅。

任务一　上行沟通场景

在职场中，人们之间的沟通可以分为上行沟通、下行沟通和平行沟通三种类型，上行沟通指下级向上级汇报工作进展或提出问题、建议等；下行沟通指上级向下级传达工作指令、政策等；平行沟通指在同一层级内进行沟通，通常指相互协作、交流工作或协调事宜等。

一、上行沟通的态度

在职场中，上行沟通就是与上级（或领导）进行的沟通。在沟通中，态度是第一位要注意的因素，职场人与领导沟通时态度应该是尊重、诚恳和积极的。

（一）体现尊重

职场人在上行沟通过程中要表现出对上级的尊重和礼貌，这是建立良好工作关系的开端。在上行沟通中，体现对上级尊重的态度主要包括以下几个方面。

1. 用语得当

首先，在称呼上使用敬语或称呼职位，表现出对上级的尊重；然后，在与上级沟通时，不使用粗俗或不恰当的词句，使用尊重和礼貌的语言。

2. 仔细倾听

在上级发表意见时，应当认真倾听，不打断或中断他们的发言。同时，对他们的意见和建议给予充分的反馈，表现出尊重和重视。在完成领导交办的任务或项目后，应当及时向领导反馈工作进展和结果。

3. 端正态度

在与上级沟通时，应当端正态度，避免出现轻视或贬低上级的言行，即使出现了分歧，也应该保持冷静、理智，以礼貌的方式表达自己的观点。同时，职场人需要尊重领导的时间和日程安排，不应该随意打扰领导的工作。

（二）态度诚恳

在上行沟通中，表现出诚恳的态度是非常重要的。职场人需要诚实地表达自己的意见和建议，同时，也需要认真考虑领导的意见和建议，不应该自以为是或固执己见。

1. 诚实不隐瞒

在与上级沟通时，应当诚实守信，直截了当地表达自己的想法和建议，不撒谎或隐瞒真实情况，如果遇到问题或困难，应当及时向上级汇报，请求帮助或建议，但是要注意语气和措辞。

2. 冷静耐心

保持冷静和耐心，尊重领导，不轻易质疑领导的决策或指示，并尊重他们的意见和观点，不在沟通中做出情绪化的反应，尽可能冷静地表达自己的意见和观点。如果领导提出了反馈或批评，应该耐心接受，并采取积极的态度来解决问题。

3. 提前准备

在与领导沟通之前，应准备好自己的观点和论据，表述客观并具说服力，能够流畅地回答领导提出的问题。尽可能精简地表达自己的观点和建议，同时表现出自己的诚意，展现自己愿意为公司和团队做贡献的态度。

（三）积极主动

在上行沟通中，职场人需要表现出积极主动的态度，主动提出问题和建议，积极反馈工作进展和结果，及时与领导沟通，预防并解决问题，确保工作顺利进行。在上行沟通时，表现出积极主动的沟通态度可以提升职场人的职业形象和工作表现，具体做法如下。

1. 定期汇报工作进展

定期向上级汇报工作进展，包括已完成的工作、正在进行的工作和下一步计划。这可以让上级了解工作进展，及时处理出现的问题，也能让上级对自己的工作有一个全面的了解。在与领导沟通时，要保持积极的心态，尽可能地展现出自己的自信和能力。

2. 提出问题或建议

在工作中遇到或发现问题时，可以向上级提出问题或建议，寻求解决方案。应尽量提供具体的建议和解决方案，而不仅仅是抱怨或描述问题，这可以体现自己对工作的积极性和责任心，也能够让上级看到自己的能力和价值。

3. 询问意见或建议

在做出重要决策或处理棘手问题时，可以向上级征询意见或建议，并根据需要做出调整，这不但可以表现出自己对上级的尊重，也能获得更多解决问题的思路。

4. 反馈信息

在上级要求员工提供信息或数据时，应当及时反馈，不拖延或忽略，这样不仅可以表现出敬业精神和责任担当，也能够让上级更好地了解工作情况。

二、请示与汇报场景

向领导请示与汇报工作是职场中最常见的上行沟通场景，是工作过程中非常重要的环节。请示是向上级征求意见或请求批准的行为，在工作中遇到重要问题时需要向上级请示，以便得到领导的指导和支持。在请示的过程中需要向领导说明问题、提出建议，并征求领导的意见，以便在工作中做出正确的决策和行动。汇报则是向上级报告工作进展和成果的行为，需要在工作中及时向上级汇报工作情况和结果，以便他们了解工作进展，及时提出意见和建议。

请示和汇报两个环节相辅相成，互为补充。但是，请示和汇报的目的和内容不同，在通常情况下，请示和汇报是分开进行的，但在某些情况下也需要同时进行。例如，在开会时，可能先请示领导的意见，然后再向领导汇报工作进展和成果；或者在工作中遇到重要问题时，可能需要先向领导请示，然后再向领导汇报工作情况。

（一）请示的注意事项

1. 表达尊重

首先，了解领导的工作习惯和喜好，尊重领导的时间和计划安排，选择合适的时间和方式进行请示；其次，注意措辞，在请示中使用礼貌、尊重的词句，如“请问您的意见”“敬请指示”“恳请批准”等，以显示出对上级的尊重和敬意；最后，注意态度和心态，在请示中注意保持谦虚、诚恳的态度，不要傲慢，也不要唯唯诺诺。

2. 突出重点

在请示中突出重点，说明请示的目的和问题，尽量简洁明了，不使用过于复杂的词语和句子，以便上级能够明白自己的意图，快速做出决策；在请示中也要突出工作的重要性，说明工作与公司或组织的战略目标和业务发展相关，以便上级能够更好地理解和认识工作的价值和意义；适当表达自己的想法和建议，以显示自己对问题的认识和思考，让上级更加了解个人的工作态度和能力。

3. 及时跟进

如果说，在请示前要准备好相关的材料和数据，确保自己对工作有充分的了解，以便回答领导的相关问题，那么，在请示后就要重视领导的意见和建议，将意见、建议与工作内容进行有效的整合，及时跟进工作，向领导汇报工作的进展和结果，在不断沟通和反馈中提高自己的工作水平和效率，确保工作顺利进行。

（二）汇报的注意事项

1. 确定汇报的目的和内容

了解领导的工作风格和喜好，尽量以领导喜欢的方式进行汇报。在汇报前，需要明确汇报的目的和内容，确保自己能够清晰、简明地表达出重点信息和需要上级明确的信息。如果汇报需要提供数据，要提前准备好，确保准确无误。如果数据太多，可以汇报主要数据，还可以制作幻灯片或报告来帮助自己清晰地表达观点和结论。

2. 清晰简洁、突出重点

汇报使用的语言要简单、清晰、易懂，重点将工作内容和进展报告给上级，确保上级能够明白自己的工作重点；突出工作成果，说明工作的效果和影响，以便上级能够更好地评估自己的工作表现和贡献；表达自己的思考和想法，说明工作中遇到的问题和困难，以及自己的解决方案，让上级了解自己的工作态度和能力。

3. 总结并提出建议

用数据和事实说话，可以提高汇报的可信度和说服力，关注并接收汇报过程中领导的反馈和建议，及时进行补充和修正；总结工作成果和经验，提出改进和优化建议，以便上级能够更好地指导自己的工作和提高个人工作绩效。

总之，向上级进行工作请示与汇报时，都需要注重礼貌和表达尊重的态度，表现出自己积极的工作态度和责任心；提前准备好相关材料和数据，用清晰简洁的语言突出重点，提出建议，突出工作的重要性；注意语音语调的变化和节奏，以增强语言表达的力度和感染力；用数据和事实说话，以增强自己的请示与汇报效果。

三、提出意见与建议场景

向上级提出意见和建议是一种重要的上行沟通方式，任何有发展意愿的组织都需要征询各级员工的建议与意见。向上级提出意见和建议也是组织运作和员工发展的必要手段，有助于实现组织的目标和员工的个人发展。

（一）组织征询员工意见与建议的意义

1. 促进组织的改进和发展

员工是组织的一部分，他们对组织的运作和发展有着深刻的理解和经验。组织需要了解员工的意见和建议，了解员工的需求和想法，从而采取更好的措施来改进和发展组织。

2. 提高工作效率和质量

员工在日常工作中会遇到各种问题和困难，这些问题和困难可能从领导的角度并不能完全了解，通过及时了解员工遇到的问题和困难，以及倾听他们的意见和建议，上级可以提供相应的帮助和支持，从而提高工作效率和质量。

3. 增强员工的参与感和归属感

当员工的意见和建议得到上级的重视和采纳后，员工会感到自己在组织中的存在感增强，其价值得到了组织认可，从而可以大大增强员工的参与感和归属感，使其更加愿意为组织努力工作，提高组织的整体效能。

（二）应要求提出意见与建议的技巧

任何一个谋求长远发展的组织都会就某一方面工作广泛征求员工意见与建议。在有活力的组织中，员工也会愿意积极地提出个人见解，为组织发展献计献策。如果应上级或组织要求，员工要对某一方面的工作提出意见与建议，以下是一些基本技巧或注意事项。

1. 全面评估工作

由于应要求提建议是围绕于某一特定工作展开的，因此，在提出意见和建议之前，员工应该对需要建议的工作进行全面评估，包括工作目标、项目计划、实施进度、工作成果等，要从更多的角度了解相应工作的情况和现存问题，从而能够提出更有价值、富于建设性的意见和建议。

2. 突出问题和难点

在提出意见和建议时，应该重点突出工作中存在的问题和难点，分析原因，恰当运用数据和案例来支持个人意见和建议，并提出相应的解决方案。数据和案例可以使意见和建议更具说服力，加大被采纳的可能性。

3. 注意方案的可行性

在提出建议的实施方案时，应该注重方案的可行性，包括实施计划、资源需求、风险控制等各方面因素，使意见和建议更具可操作性。在提出可行意见和建议后，应重视领导或组织的反馈，及时跟进有关工作进展，这不仅可以显示出自己对工作的关注和责任心，提高组织对自己的信任和认可，还可以促进组织工作效率和工作质量的提高。

（三）主动反映问题的技巧

职场人在工作过程中，都会遇到难题或个人发展的瓶颈，主动向上级反映工作中存在的问题或个人工作中的困难，主动提出个人意见与想法并征询上级建议，不仅可以让上级了解自己工作中的困难，及时采取措施解决问题，提高工作效率和质量，还可以表明个人具有诚信和负责的态度，从而获得上级的指导和帮助，提升个人工作能力，同时增加与上级沟通交流的机会，在共同探讨解决方案的过程中增强合作，为今后的顺利工作奠定更加坚实的基础。主动反映问题时，有以下技巧或注意事项。

1. 选择合适的时机和场合

在反映问题、提出意见或建议时应该选择合适的时机和场合，避免在繁忙或高压的工作期间向上级提出问题。因为在上级比较忙碌的时候提出建议或意见，可能会被视为打扰，产生不良印象。最好在上级时间比较空闲的时候，或者提前预约一个时间。也要避免在公共场合或不适当的场合提出问题，表现出自己对上级与同事的尊重。

2. 积极寻求解决问题的方法

在反映问题和提出意见时，应积极寻求解决问题的方法，提出具体可行的解决方案，而不是单纯抱怨。提出问题并提出具体的解决方案，或者寻求上级的建议和指导，可以使上级更好地理解并重视所反映的问题，增加采纳建议或意见的可能性。

3. 选择合适的表达方式

合适的表达方式是指注意措辞和态度，提出建议或意见时应该比较客观、冷静、中肯，避免情绪化和使用过于激烈或攻击性的言辞，以免引起不必要的争端和误解。最好使用客观表述，中立地描述问题，而不是直接批评或指责。

4. 尊重上级的立场和决定

尊重上级的立场和决定，避免过度抵触和对立，即使上级没有采纳自己的建议或意见，也要尊重他们的决定，并在以后的工作中继续努力，避免影响个人工作积极性和工作效率。同时，尊重上级，不损伤上级的自尊心或威信，与上级保持良好的关系，以便今后能够更好地合作。

5. 适当沟通和跟进

在反映问题和提出意见之后，应该保持适当的沟通，避免催促上级，重视上级意见的反馈，主动跟进，了解问题解决情况和工作进展，调整个人工作态度，及时优化工作计划和流程，提高个人工作绩效。同时，如果问题涉及敏感信息，应注意保密，确保信息不会被泄露，以免给组织或个人带来损失。

【阅读资料】

好的建议为什么不被接受

佩佩年轻干练、活泼开朗，入行没几年，职位上升迅速，很快成为单位里的主力“干将”。几天前，单位新领导走马上任，下车伊始，就把佩佩叫了过去：“佩佩，你经验丰富，能力又强，这里有个新项目，你就多费心盯一盯吧！

受到新领导的重用，佩佩欢欣鼓舞。恰好这天要去周边城市谈判，佩佩一合计，一行好几个人，坐长途公交不方便，人也受累，会影响谈判效果。打车吧，一辆坐不下，两辆费用又太高。还是包一辆车好，经济又实惠。

主意定了，佩佩却没有直接去办理。几年的职场生涯让她懂得，遇事向领导汇报是十分必要的。于是，佩佩来到领导面前。

“刘总，您看，我们今天要出去，”佩佩把几种方案的利弊分析了一番，接着说，“所以呢，我决定包一辆车去！”汇报完毕，佩佩发现领导的脸不知道什么时候黑了下来，他生硬地说：“是吗？可是我认为这个方案不太好，你们还是买票坐长途车去吧！”佩佩愣住了，她万万没想到，一个如此合情合理的建议竟然被打了“回票”。

“没道理呀，都能看出来我的方案是最好的。”佩佩大惑不解。

在这一案例中，佩佩凡事多向领导汇报的意识是很可贵的，错就错在表达方式上，尤其是措辞不当。注意，佩佩说的是“我决定包一辆车”。在上级面前说“我决定如何如何”是不恰当的表达方式。如果佩佩能这样说：“刘总，现在我们有三个选择，各有利弊。我个人认为包车比较可行，但我做不了主，您经验丰富，帮我做个决定行吗？”领导听到这样的话，一般会同意佩佩的方案，这样岂不两全其美？

四、反馈信息场景

在职场中，上级会经常要求下级及时反馈工作相关信息。通过下级反馈的信息，上级一是可以及时了解工作进展、问题、风险等情况，从而更好地掌握工作进程；二是可以及时发现并解决问题，避免问题扩大化或影响工作进展；三是能及时调整和优化工作计划和流程。对员工来说，通过及时反馈信息，一是可以提高工作效率和质量，从而保证工作顺利进行；二是可以让领导了解自己的工作情况和想法。从组织整体来看，及时反馈信息能增强组织的透明度和信任，建立上级和下级之间良好的沟通和合作关系，增强彼此之间的信任和理解，从而更好地开展工作，促进组织发展，提高组织的整体效能。

因此，下级及时向上级反馈信息，是组织运作和领导决策的必要手段，有助于实现组织的目标和员工的个人发展。对职场人而言，向上级反馈信息是一种重要的上行沟通方式，在这种沟通场景下需要注意以下几点。

1. 保证反馈信息的及时性

反馈信息要及时。如果遇到困难必须延迟反馈，应该尽早与上级沟通，说明情况并提出解决方案。选择合适的反馈方式也是保证及时性的方式与手段，需要根据反馈内容和上级的要求选择合适的反馈方式，如书面报告、口头汇报或电子邮件等。

2. 保证反馈信息的准确性

反馈的信息必须准确、清晰、具体，并且应该包含相关的背景和细节。如果不能完全确定某些细节或者信息，应该先进行确认再反馈。反馈后上级可能会对反馈的信息提出问题或意见，对意见应该虚心接受，对问题要尽快提供答复或者解决方案，这样不仅可以提高工作效率，还可以有效增进上下级之间友好的合作关系，有利于未来工作开展。

3. 保证反馈信息的专业性

职场人的专业性表现在方方面面，在反馈信息时同样如此。在保证专业性方面首先是不夹杂个人情感或偏见，尽可能客观、中立地描述事实，避免使用情感化语句或评价性的词语；反馈信息应简洁明了，重点突出，避免使用复杂的术语或长篇大论，以免让上级感到困惑或者失去兴趣；考虑上级的时间和偏好，选择合适的方式进行反馈也是专业性的表现。

【阅读资料】

买土豆的故事

小 A 和小 B 在同一家公司上班，刚开始拿的工资也是一样的。没过多久，小 B 一直升职加薪，而小 A 还是原地踏步，到最后，小 B 成为小 A 的领导。

小 A 不干了："我们俩同时来公司，我也一直兢兢业业地在这干着，没迟到早退过，凭什么他一直升职，我还'原地转圈'呢？"于是小 A 找老板告状去了。

老板没说话，给小 A 安排了一个工作："你去集市看看有没有卖土豆的？"不一会，小 A 回来了，说："只有一个农民拉着土豆在卖。"老板接着说："那有多少土豆？"小 A 说："我不知道啊，我再去看看。"接着，小 A 又气喘吁吁地跑去了集市，回来向老板汇报："有 40 袋。""多少钱一斤？"老板接着问。小 A 又傻眼了："你没让我问价格啊，那我再去跑一遍吧。"老板叫住了小 A，让他站在旁边。同时把小 B 叫过来，对小 B 说："你去看看今天集市上有没有卖土豆的？"

小 B 不一会儿也回来了，他向老板汇报："今天只有一个农民在卖土豆，总共有 40 袋，每斤两毛五，土豆质量不错，我带回来一个，您看看。"说着就把土豆给了老板，他又接着说道："根据以往的经验，我觉得现在收购这批土豆很优惠，我们可以在一个星期内卖完，具体价格还可以再和卖土豆的谈，我把那个农民也带来了，他就在外面等着呢。"小 B 说完了这些，老板满意地笑了，转头看了看小 A，小 A 羞愧地低下了头。

看完这个经典的小故事，知道小 A 和小 B 之间的最大差距在哪里了吗？为什么小 B 能步步高升，而小 A 虽然努力工作，老板让干啥就干啥，但还是原地踏步呢？

五、面对批评场景

在职场中，无论是个人还是团队，都不可能完全避免工作失误。

这时，上级通常会站在组织的立场上，对下属的工作失误提出批评，并提出相关建议及补救措施，这也是一个员工认识到个人不足从而不断成长的过程。因此，员工需要以正确的态度面对批评，找到改进方向，促进个人发展和职业成长。

1. 保持冷静客观的态度

面对批评时，要保持冷静和客观的态度，认识到自己在工作中的盲点和局限性，保持职业素养，理性对待批评。即使对领导的批评有不同的看法，也要尽量避免抵触或反驳。一方面可以私下向领导进行解释，另一方面可以用行动证明自己。

2. 积极寻求解决方案

在受到批评时，首先，要反思自己的失误，并仔细分析出现问题的原因，只有了解失误的根本原因，才能找到解决问题的方法、补救的措施，以及预防失误的方法。其次，要勇于承担责任，积极寻求解决方案。当然，有些失误是无法补救的，那么，尽力挽回损失也是有责任有担当的表现。

3. 化批评为成长动力

员工应重视上级的批评意见，但如果为一两次的批评而无精打采、一蹶不振，上级会觉得这位员工没有承受力，无法担当重任。因此，职场人最重要的是要从批评中学习并成长，这也是职业生涯的必经之路。

【阅读资料】

主动担责的小李

最近，小李和其他几位新员工一起承担了公司一个项目，对此他们都很兴奋，因为这是展示工作能力的好机会。为此，他们每天晚上主动加班，就是为了尽善尽美地完成任务。在努力半个多月后，他们把最终的策划方案交了上去。然而，第二天就得到了一个坏消息，原来，领导认为他们的策划方案虽然有创意，但是在效果方面存在很大失误，为此，领导很生气地说："你们虽然前面做足了准备工作，却因为效果出现失误，导致前功尽弃。如果把这样的策划方案交给客户，作为外行的他们根本不会认可你们在前期的努力，而只会看到最终的效果不如人意！这个环节是谁负责的？必须给我一个书面检讨。"

被领导批评后。小李和其他几位同事犹如霜打的茄子，他们很清楚，这是他们在公司的第一次展示机会，如果就此给领导留下不好的印象，也许职业生涯就会受到严重影响。除了小李，其他几个同事都争先恐后地找领导辩解。而小李呢，他经过仔细查找，终于发现了问题所在，原来是一个数据出错，导致一连串数据都出现了错误。为此，小李写了一份深刻的检讨，虽然这个数据并不是他负责的，但他还是主动承担了责任。这次事件让领导对小李刮目相看。最终，在试用期结束后，只有小李顺利转正。在这个事件中，与其他几个忙于推卸责任的同事相比，小李首先想的是找出问题所在，完善策划方案，并主动承担责任，这也是领导赏识他的原因。

（资料来源：《与人合作能力训练手册》，人力资源和社会保障部职业技能鉴定中心，人民出版社，2011）

任务二　下行沟通场景

下行沟通场景是指在职场中，上级向下级传达工作指令、政策时的沟通场景。比如，部门经理向员工传达公司的政策、规定，团队负责人向团队成员布置任务，上级对下级提出表扬与批评、进行说服和冲突介入（说服与冲突介入的内容在前述项目中已有相应叙述），等等。在下行沟通场景中，如果上下级都能具备一些基本的沟通技巧，会使沟通更加顺畅。

一、培养亲和力

亲和力是指个人在与他人交往时所表现出的亲切、友好、理解和支持等特质。亲和力可以增进人际关系，建立友好的沟通和互动氛围，提高人际交往的效果和质量。在职场中，具备亲和力的管理者可以增强与下属之间的信任和沟通，让下属感受到被尊重和重视，从而激发他们的工作热情和创造力，提高团队的凝聚力和工作效率。

（一）亲和力的作用

具体来说，管理者的亲和力可以带来以下作用。

1. 提高沟通效率

亲和力强的管理者可以通过自然、亲切的交流方式让员工感到舒适、放松，从而建立起良好的沟通氛围。下属感受到管理者的理解和支持后，会更愿意与管理者进行真诚的交流和沟通，表达真实意愿，从而提高沟通效率。

2. 提高员工满意度

亲和力可以让下属感受到来自上级的真诚关心和支持，感受到自己的价值，从而增强成就感。同时，亲和力可以加强团队成员之间的联系和互动，增强团队凝聚力和协作精神，有助于建立和谐的工作氛围与职场文化，从而能增强员工的工作满意度和对组织的忠诚度。

3. 提高组织工作绩效

首先，亲和力强的管理者可以鼓励和支持员工，从而激发他们的工作热情、工作主动性和创造力，提高工作绩效；其次，亲和力强的管理者可以通过了解员工的实际工作情况和需求，提供合理的帮助和建议，切实解决问题，员工得到实际的支持和帮助后，能大大提高工作效率，从而提高组织工作绩效。

（二）表现亲和力的技巧

亲和力是可以通过多种途径表现出来的，而且，管理者在沟通过程中表现出亲和力很重要。以下是管理者在工作过程中表现亲和力的技巧或要点。

1. 建立双向沟通关系

双向沟通是指在沟通中双方可以自由、坦诚地表达自己的想法、意见和情感，而不会受到任何限制和约束，也可以称为开放式沟通。相较于单向沟通，双向或开放式沟通可以更好地促进沟通双方的理解和信任，从而达到更好的沟通效果。作为管理者，在下行沟通过程中，保持开放式沟通需要建立与下级之间的信任关系，要让下级感觉到自己被信任和尊重。管理者将尊重融入内心，才能在沟通中表现出尊重的态度，才能让员工愿意保持开放式沟通关系。管理者应认真倾听下属的意见和反馈，理解他们的想法和情感，尊重他们的观点和意见，即使和自己的看法不同，也要保持包容的态度。这样才能建立起双向沟通关系。

2. 真诚地表达关心

首先，管理者应关注员工的工作和个人生活，了解他们的需求和关注点，关心他们的情绪和健康状况，真诚地表达关心；其次，管理者应给予积极的反馈和认可，鼓励下属继续努力工作，同时给出建设性的指导和建议，帮助下属改善自己的表现；最后，管理者应关心下属的职业发展，帮助下属确定职业规划和目标，为其提供培训和发展机会，促进其职业成长。

3. 保持客观中立的态度

在下行沟通中，管理者客观中立的态度可以使下属更加从容地表达，是下属在沟通过程中获得安全感的来源。管理者要保持客观中立，首先，应该具备专业精神，不受个人情感影响，以客观的标准评估下属的表现和建议；其次，应避免表现出偏向的态度，避免在评估下属的表现时出现偏向于某个人或某一团队的情况，保持公正；最后要基于具体的事实和数据做判断，不过早地做出评判。

4. 适时进行换位思考

管理者在与下属沟通的过程中，在沟通目标导向下，也需要适时进行换位思考，从下属的角度出发，以便更好地理解下属的立场和对于工作情况的建议。管理者可以主动与下属进行交流，了解他们对工作和团队的需求和期望，在对下属工作理解的基础上，给出合理的建议和决策。同时，理解下属所处的环境，包括工作压力、团队氛围和组织文化等，帮助并支持团队营造良好的工作氛围，以便更好地帮助下属解决问题和提高绩效。

二、下达任务与布置工作

下达任务与布置工作是一种最常见的下行沟通情境，是带有组织层级关系的沟通行为，实质就是上级对下级工作行动的命令，要求下级按照上级指令完成某项工作或特定行为。管理者下达任务与布置工作时，应当准确、清晰、明确，需要注意以下事项。

1. 明确工作目标

管理者应清楚工作任务的目标，并确保员工明白他们的工作目标和任务的重要性，比如，“小张，这次新品发布会特别重要，公司的主要几个大客户都参加，公司新品能不能顺利打开销路在此一举，你和你的团队要全力以赴做好各项准备”。员工明白任务目标和重要性，才能够全力完成任务。

2. 制定任务说明书

管理者可以与员工进行沟通，了解员工的能力和经验，并根据员工目前工作的实际情况来制定任务，鼓励员工提出问题和建议，以便进行适当调整和改进，在此基础上制定一份详细的任务说明书，包括任务内容、工作量、时间要求、工作方式、工作流程、完成标准等，以确保员工能够清楚地了解任务的各个方面。

3. 进行任务分解

可以将任务分解成多个小任务，并为每个小任务设定目标、期限和完成标准，明确总体任务及各个小任务的责任人（小任务的责任人可以由任务负责人安排），并在任务说明书中注明。这样不仅可以避免因责任不清而出现问题，还可以让员工更容易理解任务的要求，并逐步完成任务，降低任务难度。任务分解需要根据员工的能力和经验进行，避免同一任务中一些员工负担过重而另一些员工则过于轻松。

4. 明确可提供的资源和支持

管理者在任务下达过程中也要说明能提供的必要资源和支持条件，包括技术支持、培训、资金和设备等，以确保他们能够顺利完成任务。同时，管理者应说明任务完成过程中可以求助的对象，以及如何处理任务中的问题和挑战。

5. 监督任务进度并及时反馈

管理者应监督任务的进度，及时发现问题并采取解决措施，确保任务能够按时完成；应及时给予员工反馈，包括工作表现、进展情况、问题和挑战等，以帮助员工更好地完成任务。管理者应该鼓励和赞扬员工在任务中的优秀表现，以激励员工发挥潜力，提高工作效率。

6. 确定任务优先级

在多个任务同时进行的情况下，管理者应该确定任务的优先级，并要求下属按照优先级顺序完成任务，这样可以保证工作的顺利进行，避免优先级不清导致任务延误或出现问题。

【阅读资料】

领导布置任务的沟通技巧

好的领导能够把工作安排得井井有条，谈笑间就把事情“搞定”。因为他们在给下属分配任务的时候，既要根据任务的轻重缓急，又要考虑下属的性格特点，还要讲究沟通交流的方法技巧。

安排的时候多用点心，执行的过程就少添点“堵”。那么，有水平的领导都是如何布置任务的呢?

1. 善于给下属“戴高帽”

有水平的领导虽然看起来威严，但是给人感觉“威中有亲”。他们不会对下属强硬下命令，而是面带微笑，手拿“高帽”，让员工愉快接受任务。他们一般这样说：“你性格稳重，考虑周全，这个工作正需要这种素质，除了你，我暂时想不到谁能胜任了，交给你做，可以吗?”

2. 恩中带威，不容置疑

领导安排任务，需防下属讨价还价。有经验的领导布置工作，语气虽然和缓，但是恩中带威，看似跟下属商量，其实没有商量的余地。他们一般这样说：

“某某，这件事特别重要和紧急，你经验丰富，别人做我不放心。你是我信得过的人，你手头上的事能不能往后排？”

3. 成绩是你的，责任是我的

对于新任务，或者风险比较大的任务，人们都会有畏难心理。之所以畏难，一是怕做不好，二是怕担责任。领导会因势利导、消除顾虑。他们一般会这样说：

“小李，这件事就交给你了，大家都没有经验，你有什么难题到时候都可以找同事或找我解决。放心大胆地去干，有了成绩，我给你请功，出了问题，责任都是我的。”

4. 琐碎小事，锻炼新人

小事琐事，比如端茶倒水、复印资料、收发文件、会议安排……一般要交给新人去做，以锻炼新人。

锻炼新人的目的有四个：一是磨炼心智，二是考察性格和人品，三是使其熟悉相关业务流程，四是培养沟通能力。

5. 重要而又难办的事，必须知人善任。

一些非常重要且紧急，而又难度比较大的任务，一定要派有能力的人去做。随随便便指派一个人，往往会陷入被动。安排时，要明确目标和要求，以及反馈的频次和方式。执行过程中，要做好监督检查，比如定时汇报 / 反馈，以防出现偏差。

（资料来源：文若河，搜狐网，有改动）

三、批评的技巧

批评并指出下属的不足是管理者的必要工作之一。指出下属的不足有多方面作用，首先可以帮助下属认识到自己工作中存在的问题，从而及时改正，提高工作效率和工作质量；其次，上级通过批评指出下属的不足之处，可以帮助下属识别自己的能力缺口，通过提供相关的培训和指导等方式，帮助下属提高工作能力；最后，上级通过善意客观的批评，让下属感受到领导的关心和对其工作的支持，便于一起寻求解决方案，推动整体工作的开展。

管理者在批评并指出下属不足的时候，需要注意一些沟通技巧，让批评能够发挥应有的作用。

【阅读资料】

批评的沟通技巧

1. 评论事，不评价人

每个人都希望自己能够得到别人的认可，上级如果一上来就否定下属甚至人身攻击，那么一定会遭到下属的抵触。这不仅解决不了问题，还容易打击他们的工作积极性，那么就是一次失败的沟通。正确的做法是脱离人，评价事。看下面两个例子。

例 1

评价人：我觉得你工作态度有问题！

评价事：之前在某次活动中，我感觉你做得不错，但昨天在那么紧急的项目中，我却没有感觉到你的工作积极性。

例 2

评价人：我觉得你是个特别没有团队精神的人！

评价事：上次团建我感觉你挺会与人合作的，但在这次活动中，我没看到你的合作精神。

谈论事情会比谈论人更加理性客观，评论事情没做好还有改进的余地，评价人就会夹带私人情绪。因为谁都不愿意承认自己是一个没有合作精神、工作不积极的人。

2. 谈感受，不谈动机

管理者首先要做到在工作中管理好自己的情绪，其次是了解对方的情绪，在交谈的过程中不要去强调对方的动机。看下面两个例子。

例 1

谈动机：你今天在会议上和我抬杠，是故意让我下不来台吗？

谈感受：你今天在会议上的做法，我感觉到我被针对了。

例 2

谈动机：你最近工作怎么这么不积极，是不是不想干了？

谈感受：我感觉你最近工作不在状态，我也特别着急，想跟你沟通下情况。

沟通是为了解决问题，如果上级一直问动机，下属承认了也就没有挽回余地了；如果下属不承认，那么也会给后续沟通增加难度。

3. 用提供帮助的心态解决问题

下属在工作中的不良表现有很大可能是遇到了一些问题或阻碍，管理者要学会用关怀的方式引导下属表达工作中的困惑并尽力提供帮助。看下面两个例子。

例 1

我注意到你最近对我有些意见，虽然这对我来说有些不好的影响，但是我也反思了，确实有需要改进的地方，但是我也希望我们以后能多沟通，如果下次能够……（说出自己的要求）就更好了。

例 2

我觉得你工作积极性一直很高，比如……（举例夸赞下属工作做得好的地方，以拉近距离），但是最近我感觉你好像不在状态，是工作中遇到什么困难了吗？我们可以一起来解决。

1. 明确批评目的

上级批评下属首先要明确批评目的，批评是为了帮助下属改进工作，而不是为了打击或惩罚下属。因此，管理者批评下属的前提是对下属有足够的了解，具备相互信任的基础。管理者有针对性地批评并提出改进建议，有助于下属及时发现问题并改正，从而提高工作效率。

2. 对事不对人

对事不对人就是要求上级在批评下属时，要指出具体问题，集中于批评具体行为，而避免对下属本身的性格、能力等进行评价。需要注意，应指出下属的问题所在，给予具体的例子和证据，使用客观的事实和数据说明下属的问题，而非主观臆断或夹带个人情绪，让下属清楚自己的不足之处。

3. 提出改进建议

既然批评的目的是帮助下属改进工作，那么在批评下属指出问题时，应该强调下属的改进方向，提供具体的建议和指导，让下属知道如何改进自己的工作。对下属提出批评后，要对批评的问题继续跟进下属的改进情况，并给予及时反馈。

4. 注意细节，表达尊重

在批评下属时，上级应该尊重下属的感受，注意一些具体细节，可以使批评的效果更好。首先应注意时间和地点的选择，一是应选择一个合适的时间，避免在下属忙碌或情绪不稳定时进行批评；二是应选择一个私密的地点，避免在公共场合或有其他人在场时进行批评。其次，注意语气和姿态，使用温和的语气，委婉、冷静、客观地表达意见，避免使用过于强硬或威胁性的语言，保持姿态端正、自然，避免使用夸张的手势或面部表情，以免让下属感到被贬低、威胁或恐吓。最后，应听取下属意见，给予下属表达自己看法和意见的机会，注意下属的情绪变化，避免在批评时伤害下属的情感；在批评过程中也要给予下属鼓励、支持和指导，让下属感受到领导的关心和支持。

【阅读资料】

批评时带点幽默感

在工作中，上级批评下属时不能想说什么就说什么，一些适时适度、带有幽默元素的批评，会更容易让下属接受，这不仅能够让下属认识到自己的问题所在，还会激励其工作积极性。

一位出色的管理者新换了一位非常聪明能干的秘书，但是这位秘书有一个毛病，就是经常会因粗心而在公文处理上出现差错。

有一天早上，这位管理者看到自己的秘书穿着一身新衣服走入办公室，就说："这套衣服非常适合你，完全就是为你量身打造的。"这些话让那位秘书心花怒放，欣喜万分。这时，管理者接着说："我相信你也一定能将公文处理得同样好。"从那天开始，这位秘书在公文处理上就极少出现差错了。

这位管理者随机运用了一个半是赞扬半是批评的小幽默，就让自己的秘书纠正了自己的缺点。由此可见，上级对下属批评时带点幽默感，不仅仅是一种手段，更是一门能够让上下级关系更为融洽的艺术。

四、表扬的技巧

表扬是对员工在工作中表现出色的行为、成绩或者贡献进行正面评价和肯定的行为。表扬是一种正向激励，管理者表扬员工，可以让员工感到自己的努力和能力得到了认可，从而增强自信心且更有动力去工作；表扬可以让员工感到自己是团队中不可或缺的一员，从而增强对团队的归属感。通过表扬员工，管理者还可以营造一个积极向上的工作氛围。

总之，表扬是管理者激励员工、提高团队绩效的重要手段之一，可以起到很多积极的作用。在表扬的过程中，也需要注意一定的技巧，才能让表扬的激励效果更好。

（一）发现优点及时表扬

管理者在发现员工的优秀表现时，应该及时表扬，这样可以让员工感受到自己的工作是重要的，并且自己在工作中付出的努力和自己的能力得到认可，从而更有动力去做好工作。如果上级没有及时表扬员工，可能会错失表扬的机会，让员工感到被忽视或被冷落，从而影响员工的工作积极性和热情。

（二）表扬内容具体明确

管理者在表扬员工时，要做到表扬内容具体明确，不能笼统地说“做得好”，而应该明确指出员工具体做得好的方面，这样员工才能更清楚地知道自己的优点和不足之处。

1. 对具体行为进行表扬

管理者在表扬员工时，不仅要表扬其工作成果，还要表扬其在工作中表现出色的具体行为。例如，员工解决了一个棘手的问题、完成了一个重要的任务等，管理者可以采用具体案例进行表扬，让员工更加直观地感受到自己的工作成果和表现。

2. 注重对成果的量化描述

管理者在表扬员工时，要注重对成果的量化描述，如完成了多少工作量、节省了多少成本、提高了多少工作效率等。这样可以让员工本人与其他员工更加清楚被肯定的工作表现为公司所创造的价值。

3. 注重细节描述

管理者在表扬员工时，还要注重对细节的描述，如员工在工作中的表现是否细致、耐心、认真。可以这样说：“你在客户服务方面做得非常好，总是能够迅速解决客户的问题，让客户感到非常满意。”这样可以使员工本人和其他人清楚地知道是哪些具体行为获得了肯定。

（三）表扬配合奖励

管理者可以采用多种方式表扬员工，如口头表扬、书面表扬、发放表彰证书等，对于为组织做出贡献、带来利益的员工，在进行口头表扬、精神激励的同时，需要配合其他奖励措施，如奖金、奖品、晋升等，让员工感到自己的努力和付出得到了实质性的回报，从而更加有动力去努力工作，提高工作绩效。

（四）表扬要公开公正

一般来说，管理者需要在适当场合公开表扬员工，且重点放在表扬员工所做的工作上。这不仅可以让该员工得到更多的认可和鼓励，也可以激励其他员工向优秀员工学习。公开的表扬要做到公正，且不能在表扬某一位员工时贬低其他员工；公开的表扬也不要过于频繁，否则会让员工觉得表扬没有特别的意义，从而失去激励效果。

【阅读资料】

人性化的表扬技巧

运用人性化的表扬技巧，工作效率会大大提高。

1. 要表扬就不要有批评

管理者如果想要表扬一位员工，就不要含有批评的味道，也不要说“但是”一类的话。既表扬又批评，对方只会记住“批评”，不会记住“表扬”，反而达不到“表扬”的目的。

实际上，表扬就是一种“给予”，既然是给予，就要热情洋溢、理直气壮，不要吞吞吐吐、缩手缩脚，好像这样做有什么“舍不得”，或者对方“不应得”，让人心里不痛快，不敞亮。

2. 如果公开表扬一个人，不妨私下先沟通

如果一个人的贡献和业绩非常突出，公开表扬旨在树立一个典型，倡导一种精神，宣扬一种价值。在这种情况下，最好先私下单独与对方谈一次，甚至可以提前做一些“铺垫”，在一定的范围内形成共识，再进行公开表扬。这会让对方感觉上司是真心信任自己，增加表扬的“隆重”感，让表扬更加出彩。

3. 私下表扬，宜对人不对事

私下表扬更多的是传递一种赞许和信任：你很优秀。因此，私下表扬着重于个人的成长，管理者也可以通过这个机会向对方提出进一步的期望和目标。

4. 员工人在哪，管理者的表扬就在哪

哪里有辛苦劳作的员工，管理者就到哪里去。哪怕是一声问候也是莫大的激励，比如拍拍员工的肩，或对员工一些值得鼓励的行为和表现给予当面的赞许。

5. 员工的心在哪，管理者的表扬就在哪

好的表扬一定能够说到对方心里去，因此，管理者在表扬时应知道对方心里想什么，需要什么。比如，当员工是一个积极上进的人时，可以把他带到老板面前“夸夸他”，这样会更加激励他的上进心；当员工远离家乡，或者很少回家的时候，就向他的家人“说说他”，这样更容易打动对方，安心工作。

6. 表扬作为很好的手段，需要谋划

实际上，表扬是无式可循的，可以公开，也可以私下；可以表扬团队，也可以表扬个人。这需要因人、因事、因时，依据不同的情况和需要进行设计，让表扬更加有效果。

总之，不要把表扬简单化，也不要把表扬复杂化，但一定要更加人性化。

任务三 平行沟通场景

对大多数职场人来说，平行沟通场景是最常见的沟通场景，指的是与同一层级的同事在工作或非工作上的交流。需要注意的是，不同部门之间不同层级的员工，在没有工作上被授权的指挥与被指挥的关系，正常协作、协调工作事宜，或进行非工作交流时，也属于平行沟通场景。

平行沟通在组织中也常被理解为横向沟通，实际上，这两种沟通在表现形式上确实区别不大。不过，我们在提横向沟通时，侧重于组织结构上的横向信息传播，强调部门概念，因此也称为跨部门沟通。平行沟通则侧重于成员个体之间的沟通。

一、平行沟通形式

（一）退缩式沟通

退缩式沟通指的是在与其他成员或部门之间进行平行沟通时选择退缩，不愿表达自己的真实观点和情感，不为自己或部门争取权益的行为。

这种表现的主要原因包括三个方面。

第一，对权力和地位差异的认知。平行沟通可能涉及不同层级和权力的部门与人员之间的交流，在这种情况下，较低层级的人员或部门可能会选择退缩，不敢表达真实想法。

第二，缺乏信任关系。员工之间或不同部门之间可能存在信任缺失的问题，可能担心自己的观点会被误解或被利用，因此选择保持沉默或退缩。

第三，风险和责任压力。在平行沟通中，个人担心自己的观点或主张会对整个团队或组织产生负面影响，设想会面临的风险和责任压力，因此选择保持沉默或退缩。

【阅读资料】

谢经理的退缩式沟通

年终快到了，各部门忙于总结、汇报、结算等，工作都很忙。这时，财务部王经理找到营销部谢经理，并对他说：“请你们帮我把这个报表做好，下周一给我们。”面对王经理的要求，谢经理考虑到如果自己不答应，势必影响以后同财务部的关系，给部门报销带来麻烦。于是他回答：“行，没问题，我来安排大家加班，无论如何，周一都把报表交给你们。”

这里谢经理的沟通方式就是退缩式沟通。那么，在这个案例中，谢经理选择退缩式沟通的结果会怎样呢？

（二）侵略式沟通

侵略式沟通则指在平行沟通过程中，一方强势主导对话，明确发表意见，维护自身或部门利益，但采取了对其他沟通对象进行指责、批评或者威胁的方式，忽略甚至否定其他沟通方意见、诉求与感受的沟通行为。

出现侵略式沟通的原因也有很多。

首先是利益冲突。平行沟通可能涉及不同员工、不同部门之间的资源和利益分配，从而出现冲突，这导致一方试图通过侵略式沟通来维护自身的权益或者达到自己的目的。

其次是过于自信。沟通中的一方对自己的个人能力或部门地位过于自信，认为个人或部门的意愿应当优先于其他沟通方被满足。

此外，个人因素也可能导致侵略式沟通的出现，比如一些人天性易冲动，或者缺乏沟通技巧，或者有理念差异、刻板印象等。这些也可能导致一方无意识地使用侵略式沟通来表达自己的观点。

【阅读资料】

谢经理的侵略式沟通

在上述案例中，面对王经理的要求，如果谢经理这样回答：“什么？！我这里的工作还没有忙完呢，哪有工夫管你们部门的报表这些事。”

可以看出，这里谢经理采取的是侵略式沟通。那么，谢经理做出侵略式沟通，可能会有什么样的结果呢？

（三）积极式沟通

积极式沟通是指在沟通过程中积极主动地分享信息，在不侵害其他人和部门利益的前提下，维护自己和本部门的利益，提供互相支持和合作建议的沟通方式。

积极式沟通用直接、真诚且比较适宜的方式来表达个人或部门的诉求、意愿和感受，同时充分尊重沟通对象的意愿，其具有如下优点。

首先，便于更好地解决问题。积极式沟通促进信息共享和畅所欲言的交流，确保各方都拥有全面的信息，鼓励各方提供自己的意见和观点，从而获得多样的观点和想法，有助于更好地理解和解决问题。

其次，有利于团队协作。提出个人或部门核心诉求，可以使其他沟通方更好地提出合作思路，共同面对挑战和问题，从而相互支持，共同探索解决问题的新方法和新思路，促进团队协作。同时，积极式沟通也能提高合作效率，促进协商，有利于做出更加全面准确的高效决策。

【阅读资料】

谢经理的积极式沟通

在上述案例中，谢经理的积极式答复是："我知道你们年终急于要销售汇总表，但最近我们部门手头事情也很多，我了解一下情况再答复你，看看能不能加班赶出来，你看行吗？"

比较退缩式与侵略式沟通方式，积极式沟通产生的效果表现在哪里？

三种沟通方式的比较如表 5.1 所示。

表 5.1　三种沟通方式的比较

沟通方式	出发点	行为特点
退缩式	他人的需求与愿望比自己的更为重要； 他人享有的权利，自己却没有； 认为自己比对方弱	害怕得罪人； 回避问题； 说话做事拖泥带水； 经常为自己找借口； 过于谦卑
侵略式	自己的需要、愿望比他人的更为重要； 自己享有的权利，他人却没有； 自己的能力非常强，他人比不上自己	懂得维护自己的权利； 不怕得罪人； 忽视和否定他人的需要； 过于自信
积极式	坚持原则； 遵守规则； 捍卫自身的权利； 尊重他人的行为； 注重双赢	说话简明扼要； 区别事实与意见； 提供不带强制性的建议； 提出对事不对人的建设性批评； 尊重他人的想法、意见和见解

（资料来源：《管理沟通实务（第二版）》，王建民，中国人民大学出版社，2008）

二、平行沟通态度

在平行沟通过程中，我们提倡积极式沟通方式，积极主动地参与沟通、分享信息，维护自己和部门的核心利益，不侵害他人利益，主动寻求相互支持和合作方案，秉持正确的沟通态度。

（一）开放和尊重

在平行沟通中持开放的态度，积极参与各种沟通过程，如团队会议、项目讨论等，主动与其他成员交流，积极发表自己的意见和建议，及时与团队成员分享重要信息、进展和面临的问题。开放的态度有助于保持团队的整体协同，也有助于与团队成员建立相互信任的关系。

尊重他人，不将自己的意见强加给别人，遵守承诺，保持透明度，尊重对方的工作和个人空间，并尊重他人的隐私。避免使用攻击性的言语，以免引起不必要的矛盾和冲突，尤其在与经常合作的同事沟通时，更需要尊重对方的意见和感受。如果在工作过程中出现冲突或分歧，则应避免在沟通过程中夹带情绪，而应采取冷静和理性的方法来解决问题。

（二）倾听与理解

在平行沟通中，不仅需要表达自己的意见，也需要倾听对方的观点。表达时要清楚、明确，避免使用含糊的语言，以免造成误解或麻烦；倾听时需要理解对方的立场和需求，从而达成有效共识。可以注意对方的身体语言，从而更好地理解对方的意思和情感，也可以及时反馈自己对对方观点的理解，便于确定双方没有误解，从而更好地达成共识，相互合作。

（三）保持沟通频率

有研究表明，在一定范围内，沟通频率越高，团队成员之间的合作就越紧密。在职场中，与合作对象保持一定的沟通频率有诸多优点。

（1）增强工作协调性。通过沟通，职场人可以及时了解同事的工作进展和计划，从而更好地安排自己的工作，避免重复劳动或者错过关键时机。

（2）提高工作效率。沟通频率提高可以促进信息的快速流动和共享，职场人可以及时了解工作中的新信息、新技术、新方法和新进展，从而调整自己的工作方向和策略，快速学习新技能，提高工作效率。

（3）增进人际关系。沟通频率提高可以增进同事之间的关系，增加彼此的了解和信任，为建立良好的工作关系和团队氛围提供基础。

（四）表达合作意愿

平行沟通的主要目的是促进合作，在沟通中展现出良好的合作意愿，对建立积极和谐的合作关系是十分必要的。在积极倾听和尊重他人意见的基础上，还要采用多种方式表现良好的合作意愿和合作态度。

（1）积极发表建设性意见。在平行沟通中积极提出自己的建议和意见，表达出对合作的热情和贡献的意愿，避免批评和指责，多提出解决问题的具体方案和建议，促进合作和共同目标的实现。

（2）主动分享信息和资源。在平行沟通中，主动分享与对方相关的信息和资源，确保工作顺利进行，帮助对方更好地完成工作；展示出愿意与他人协作和利益共享的态度，以及认真负责的态度，以提高合作伙伴的信任度和合作意愿。

（3）主动提供支持和帮助。在沟通中主动提供支持和帮助，及时回复信息，及时解决问题，尽可能地回应他人的需求和问题，主动表现出愿意为他人提供帮助的态度，以建立良好的合作关系和团队合作氛围。

三、平行沟通技巧

平行沟通需要有适当的沟通工具，我们可以通过电子邮件、即时通信工具、社交媒体等多种方式进行平行沟通。同时，做好平行沟通需要一定的技巧，包括倾听技巧、表达技巧等。通过不断练习和提升这些技巧，可以更好地进行平行沟通，促进信息共享和合作达成。这些技巧适用于平行沟通场景下的所有沟通对象，包括同事、客户等。

（一）主动寻找话题

在平行沟通时，尤其在同事之间进行沟通时，主动寻找话题可以有助于建立良好的关系和促进有效沟通，以下是一些可以主动开启的话题。

（1）共同兴趣话题。寻找和沟通对象之间的共同兴趣或爱好，这可以作为一个良好的起点。比如，可以在非正式场合询问同事们的兴趣爱好，或者提及一些人们普遍感兴趣的话题，如小说、电影、音乐、体育等。

（2）工作相关话题。与沟通对象讨论与工作相关的话题是一种常见的方式，可以询问同事对某个项目的看法，或者请教他们在某个领域的专业知识等，这样不仅可以促进交流，还可以增进理解和合作。

（3）当下时事话题。经常观察周围的环境和事件，关注当下时事，并以此作为话题。比如，可以问问同事对最近发生的某个事件或新闻的看法，或者询问他们对公共活动或计划的意见。

（4）个人生活话题。适度谈论一些个人生活的话题也可以有助于与同事建立更亲密的关系。比如，可以询问同事们的周末计划或者分享一些有趣的个人生活经历，以促进互相了解。

（5）其他话题。关心同事的感受，关注同事的变化。比如同事家里有新生儿，他们可能格外关注育儿话题；同事精神状态不佳，可以适当询问近况或者工作中是否遇到了困难。这样不仅可以表达关心和支持，也为沟通提供了话题。

（二）表达肯定和赞美

肯定和赞美可以带来积极的情感体验，如喜悦、满足和幸福感。积极的情感体验对于保持个人心理健康至关重要，有助于减轻压力和负面情绪。职场中建立良好的人际关系需要表达肯定和赞美。在平行沟通时，我们向同事表达肯定和赞美，会让他们感受到被重视和关心，从而增进彼此之间的亲近感和信任感，促进人际交往与合作。

（1）直接明确表达。如果认为同事做得好或取得了进展，可以直接向他们表达赞赏和肯定，如“这个报告做得真漂亮！”或“你的工作做得很出色！”等。当表达肯定和赞美时，要尽量具体和明确，指出同事的具体行为或最近的成绩，并表达出对这些行为或成绩的认可和赞赏，这样可以让同事感受到关心和认可。

（2）肯定个人风格。每个人都有不同的个性和工作风格，成熟的职场人尊重和接纳这些差异，并把它们作为肯定与赞美的基础。这不仅是对同事的个性化肯定，还可以增加赞美的真实性和有效性。我们可以在日常工作中注意观察同事的工作表现和个人特点，留意他们在工作中展现出的优点和特长，以及他们在团队中的贡献。例如，可以对同事说："我真佩服你的创意，你总是有新点子能让咱们的策划案更亮眼。"这样的肯定更能让同事感受到真诚。

（3）多角度肯定。在表达对同事的欣赏、肯定与赞美时，不应局限于工作角度，可以多角度对同事的个人兴趣、特长、喜好等表达具体的欣赏。这可以表现出对同事的关心、关注和理解，让他们感受到自己的价值和重要性。多角度肯定的意义还在于，可以增加沟通的话题选择。当然，对同事的肯定和赞美要真诚，不要虚假或夸大，以免效果适得其反。

（三）虚心请教与求助

对同事的虚心请教和求助也是一种对他们表达肯定的方式，当向同事请教意见或寻求帮助时，实际上是在承认他们的专业知识和经验，表达了对他们的尊重和认可。请教与求助行为不仅体现谦逊的态度，也能得到有效支持和帮助，有助于更好地完成工作，促成良好合作关系的建立。在向同事请教和求助时，可注意以下沟通技巧。

（1）尊重对方的时间安排。在提出问题之前，先确认对方是否有时间，尊重对方的工作负荷和日程安排。选择一个合适的时间和方式进行沟通。

（2）明确请教的问题和目标。在请教和求助前，先自己尝试解决问题并做一些背景研究，确保已经尽力思考过并有明确的问题。在沟通时，能够简单明确地表述情况和目标，确保问题清晰明了，让对方了解背景和需求。这样可以让对方更好地理解问题，从而提供有价值的帮助和建议。

（3）表达感谢。在请教或求助结束时，不要忘记感谢对方的帮助，并表示会认真思考他们的建议，在恰当的时候，向对方反馈得到支持与帮助后的工作进展。

【阅读资料】

空杯心态多请教

小张和小李是一起进入公司的，三个月的试用期过去，小张俨然已经和公司里原来的老同事打成一片，但小李依然和同事们非常生疏。工作上也缩手缩脚，不知如何开展。

看到小张和小李的差距，人力资源部主管找到小李，说："考虑到你工作比较勤奋，公司决定再给你延长一个月的试用期。但是，如果一个月之后你依然不能融入集体，那么公司就没法留下你了。你和小张是一起进入公司的，小张如今已经完全适应公司，把工作做得风生水起，你要向他学习呀。"

于是小李马上开始观察小张，经过几天观察，小李就发现了小张的秘密。原来，小张几乎每天都会向公司的老同事请教各种问题，而且他嘴很甜，这个叫哥，那个叫姐，总是把老同事哄得心花怒放，于是不遗余力地教给他工作经验。见此情形，小李意识到了自己的问题。原来，他一直担心给老同事添麻烦，遇到任何问题都争取自己努力解决，即使有不懂的，也会慢慢摸索。他没想到，向老同事请教不仅能让自己快速进步，还可以得到老同事的认可和欣赏。于是，在接下来一个月里，他向小张学习，也迅速和老同事们熟悉起来，工作上也开始如鱼得水。

很多初入职场的新人都有不知如何开展工作的体验。实际上，怀着“空杯”心态，多多学习，经常请教，我们才能更顺利地推进工作。

（四）把握分寸

分寸感是指在沟通过程中需要把握适度原则，就是说话、做事张弛有度，不越界。在职场的平行沟通场景下，分寸感可以展示个人职业道德和职场形象，彰显专业素养，过度或不当的沟通可能会给他人留下不专业或不成熟的印象，可能会让他人感到困扰、不舒服或不受尊重，影响彼此之间的关系和合作。因此，保持一定的分寸感不仅是尊重他人的需求，也是创造和维护良好工作关系和职场秩序的需求。保持分寸感需要注意：

1. 为个人言行负责

为个人言行负责是保持职业操守、彰显职业素质的基本要求。在上行或下行沟通场景中，员工可能会比较注意这一点。在平行沟通场景中，为个人言行负责甚至更为重要。具体表现为：第一，谨慎承诺，在接受新任务时，要评估自己的能力和时间，并确保只承诺自己能够完成的事情，不轻易或过度承诺，导致无法兑现；第二，履行承诺，如果已经答应完成某项任务或达到某个目标，则务必按时履行承诺，如果有任何延迟或问题，应及时沟通并寻求解决方案；第三，严谨措辞，在沟通时要注意用词恰当，确保自己的措辞不会给他人带来误解；第四，保持诚实，避免说谎或隐瞒事实，不传递会引人误解、模棱两可的信息或不实信息。

2. 委婉指出问题

工作中大家都难免有失误，给其他人的工作造成一定麻烦，或者影响工作进度，而失误者可能还没有意识到问题的严重性。这时，指出其问题是必要的，但对同事提出意见或指出问题时应当采用委婉的方式，比如：避免在公开场合或紧张的时刻提出意见，采用私下的方式更容易获得对方的理解；提供具体的例子或事实，强调问题解决和改进的重要性，而不是批评指责。过于直接或使用不恰当的语言可能会导致平行沟通障碍，不利于解决问题，最重要的是，无论是提出意见还是接受意见，都要注重保持和维护良好的工作关系。

【阅读资料】

职场生存法则：耿直可以，但别“扎人”

金波已经在职场打拼很多年了，但是他始终无法处理好与同事之间的关系，换了好几家公司。频繁跳槽给金波带来了很大损失，毕竟每去一家新公司都要从头再来，对此金波也很苦恼。后来经过一番分析，金波认识到是他太过耿直，任何事情都不能装在心里，总是毫无保留地马上说出来，而且不会采取委婉的方式，因而总是得罪同事。

记得有一次，金波看到有个同事把杯子里的水倒进纸篓里，于是马上严厉地指出：“你这么做会给打扫卫生的人带来很大的不便，一旦袋子破了，拎着走的话会滴得到处是水，使办公室的环境变得脏乱差。如果经理知道你这样做，一定会狠狠批评你的。”那个同事嘴上说着“下次注意，下次注意”，心里却想：我宁愿被经理批评，也不愿被你“叨叨”。就这样，金波无数次因为这些鸡毛蒜皮的事得罪同事，最终导致办公室里人人都不喜欢他，他只能换工作了。

其实，倘若金波能够改变方式，小声提醒同事：“垃圾袋不够结实，容易漏，还是去茶水间倒吧，上次小马这么做就被经理批评了。”这样的表达不仅能够收到良好的效果，而且同事可能会因为金波的善意提醒而对他心怀感激。如此一来，岂非皆大欢喜？

（资料来源：《职场沟通学》，邓兮，中国纺织出版社，2019）

3. 幽默玩笑分场合

有幽默感的人在社交中向来受欢迎，幽默的语言能够缓解焦虑，化解尴尬，拉近人与人之间的距离。幽默的人可以调节工作气氛，提高工作效率，还可以增加员工之间的凝聚力。当然，职场里的幽默也是要讲究场合的，正式会议、重要讨论或紧张的工作环境中并不合适，而且，在使用幽默时，要确保不会冒犯或伤害他人，且应避免在职场中使用涉及敏感话题的幽默。

【阅读资料】

爱开玩笑的青青

青青是个报关员，她脑子快、言辞犀利，还有丰富的幽默细胞，是公司的一颗“开心果”。但如此可爱的青青，却得不到老板的青睐。

青青工作非常努力，有时为了赶时间，一大清早就要赶到海关报关。满身疲惫地回到办公室，老板不仅不体谅，还不分青红皂白地说她迟到、旷工，怎么解释都不行。青青委屈极了，向同事求教。同事启发她：“你平时有没有在言辞上对老板不敬啊？”

这么一问，青青想起来了，自己平时就爱与同事开玩笑，后来看老板斯斯文文，对下属总是笑眯眯的，时间一长，就开起了老板的玩笑。这天，老板穿了一身新衣服来上班，灰西装、灰衬衫、灰裤子、灰领带。青青夸张地大叫一声："老板，今天穿新衣服了！"老板听了咧嘴一笑，还没来得及品味喜悦的感觉呢，青青接着来了一句："像只灰耗子！"

还有一次，客户来找老板签字，连连夸奖老板："您的签名可真气派！"青青恰好走进办公室，听了又是一阵坏笑："能不气派吗？我们老板可暗地里练了仨月了！"此言一出，老板和客户同时陷入尴尬。

本来，幽默的人在公司不一定是人才，但一定是不可缺少的人，是受欢迎的人。平行沟通场景下，开玩笑的确可以拉近同事间的距离，缓和人际关系，但如果玩笑有人身攻击的成分，就是黑色玩笑了。在职场中，黑色玩笑对人际关系的破坏力很强，是没有分寸感的表现。没有分寸感、乱开玩笑的青青对此却浑然不觉，这就是她聪明能干，却得不到重用的原因。

（五）及时澄清误解

工作中会发生一些误解，会对个人的形象和声誉造成负面影响，可能影响个人职业生涯，也可能导致同事之间关系紧张，影响工作效率和团队合作。误解往往是由信息不准确或不完整引起的，如果不及时澄清，可能导致错误的信息在团队中继续传播，进一步加剧误解。因此，及时澄清误解是非常重要的。

1. 分析原因

在澄清之前，先冷静下来，分析误解的具体原因。误解的可能原因有很多，比如，沟通不清晰，信息不准确、不完整或不对称；个人偏见、刻板印象、不同的工作风格；不同文化背景下的同事可能有不同的价值观和行为习惯；个人性格或情绪问题可能导致他人错误解读；等等。分析原因有助于后续沟通和澄清误解。

2. 直接当面沟通

直接当面沟通是澄清误解或解释误会较好的方式，这是由当面沟通的特点决定的。面对面沟通速度快，可以更准确地传递信息，表达诚意，展示对同事、对问题的重视。面对面的交流可以通过口头和非口头的方式传达更多信息，包括语言、声音、表情和肢体语言，有助于更全面地解释问题。面对面交流可以更好地感受对方的情绪和态度，更容易促进理解和共情，从而更快地解除误会。因此，职场发生误解时，选择一个合适的时机和地点，与同事面对面沟通，可以更直接地传递信息，消除误解。在面对面沟通过程中，要保持温和友好的态度解释自己的观点、意图和行动，还要充分倾听对方的观点和感受，给予对方足够的时间和空间来表达他们的想法，以促进双方的理解。

3. 提供证据

如果有必要，可以提供相关证据来支持自己对误解的澄清，这样可以增加说服力，让对方更容易接受解释。相关文件、报告或数据可以作为证据，也可以作为自己认真工作的证明。比如，一次工作中，小王负责一个项目的执行，并与同事A合作，在项目进行过程中，小王希望同事A能按时完成某个任务，但发现同事A的工作一直没有进展，这时小王开始怀疑他的工作态度和能力。同事A发现小王对自己的工作产生了误解，而实际上，他是遇到了一些项目上的困难，但看到小王的工作负担比较重，并没有及时向小王求助或解释。于是，同事A向小王展示了一系列相关数据，证明他遇到的技术问题和困难，导致工作进展缓慢，这些证据也帮助小王更好地理解了同事的工作情况。澄清误会后，小王和同事A共同讨论了应对困难的解决方案，而且为了避免类似的误会再次发生，两人还约定，定时反馈工作进展，出现问题马上沟通，由此保证项目顺利执行。

4. 寻求第三方协助

一般来说，工作中的误解可以通过私下的直接交流而澄清，但有些情况下，可以考虑请第三方介入调解误会。第一种情况是，如果已经尝试过私下交流，但是仍然无法解除误会，或者对话变得紧张和不友好，那么请第三方介入可能是一个有效的选择；第二种情况是，如果误会涉及重要工作任务、项目决策或组织利益，而同事之间无法达成共识，那么请第三方介入可以提供客观建议，以促进合作和达成共同目标；第三种情况是，如果同事之间存在长期冲突，而且这些冲突对工作氛围和团队合作产生了负面影响，那么请第三方介入可以帮助双方重建信任、改善沟通，以及寻找解决冲突的方法；第四种情况是，如果误会涉及高度情绪化或争议性的问题，可能会使双方陷入僵局或情绪激动，这时第三方介入可以帮助双方缓解紧张情绪、保持冷静，促进理性讨论。

寻求第三方协助澄清误解的好处是比较明显的，第三方在解释中可以保持中立，避免双方情绪和偏见的干扰，其提出的建议相对公正，且第三方具有专业知识、经验或技能，能够提供更准确、权威的解释和建议。

请第三方介入解释和调解时，双方都应愿意接受并尊重第三方的意见，以便达成公正的解决方案。第三方的存在可以作为见证人，确保双方遵守规则和程序，以及避免一方试图操纵或误导信息。因此，在寻求第三方协助时，也需要注意以下几个问题。

（1）选择合适的第三方：确保第三方是公正、中立的人士或机构，不偏袒任何一方，可以选择共同信任的领导、专家、中立的团队成员、人力资源专员或专业调解人员。

（2）保持透明和开放：在寻求第三方协助前，应确保沟通双方了解寻求第三方介入是为了解除误解和促进合作。

（3）尊重他人意见：在第三方协助的过程中，应尊重其意见和建议，并积极参与消除误解的过程。

（4）提供思路：与第三方一起制订解决问题的计划，确保双方都清楚和接受这个计划，并确保解决问题的方式是公平、合理和可行的。

项目练习

一、判断题

1. 在平行沟通过程中应尽量采取积极的沟通方式。
2. 公开对员工进行表扬可以频繁进行，对员工有持续的激励效果。
3. 批评的目的是帮助下属改进工作，而不是打击或惩罚下属。
4. 面对批评时，我们要及时辩解，撇清责任。
5. 向上级反馈信息时，要保证信息的及时性、准确性和专业性。
6. 领导与员工之间的交流一定是上行沟通或下行沟通。
7. 向同事表达肯定和赞美，可以增进彼此之间的亲近感和信任感。
8. 职场中及时澄清误解的最好方式是请第三方介入调解。

二、简答题

1. 简述请示、汇报场景下的沟通注意事项。
2. 简述上行沟通时的沟通态度。
3. 简述主动向上级提出意见与建议时的注意事项。
4. 怎样正确地面对批评?
5. 下达任务与布置工作时应当注意哪些问题?
6. 表扬与批评员工时，分别需要注意哪些问题?
7. 平行沟通有哪些方面的沟通技巧?
8. 澄清误解有哪些方式和步骤?

项目五 数字资源

项目六　建立与维护客户关系

学习目标

| 知识目标 |

（1）理解建立与维护客户关系的重要意义，掌握客户拜访工作的步骤，掌握在客户拜访步骤中的具体工作内容与注意事项。

（2）理解客户来访的意义，掌握客户来访接待工作的基本程序，掌握客户接待工作过程中的沟通策略。

（3）理解良好的沟通技巧对建立与维护客户关系发挥的重要功能，掌握引导客户表达需求的语言技巧，掌握异议处理、电话沟通的基本技巧。

| 能力目标 |

（1）能有意识地注意客户拜访步骤中的具体内容，能做好客户拜访工作计划，形成独立或配合完成客户拜访工作的能力。

（2）能有意识地应用客户接待工作中的沟通策略，完成客户接待工作计划，形成独立或配合完成客户接待工作的能力。

（3）能有意识地运用引导客户表达需求的语言技巧，能应对一般的客户异议，能够有意识地运用电话沟通技巧与客户进行电话沟通。

| 素养目标 |

（1）结合客户拜访与客户接待工作中的基本策略，形成重视整体利益的大局观，强调个人道德修养。

（2）在有意识提升客户沟通技巧的过程中，进一步体会诚信的商业价值与社会价值，树立敬业、友善的价值观。

引导案例

段先生的客户沟通技巧

黄女士决定买一辆车，而且想买一辆好车，最初，她定下的目标是一辆A品牌车，因为她听朋友说这个品牌的车质量较好。

在跑了大半个城市，看了很多售车点并进行反复比较之后，她走进了她家附近一个新开的B品牌汽车特约销售点。接待她的是一个姓段的客户服务人员，一开始就让黄女士感觉相当热情。仔细听完黄女士的想法和要求后，段先生陪她参观并仔细介绍了B品牌不同型号轿车的性能，有时还上车进行示范，请黄女士体验。对于黄女士提出的各种各样的问题，段先生都耐心、专业、深入浅出地给予回答，并根据黄女士的情况与她商讨最佳购车方案。

黄女士特别注意到，在去停车场看车、试车的路上，天上正下着雨，段先生熟练地撑起雨伞为黄女士挡雨，却让自己淋雨。在这一看车、试车的过程中，黄女士不仅加深了对B品牌轿车的了解，还知道了B品牌轿车的服务理念，她很快就改变了想法，决定买一辆B品牌轿车。

约定提车的那一天正好是中秋节。黄女士按时前来，但她又提出了新的问题：她自己开车从来没有上过马路，况且又是新车，不知如何是好。段先生想了想，说："我给您开回去。"由于是中秋节，又已经接近下班时间，大家都赶着回家，路上特别堵。短短的一段路，竟开了近两个小时，到黄女士家时已经是晚上六点半了。在车上，黄女士问："这也是你们B品牌销售服务中规定的吗?"段先生说："我们的销售服务没有规定必须这么做，但是我们的宗旨是要让客户满意。"黄女士在聊天当中得知段先生还要赶往距离很远的女朋友家吃饭，所以到家后塞给他一点钱，让他赶紧打车过去。段先生怎么也不肯收，嘴里说着"没事，没事"，一会就不见踪影了。

一段时间后，黄女士发现汽车的油耗远大于段先生的介绍，她又找到了段先生询问原因，段先生再一次仔细讲解了B品牌车的驾驶要领，并告诉她节省油的"窍门"，还耐心地指导她如何操作。按照段先生的方法操作，油耗果然下降了。

这样，黄女士和其他B品牌车主一样，与段先生成了熟悉的朋友。她经常会接到段先生打来的询问车辆状况和提供咨询的电话，该品牌还会按时寄来季刊。黄女士逢人便说："B品牌车好，销售服务更好!"

案例分析

每个企业都非常重视维护客户关系，而这种维护是通过各方面努力达到的。除了致力于提升产品与服务品质，良好的客户沟通策略也是维护客户关系的重要手段。本案例中，段先生的言行很好地实践了客户沟通策略。

首先，在接待新客户方面，他做到了让客户感觉温馨、亲切，为接下来与客户建立良好关系奠定了基础；其次，他切实为客户着想，哪怕是牺牲自己的时间也要帮助客户解决难题，使客户满意；再次，在客户遇到任何麻烦时，他都能耐心细致地给客户讲解；最后，与客户保持沟通，询问产品的使用情况，提供后续服务，提升客户对产品与服务的满意度。

任务一 客户拜访技巧

客户为企业带来收入和利润，企业通过建立良好的客户关系，可以提高客户满意度和忠诚度，帮助企业树立良好的口碑，提升品牌知名度并吸引更多潜在客户，从而增加销售额和利润，促进企业发展。

客户拜访是指企业或销售人员定期或不定期与客户面对面交流的活动，是建立与维护客户关系的关键步骤。新客户拜访是建立客户关系的第一步，老客户拜访是维护客户关系的重要环节。

一、客户拜访目的

客户拜访是指企业与客户建立关系、了解客户需求、解决客户问题、发现商机和促成销售的重要手段，对企业来说具有重要的商业价值。进行客户拜访主要有以下目的。

一是建立和维护信任关系。通过亲自拜访客户，销售人员可以与客户建立更加密切和亲近的关系，增强双方的信任感；面对面地与客户进行交流，能够更好地传递企业价值和承诺。

二是深入了解客户需求。客户拜访可以帮助企业更深入地了解客户需求和期望。通过与客户直接交流，了解他们的问题，企业可以更好地定制产品或服务，提供更加有针对性的解决方案，满足客户需求。

三是解决问题并提供支持。客户拜访是及时了解客户遇到的问题和困难的重要方式。通过与客户面对面交流，企业可以更快地解决问题、提供技术支持或售后服务，增强客户满意度和忠诚度。

四是发现商机和促成销售。客户拜访也是发现商机和促成销售的重要机会。通过与客户深入交流，企业可以发现潜在的交易机会，了解客户的购买意愿和预算，进而推动销售，增加销售额。

二、客户拜访步骤

企业会把客户拜访当成重要工作，有条理有步骤地进行，确保企业员工能够在拜访中充分利用时间，展示企业员工的专业能力和专注态度，避免无效交流，从而提升客户合作意愿。客户拜访主要有以下步骤。

（一）拜访前的准备

在进行客户拜访前，企业员工应该提前做好以下准备。

1. 研究客户需求，做好资料准备

在拜访客户前，要充分了解客户的背景信息，包括他们的行业、规模、竞争对手、市场趋势等，这些背景信息有助于企业更好地了解客户需求。在分析研究客户需求的基础上准备材料，如产品介绍、案例分析、市场调研报告等，如有必要可准备好相关的演示材料。这些材料将帮助企业向客户展示其能力和价值，表现出对客户的尊重与重视。这一步骤在初次拜访时尤其重要，基本决定拜访的基调与结果。

2. 确定拜访目标，制订拜访计划

在拜访前要明确本次拜访的目标，比如，是争取新业务、维护现有客户关系、了解市场动态，还是催回款、商谈合作。目标的明确将有助于在拜访中更加专注和有针对性地与客户交流。目标确定后，要根据本次拜访目标制订详细的拜访计划，包括拜访时间、地点、流程、交流的问题、重要事项等，确保有条不紊、充分利用时间与客户进行沟通和交流，保证拜访中对重点问题做到充分沟通。

3. 做好拜访前的各项沟通准备

拜访前的沟通准备包括多个方面：问题准备，提前思考可能被问到的问题和客户的关注点，并准备好相应的回答和解释，确保拜访时“心里有底”；仪容仪表准备，确保自己在拜访时的形象整洁、得体，能够给客户留下良好的第一印象，提前注意礼仪细节，如握手、人际距离、眼神和面部表情等；心理准备，主动倾听客户的需求和问题，展示出诚信、专业和合作的态度，以建立良好的合作关系，并做好达不成拜访目标的心理准备；等等。对于职场新人或缺少客户拜访经验的人来说，做细做实拜访前的各项沟通准备工作尤为重要。

4. 预约与确认

在拜访前，需要与客户预约具体的时间、地点，得到客户确认后方可前往拜访。此外，还需要提前确认拜访路线的交通状况，确定交通方式，确保能够按时到达，要预留足够的时间，以应对路程中可能发生的延误或其他意外情况。

【阅读资料】

不打无准备之仗

小张刚刚从事销售工作，第一次去拜访客户时，心里有些紧张。说明自己的来意后，客户提出要看产品资料，他拿出事先准备好的资料递给客户，不料客户看了之后，感觉内容不够详细，问还有没有更详细的介绍，小张说没有了，而且他也不了解更具体的细节和内容，无法对客户做进一步的口头说明。客户向他索要名片，他解释说自己刚入行，还没有来得及准备名片。客户接连两个要求都得不到满意的答复，也没有谈下去的兴趣了，于是客气地说了些无关紧要的话，便推托有事，小张也不好意思再打扰下去，第一次拜访就这样以失败告终。

吃一堑，长一智。虽然第一次没有成功，却让小张吸取了教训。在之后拜访客户之前，他都会详细准备客户可能想了解的资料，并深入了解产品，带上名片主动交给客户。功夫不负有心人，小张在短短三个月内取得了良好的业绩，受到单位领导的肯定和奖励。

（资料来源：《实用沟通教程》，汪志锋，北京理工大学出版社，2017）

（二）如约登门拜访

登门拜访客户时，注重礼节是很重要的。以下是一些需要注意的礼节与细节。

1. 准时到达

按照拜访前与客户确认的时间和地点安排好行程，确保准时到达客户处。如果有意外情况会导致迟到，应提前通知客户并表示歉意，如需要耽搁的时间太久，可与客户约定其他时间。

2. 微笑与握手

保持自信的姿态与客户进行眼神接触，并展示友好的面部表情。在人际交往中，微笑总被认为是热情、友善和善解人意的。微笑能迅速拉近两人之间的距离，会让他人心情愉快，有助于开启双方沟通的大门。微笑可以体现个人的精神面貌，也是一种礼貌和涵养的表现。握手可以传达一种“见到你很荣幸”的意思，见到客户后，如果有握手环节，利用握手可表达一种尊重、友好的态度。

3. 问候与介绍

登门拜访客户时，得体的问候与介绍有助于建立良好的第一印象。首先是问候客户，在进入客户办公室或会议室时，可以使用简单的问候语向客户表示问候，如“您好”“早上 / 下午好”等，如果客户先问候，应礼貌回应。如果是初次见面，或虽然见过但接触不多的客户，在问候之后要及时进行自我介绍，包括自己的姓名、公司及职位，可以使用类似“我是 ××× 公司的 ×××，您可以称呼我小 ×，很高兴到您的办公室拜访”等介绍语，让对方知道如何称呼你，有助于快速建立互相了解和信任的桥梁。

4. 赠送礼物

如果在拜访客户时打算赠送礼物，有一些问题需要注意：首先，注意文化差异，并考虑客户的身份、喜好，选择合适的礼物，体现意义和关怀，避免选择过于个人化或具有争议性的礼物；其次，了解客户公司的礼物接受规定，确保礼物符合规定，礼物的价值应适度和合理，过于昂贵的礼物可能会被视为贿赂或不恰当的行为，也会给客户和自己带来压力或尴尬；最后，选择合适的时间和场合赠送礼物，在商务会议或正式拜访中，更适合在结束时赠送礼物，如果是与客户建立长期合作关系的第一次拜访，可以考虑在开始时赠送一些小礼物以表达诚意。特别需要注意的是，赠送礼物应是真诚和无条件的，不应期望得到特定回报。

（三）拜访中的交流

一次完整的客户拜访流程一般包括以下环节。

1. 说明拜访目的

在自我介绍后就可以进一步介绍此次拜访的目的，简要说明希望与客户讨论的事项，可以是对产品或服务的介绍、对合作机会的探讨等，确保目的的表达准确清晰，交流态度礼貌、尊重和谦逊，体现出对客户的重视。

2. 询问客户需求

说明拜访目的后，要询问客户是否有特定需求、关注点或问题，并与客户深入交流。专注倾听和有效提问，可以更好地理解客户的期望，理解他们的现实问题和疑虑，以便提供有针对性的解决方案。

3. 提出解决方案

根据客户的需求，向客户展示解决方案，包括介绍产品或服务、进行案例分析和提供相应的资料和文件等，要确保提出的解决方案能够满足客户的需求，并以易于理解和吸引人的方式进行呈现。

4. 深入交流讨论

在解决方案呈现后，客户可能会有一些问题、疑虑或意见。需要积极回答客户的问题，并与客户进行深入讨论和交流。答疑与讨论环节非常有必要，有助于双方解除疑虑，加深双方对合作的理解。

5. 协商以达成共识

在讨论和交流的基础上，可以与客户进一步协商，以达成共识和合作意向。这时可能涉及商品与服务价格、合同条款、交付期限、服务支持等方面的谈判，视情况需要，灵活、理智地进行协商，以实现双方的利益最大化。

（四）总结拜访资料

在拜访结束后，应及时总结和复盘客户拜访的内容和结果，并制订行动计划和后续跟进措施。及时总结客户拜访资料的重要性在于，回顾和记录与客户的交流内容有助于更好地了解客户，以便进一步跟进和处理事务，确保承诺得到落实，并为未来的合作奠定基础。以下是一些需要总结的内容。

1. 客户信息

记录客户的基本信息，包括公司名称、联系人、职位、联系方式等，这使得未来与客户进行沟通和跟进时更加方便顺畅。

2. 拜访目的、内容、结果

总结拜访目的，记录与客户的具体交流内容，包括客户需求、问题、意见和反馈，记录本次拜访交流结果与未来预期结果。这有助于更好地理解客户需求并评估拜访效果，以及确定下一步行动计划。

3. 解决方案和建议

总结向客户提供的解决方案和建议，这可以作为后续工作参考，以便在后续沟通中提供一致的信息和支持。

4. 下一步计划

根据拜访结果和客户需求，制订下一步的行动计划，包括跟进事项、时间表和责任人等，确保及时跟进并满足客户需求。

5. 需要的帮助和支持

总结拜访资料不仅可以作为备忘录和参考，还要及时作为反馈资料汇报上级。

所以需要明确总结接下来需要的帮助和支持，确保后续工作的顺利开展。

（五）后续跟踪服务

进行客户后续跟踪服务的目的是建立和维护良好的客户关系，持续满足客户需求，为客户提供持续的价值和支持，这不仅有助于提高客户满意度和忠诚度，还可以为个人与公司业务发展带来更多的机会和收益。以下是主要的后续跟踪服务内容与方法。

1. 及时回复

在建立客户关系后，客户可能会提出问题或反馈。这时，需要尽快回复并提供解决方案。快速响应与及时回复可以展示对客户的关注和重视，增强客户的信任和满意度。

2. 定期沟通

与客户建立定期的沟通机制，如每月或每季度的电话、邮件或会议，定期沟通有助于了解客户的最新需求、问题，及时提供支持和建议。

3. 跟进项目

如果与客户有进行中的项目或合作，应及时跟进项目，并与客户共享最新的信息和结果。保持信息透明和及时沟通，确保客户对项目进展有清晰的了解。

4. 提供增值服务

除了基本的产品或服务，还需要考虑提供一些额外的增值服务，帮助客户解决问题或实现更大的价值。例如，提供培训、咨询或技术支持，根据客户的特定需求和偏好提供个性化服务，等等。

5. 定期评估和反馈

定期进行客户满意度调查或评估，了解客户对产品或服务的体验和满意度，根据反馈结果，及时改进和调整服务；定期向客户征求反馈和建议，了解他们的意见和期望，不断改进、优化服务，更好地满足客户需求。

【阅读资料】

以催收货款为目的的客户拜访

某公司是一家销售建材的企业，与一位客户签订了一份大额订单。然而，客户在货物交付后拖延支付货款，公司决定派遣销售人员拜访客户，催促其尽快支付货款。

1. 拜访准备

（1）收集信息：在拜访之前，销售人员先收集客户的相关信息，包括联系方式、公司背景、财务状况等，详细了解客户的情况有助于制订有效的催款策略。

（2）安排拜访时间：与客户提前约定一个较为合适的时间段进行拜访。

（3）准备相关文件：销售人员准备好与货款相关的文件，包括订单、发票、付款提醒等，同时，还应准备一些相关的市场调研数据和公司实力展示资料，以强化催款的合理性和必要性。

2. 拜访过程

（1）礼貌问候：销售人员应准时到达客户公司，在得到指引后，销售人员进入客户办公室，礼貌地向客户致以问候和进行自我介绍。

（2）提醒欠款：销售人员适时转入主题，提醒客户尚未支付的货款，以友好的方式回顾订单细节、强调交货时间与交货质量等，提醒客户应履行付款义务。

（3）解决疑虑：如果客户提出付款延迟的理由或疑虑，销售人员应耐心听取并提供解答，可以针对客户的具体问题，提供相关的具体解决方案或可行建议，以消除客户的疑虑并促使其付款。

（4）谈判和协商：若客户仍然无法立即支付货款，销售人员可以提出灵活的付款方式或分期付款建议，以满足客户的实际情况和需求。双方可以进行谈判和协商，以达成双方可接受的付款方案。

（5）确定下一步行动计划：在拜访结束前，销售人员与客户共同确定下一步行动计划，包括明确的付款日期、付款方式，或者进一步沟通和协商的时间。销售人员还可以提醒客户及时与公司联系，以确保顺利解决货款问题。

3. 拜访总结和后续跟进

（1）感谢和道别：在拜访结束时，销售人员应向客户表达感谢，并礼貌地告别。无论是否达成付款协议，销售人员都应保持专业和友好的态度。

（2）后续跟进：在拜访后，销售人员应及时记录拜访结果和讨论的付款安排，并与公司领导及相关部门协商，确保付款安排得到落实。若客户未按约定时间付款，销售人员应继续与客户保持沟通，必要时将采取法律手段维护公司的权益。

通过拜访客户，销售人员能更好地了解客户的实际情况，并通过合理的沟通和协商解决付款问题。这种积极主动的催款方式有助于维护公司权益，促使客户尽快支付货款。

任务二 客户接待技巧

客户是企业的重要资产之一，是企业利润的源泉。客户拜访或回访企业通常是为了深入了解企业的产品或服务，了解企业实力，与企业建立合作关系，寻求解决问题的途径或需要企业提供支持，等等。因此，重视并做好客户接待工作能够提升客户满意度，增强客户对企业的信任感，从而促进客户忠诚度的提升，增加客户的复购率，增强口碑传播。

一、客户接待一般程序

1. 预约与确认

当客户预约来访时，企业应及时确认并准备好接待人员和所需的材料。需要提前了解客户身份、背景和目的，以便为其提供适当的接待服务；在客户来访前，应与客户进行电话或邮件沟通，确认访问时间、地点和议程，以便提前做好准备。

2. 做好接待准备

对客户来访进行接待要提前做好各项准备。包括：

（1）接待环境准备：提前打扫和整理接待区域，确保环境整洁、舒适，有足够的座位，有饮用水等。

（2）接待人员准备：接待人员应穿着得体，保持整洁、干净的仪容仪表，给客户留下良好的第一印象；接待人员应以热情友好的态度迎接客户，主动引导客户到达接待区域，并与客户交流，展示对其来访的兴趣和关注；接待人员需要接受专业培训，了解企业的产品、服务和流程，具备良好的沟通技巧和服务意识。

（3）文件资料准备：根据客户需求，提前准备好相关资料，以便在接待过程中提供参考。

3. 热情接待客户

热情、友好地接待客户，包括耐心倾听客户的需求和问题，了解客户的期望和目标，以便提供更准确的服务建议；根据客户需求，接待人员应及时提供相关产品或服务信息，并解答客户疑问，提供满意的解决方案；对客户的个人信息和商业机密进行保密，确保客户的隐私权和商业利益不受侵犯；根据客户的需求灵活调整接待内容和安排，以满足客户的期望。

4. 跟进和反馈

在客户离开时，应表达对其光临的感谢之情，并对客户的支持和合作表示诚挚的谢意；在客户离开后，应及时跟进客户拜访事项的落实和反馈，提供后续支持；收集客户的反馈和意见，定期进行回访，以了解客户的体验和建议，增加客户的复购率，进而推动企业的业务发展。

二、客户接待沟通策略

客户接待与客户拜访一样，是企业与客户之间的重要沟通环节。客户接待也需要深入了解客户的需求，准确传递企业的信息和意图，而且，在客户接待过程中，难免会遇到问题和被投诉的情况，及时的沟通和回应能够有效缓解客户的不满，避免负面评价的传播。因此，运用有效的沟通策略，可以在客户接待过程中帮助企业建立和维护良好的客户关系。

（一）对等接待与亲自接待

在前述客户接待一般程序中可以看出，接待工作处处体现了在细节上对来访客户的友好与尊重，在此基础上，让客户更直观地感受到自己被重视，则可以通过对等接待和亲自接待来体现。

1. 对等接待

对等接待有两层含义。第一层含义是企业要将客户视为平等的合作伙伴，对待所有客户无差异。对等接待强调客户与企业之间的合作关系，注重双方的互惠互利。第二层含义是企业会规定哪个等级、哪个类型的客户来访时，应由担任什么职位的人来接待。不同职位和类型的客户具有不同的需求和关注点，按其等级与类型给予对等接待，可确保客户得到与之匹配的专业化服务，增强客户的满意度，体现企业接待工作的规范性。

2. 亲自接待

亲自接待同样有两层含义。第一层含义是指企业高层或重要负责人亲自接待客户，以表达对客户的重视。在亲自接待的过程中，企业高层或重要负责人会亲自与客户交流，了解客户需求，提供专业的建议和解决方案。这是一种重要的营销策略，能够体现企业的诚意和重视程度。第二层含义是指对接工作负责人亲自接待，他们更了解客户需求，亲自接待的同时也能够与客户建立更亲密的关系，提升客户满意度。

【阅读资料】

亲自接待客户的重要性

小李是一家玩具加工厂生产部门负责人，每个月都要不定时地接待从全国各地到公司考察或监督生产的客户。每次接待客户时，客户都会提出各种各样的要求和意见，这让小李每次面对客户时都非常苦恼。有一次，小李接到公司通知，叫他第二天下午去火车站接一位到公司监督生产的客户。小李知道，这个客户每次来到厂里，要么对工人们的工作指手画脚，要么对公司提出提前完工等不合理要求。这个客户最让小李头疼，但他又是公司的大客户之一，谁也不敢得罪该客户。

这时，小李忽然想到，自己每次都是派手下几个助理去接客户，等客户到公司后，他才会出面接待，但是今天恰好他手下几个人都被派出去接待公司的供应商或洽谈业务了。无奈之下，小李只好亲自前往车站接客户。

小李到达车站之后，不断给自己心理暗示，让自己能保持接待客户的热情，希望这次客户不再给自己找麻烦。时间到了，小李在出站口看见了客户，马上上前热情地打招呼。看到小李，那位客户先是愣了一下，然后很快地以热情的拥抱回报小李。

这次客户竟然真的没有找麻烦，而是很客观地提了几个要求。小李起初非常不解，后来推断出，可能是因为这次自己亲自去接他，他感觉到公司对他这位大客户的重视，于是改变了态度。小李决定，以后凡是应由自己接待的客户，自己都全程接待，不再假手于人。

后来，小李逐渐发现，一些原来喜欢挑毛病、找麻烦的客户，态度都柔和了许多，这让小李明白了亲自接待客户的重要性。

（二）传递企业价值理念

企业的价值理念是企业文化的核心，当企业能够向客户传递出积极的价值观和使命感时，客户更容易与企业建立情感连接，并对企业产生信任感。企业在接待客户时，要把握机会，通过主动对话和交流，传递企业价值理念，树立企业专业、可靠的形象。企业对来访客户传递价值理念主要侧重于以下目的的达成。

1. 强化品牌形象

通过向客户传递企业价值理念，企业能够强化品牌形象，使客户更加明晰企业产品的市场定位，增加产品品牌附加价值和对客户群体的吸引力。同时，企业可以通过传递自身的价值观和文化理念取得客户认同，有利于建立良好的客户关系，形成深入合作。

2. 增强客户忠诚度

客户来访的目的一般是与企业形成后续合作或解决当前问题，因此，他们不仅考虑价格和质量，还会关注合作企业的价值理念是否与自身相符。当双方理念相契合时，客户将更愿意建立长期的合作关系，增加对产品或服务的倾向性。

3. 体现竞争优势

企业的价值理念可以成为其与竞争对手的差异化因素，帮助企业在市场上脱颖而出。当企业在接待客户的过程中充分传递出积极的价值观和使命感时，能表现出企业独特的竞争优势，客户则更有可能选择与之合作。

因此，企业会利用客户来访的机会，在接待过程中对客户传递企业的价值理念，尽可能与客户建立情感连接，从而形成持久的合作关系。在接待客户的过程中，企业可以通过以下方式体现和传递价值理念。

1. 员工的示范

客户对企业文化的了解基于企业宣传与员工示范。在接待来访客户时，员工需要将企业价值理念融入自己的行为，成为企业文化的“代言人”。在接待客户时，员工应该展现出企业价值观所倡导的行为，如诚信、专业、合作等。通过个人的示范效应，客户可以感受到企业文化的影响力。

2. 优质的服务

在接待客户时，员工应以专业、敬业的态度提供优质的服务，员工应传递出企业对客户的重视。这意味着企业员工要积极主动地了解客户需求，为客户提供个性化、定制化的服务，真正解决客户的问题，以专业的建议和解决方案来满足客户的期望。

3. 良好的沟通和协作

在接待客户时，员工应该展示出良好的沟通和协作能力，与客户建立互动和合作关系。通过团队协作，客户可以感受到合作共赢的价值理念。

4. 持续改进和学习

在接待客户时，员工应展现出积极学习和持续改进的态度。通过不断提升自己的专业知识和能力，员工可以传递出企业追求卓越和持续发展的价值理念。

总之，通过以上方式，员工可以在接待客户的过程中体现和传递企业的价值理念，建立起与客户的信任关系，同时加强企业文化的传承和发展。能够做到这些的前提是，企业员工深入理解企业的价值理念，包括企业的使命、愿景等。员工只有明确理解和认同企业文化，才能在与客户交流过程中更好地体现和传递给客户。

（三）分析客户需求

【阅读资料】

以客户需求为中心

一位老奶奶来到水果摊前准备买橘子，在甲摊前问道："老板，橘子怎么样？""大娘，橘子包甜，您要几斤？"

老奶奶笑笑走开了，在乙摊前又问："老板，橘子怎么样？""大娘，您喜欢甜的还是酸的？""酸点儿的，俺儿媳想吃酸点儿的。""哦，那您来对了，绿箱子里的是酸点儿的，红箱子里的是甜点儿的。我帮您称点绿箱子里的？您看要多少？""好的，先称五斤吧。"

"好嘞。"乙摊主一边笑盈盈地帮老奶奶在绿箱子里挑橘子，一边问道："大娘，是不是您儿媳妇有喜了啊？""是的，小伙子挑好点的啊。"

"嗯，大娘您放心，恭喜您啊，我一定帮您挑好点的。对了，孕妇多吃富含维生素的水果好，苹果、香蕉都不错，您要顺便带点吗？"

"哦，是吗？那也都称一点，谢谢你啊。"老奶奶接过乙摊主的水果，付了钱之后准备离开，乙摊主又递过一个梨子说："大娘，天气热，送您一个梨子消消暑，欢迎下次再来啊。"

"好的，谢谢，一定常来。"老奶奶接过梨子，满脸笑容地朝家走去。

甲摊主没有做到以客户需求为中心，认为"包甜"的橘子一定是受人欢迎的。乙摊主则认识到了这一点，认为会有人喜欢甜橘子，也会有人喜欢酸点儿的橘子。实际上，客户的需求是多样的，正如故事中的老奶奶，她的需求是"酸点儿"的橘子，所以乙摊主成功地做成了生意。因此，"以客户需求为中心"是指只有弄清楚客户需要的到底是什么，站在他们的立场去思考，并在此基础上设计和推销适合客户的产品或服务，才能顺利促成销售。

此外，乙摊主还不断挖掘客户的潜在需求，从而维护好了客户关系。

要可持续地维护客户关系，至少要满足客户的两项需求。

1. 硬需求的满足

硬需求一般包括质量、价格、响应速度、付款条件等，这些是企业与客户开展合作的基本条件。在多数情况下，市场竞争对手也能满足这些条件，那么企业要做到的是尽量比竞争对手更有优势。客户进行企业来访，说明现有产品或服务满足了客户的某方面需求，因此，接待客户时，需要以有效的沟通，即通过倾听、反馈、咨询、解答、讨论等方式，不断关注客户需求核心动向，增加客户对企业的信任和信心；还可以通过案例分享、产品演示、试用等方式，向客户展示产品或服务的优势和特点，提出个性化服务建议或方案，挖掘客户潜在的或新的需求。不断满足客户的硬需求是客户关系可持续发展的基础和前提。

2. 软需求的满足

硬需求是必要条件，但满足了硬需求也不一定能与客户达成合作，因为在客户心目中还有一个更重要的需求，即软需求。软需求是无形且多样化的，每个客户的软需求可能都不同，需要企业方通过敏锐的洞察力去发现，接待客户来访就为发现客户的软需求提供了良好的机会。一般来说，从企业角度，客户会关注的软需求包括是否能带来品牌效应、是否值得培养为未来合作伙伴、是否能快速地解决问题、是否能提供一站式服务等；从个人角度，客户会关注的软需求包括是否对本人足够尊重、是否对个人职业生涯有积极作用、是否对个人有经济、社交等其他补充利益等。在接待客户的过程中，企业可以从多角度发掘客户的软需求并采取相应的解决方案，从而满足客户的软需求，真正实现客户关系的可持续发展。

任务三　客户沟通技巧

在建立与维护客户关系过程中，良好的沟通技巧发挥着重要作用，做好客户拜访与接待是建立与维护客户关系的重要环节。诚实、透明和及时的沟通，有助于建立与客户之间的信任关系，可以帮助职场人更好地解决问题和化解冲突。

一、引导客户表达

在与客户交往的过程中，交谈是必不可少的交流方式。大多数企业的员工在推销或洽谈合作时会乐于表现自己，认为自己说得越多，对方对产品的了解就越多，信任度也就越高。但事实并非如此，有效的客户沟通之道是用心听客户说，引导客户多说。当我们与客户进行交流时，目的是清楚地了解客户信息，把握客户需求。如果交流中的大部分时间都是企业方在说，那么合作失败的概率就比较大。只有企业方能作为忠实听众，让客户多表达意见和想法，才是有效的客户沟通。引导客户在沟通过程中主动表达，倾听与有效提问是基本方法。

【阅读资料】

一次失败的推销

在一家书店里，一对年轻夫妇想给孩子买几本百科读物，推销员过来与他们交谈。

顾客："这套书有些什么特点？"

推销员："这套书的装帧是一流的，封面用的是真皮和烫金字，如果摆在您的书架上，肯定非常好看。"

顾客："里面有些什么内容？"

推销员："本书内容按字母顺序编排，这样便于查找。每幅图片都很漂亮，比如这幅……。"

顾客："这些我看得出来，不过我想知道的是……"

推销员："我知道您想问什么！本书内容包罗万象。有了这套书，您就如同有了一套图集，而且是一本非常详尽的图集。"

顾客："我是为孩子买的，想让他从现在起学习一些知识。"

推销员："哦，原来是这样啊，这本书是很适合小孩的，它有带锁的玻璃门书箱，这样您的孩子就不会将它弄脏，小书箱是随书送的。我可以给您开单了吗？"

这时，推销员作势要将书打包，给顾客开单出货。

顾客："哦，我再考虑考虑。你能不能介绍其中的某一部分，比如文学部分，我可以了解一下其中的内容吗？"

推销员："本周内有一次特别的优惠抽奖活动，现在买说不定您能中奖呢。"

顾客："我恐怕不需要了。"

通过倾听，销售人员可以了解客户信息需求，同时，正确而有效地提出问题也是了解需求、促进目标达成的关键。所以，在与客户交流的过程中，为了能更多地获取客户需求，就要学会倾听与积极反馈，让客户多说，不需要有"客户对产品或服务不了解怎么办"的顾虑，当客户对产品或服务感兴趣时，他们会积极询问，那时企业销售人员只需要热情配合即可。

【阅读资料】

成功的合约洽谈

王先生代表公司去外地与合作伙伴洽谈合约，小李作为王先生的助理也一同前往。听说合作方项目负责人向来"较真儿"，对合作伙伴要求严苛，小李不禁有些担心。

第二天，合约洽谈正式开始，王先生微笑着做了自我介绍，然后问："素闻贵公司人才济济，我们公司现在的销售部经理就来自贵公司，他相当优秀，不知道你们是怎样培养出来的。”一句话说完，合作公司的负责人不禁有点自豪，开始说起了公司的人才培养体系。王先生在一旁认真听着，时而面露微笑，时而点头附和，间或低头饮一口茶。

等到客户负责人说完，王先生竖起了大拇指，说：“贵公司真是实力雄厚啊，上个季度的产品销售额已经成为同类产品第一名了，现在我明白了你们是怎么做到的。”话语中提到的产品销售名次，也让那位负责人心情激动，于是详细介绍起了产品生产、加工、销售为一体的管理模式，王先生心里暗暗叫好。他赞赏了几句，就直接说到了合约的事，对方公司负责人在看过合约相关条款后，当即签下了合约。

短短30分钟就签下了合约，小李有些不解。因为从洽谈开始到结束，王先生只说了不到十句话。

正是王先生巧妙提问的方式，引导客户表达，从而使客户与王先生形成了一种良性互动，进而顺利签下合约。

（资料来源：《沟通与交流实务》，王立新，北京师范大学出版社，2019，有改动）

二、自然地投其所好

投其所好是一种维护客户关系的有效方法，一般情况下，客户会因为自己得到关注而感觉被尊重，从而产生好感，但是在实践中需要注意一些细节，以免引起相反效果。以下是一些建议。

1. 保护客户隐私和个人空间

在推荐和定制服务时，确保不会侵犯客户的隐私和个人空间。

2. 提供多样化的选择

在关注客户个人喜好的基础上，尽量给客户提供更多选项。有些客户可能喜欢尝试新事物，给他们提供不同的选择会更增加他们的满意度。

3. 避免过度营销

在推荐产品和服务时，要避免过度营销。如果客户表达不喜欢或不感兴趣，则要尊重他们的意见并及时调整策略。

4. 保持真诚和自然

在与客户互动时，保持真诚和自然是非常重要的，避免刻意迎合客户。

【阅读资料】

咖啡店经理的经营之道

一家咖啡店的经理发现有一个客户经常在店里喝咖啡，通过观察，经理发现他是一个喜欢阅读的人，并且对咖啡的品质和口味有很高的要求。

于是经理采取了以下方法：

（1）了解客户的阅读喜好。

（2）推荐相关书目。

（3）为其定制咖啡。

（4）提供特别优惠。

（5）保持良好的沟通。

通过以上方法，咖啡店经理自然地与这位客户建立了良好的关系。这位客户成为店铺的忠实顾客，还把店铺介绍给了他的朋友、同事。

三、异议处理技巧

（一）引导客户做出肯定回答

人们对自己不熟悉的人或事，往往会持有怀疑态度。因此，当客户对产品或服务因不了解而产生异议时，如果直截了当地申辩甚至反驳，会让对方难以接受。这时，如果能运用一定的沟通技巧，引导客户做出肯定回答，沟通效果会更好。

【阅读资料】

聪明的业务员

小李是一家发动机企业的业务员。他与一位客户对接了3年，终于签订了一笔订单。但可惜的是，客户明明有上百台的需求，却只向他订购了10台发动机。

小李非常不甘心，于是又拨通了客户的电话询问情况，客户告诉他："小李，不是我不需要，是你们的发动机有问题，所以我不会再购买你们的发动机了。"小李吓一跳，觉得这是个大问题，赶紧询问客户他们的产品到底哪里出了问题。客户回答："你们的发动机运行温度太高，我连手都不能放上去。"

小李领悟了客户的意思，但他不知道这是客户在找借口委婉拒绝（因为没有哪一家的发动机在运行时，温度低到可以让手放上去），还是真的认为这是发动机的质量问题。小李觉得一定要说明一下。

于是小李说："您说得很对，发动机的温度太高确实有伤到手的安全隐患。而且，发动机投入市场的前提是要符合相应的标准，对吧？"

客户给予了肯定的答复，然后小李又说："按照标准，发动机的运行温度可以高出室温42度，您是这方面的专家，肯定对这个标准了如指掌。"

客户也很干脆地说："嗯，对的。"

"您的厂房是标准化的厂房，设施很完备，以现在的天气，您厂房正常的室温应该在二十八九度吧？"

客户自豪地回答："我们的厂房有很好的通风设备，工作温度比较舒适，现在基本维持在28度，最热时也就30度。"

小李继续说："您看，您厂房的室温28度，发动机工作时的温度可以达到70度，这个温度确实会烫手。所以，在我们整个行业解决这个问题之前，希望您和您的员工避免用手直接接触发动机，以防烫伤。”

客户承认：“你说得有道理。”

随着交谈的继续，客户最终签订了100台发动机的订单。

设想一下，如果听到客户说发动机烫手时，小李直接反驳发动机在工作时温度就是会烫手，效果会怎样呢？

（二）用客户的观点进行说服

在客户提出异议时，可以用对方的观点去说服对方。使用这种异议处理方式时，应先了解对方的观点，发现这些观点中对己方有利的某一点，再顺着这一点发挥，最终说服对方。比如，保险公司的客户说：“我收入少，没有钱买保险。”业务员可以回答：“如果您目前收入少，那更需要买保险，可以给自己更多保障。”又如，服装店的客户说：“我这身材穿什么都不好看。”销售人员可以说：“就是因为大家的身材都不完美，才需要服装来修饰呀，相信我，试试我给您的搭配。”用客户的观点进行异议处理，有可能正好满足了客户需求，也有可能给双方的沟通搭建桥梁，从而达成合作。

四、电话沟通技巧

科技的发展为远距离沟通提供了多种选择，但在现代职场中，电话沟通仍然是职场人与业务伙伴进行沟通的重要方式之一，掌握电话沟通技巧能帮助职场人更好地建立与维护客户关系。

（一）拨打电话技巧

1. 做好准备

在给客户拨打电话之前做好准备，确认对方的背景信息，包括单位名称和称呼方式等；准备好可能需要的文件、记录用的笔和本子；可以写出要沟通的主题或问题，理顺思路；预计好通话时间，通常第一次通话不超过3分钟。

2. 确定拨打电话的时间

尽量在工作时间打电话，一般在上午10点左右、下午2点左右较为合适；如果不是工作时间，则尽可能避开客户休息、用餐时间，最好不要在节假日打扰客户。

3. 先做自我介绍

在开始通话时，先做自我介绍，说明自己的单位、职位和称呼方式，然后确认对方身份，礼貌询问对方是否方便通话。先进行自我介绍有助于对方了解你的身份和通话目的，营造较好的沟通氛围。

4. 表述清晰

在电话沟通中，应使用简洁的语言，确保对方能够理解你的意思；可以简单重复重点；保持语调自然、友好，语速适当。

5. 倾听和提问

在电话中应倾听对方的意见和问题，避免打断对方的发言，尽量不在电话中有过多停顿或沉默；不理解或没听清的地方要及时礼貌提问或请对方重复一遍；对对方的问题要提供准确答案，如果答案不确定要诚实告诉对方，并承诺尽快回复确定的答案；对需要记录的事项要做好记录。

6. 致谢并结束通话

在电话沟通结束前，应确认一遍与客户沟通的内容，表达感谢并说再见。握住电话，等对方先挂断电话。

（二）接听电话技巧

1. 及时接听

及时接听不是“秒接”，当电话响起马上接听时，对方会觉得比较突然，一般在第三声铃响时接听，避免让客户等待过久；在电话中保持专业和友善的态度；使用合适的问候语。

2. 保持耐心，专注交流

接听客户电话时，应保持耐心，倾听客户的问题、需求和反馈，并尽力理解他们的意图，尽量避免打断客户发言；确保客户感受到尊重，视需要可以向客户提问以获得更多细节；避免在电话沟通中同时处理其他事务，如阅读邮件、打字、喝水、吃东西等。

3. 表述清晰

同打电话一样，在接听电话时，应使用清晰、简洁的语言；语速适中，确保客户能够理解你的意思；根据客户的问题和需求，提供准确的解决方案或建议；如不确定问题答案，应诚实告知客户，并承诺尽快提供确切回复或当即转接至相关部门。

4. 记录重要信息

在接听电话时，应记录重要的信息，如客户的姓名、联系方式、问题或需求的细节等，这有助于后续跟进和处理。

（三）电话沟通注意事项

1. 不失信

对于事先与客户约定好的电话沟通，一定要在约定的时间内拨打和接听，避免失信。如果个人有临时变故，要及时通知对方。

2. 暂停通话时要说明

在通话中因要查阅资料等而不得不暂时停止通话时，要向对方说明，可以说：“您看是稍等一下，还是我查到后给您打过去？”如对方表示可以等候，则轻放电话；如查阅时间超出预期，则应向对方说明；查找完毕重新对话时，应说一句“让您久等了”。

3. 保证手机状态正常

在与客户联系的时候，要检查手机余额和电量，保证手机处于正常状态，这不仅是工作态度严谨的表现，也是对客户的尊重。

4. 慎重设置手机彩铃

现代社会中很多人，尤其是年轻人，注重个性化、自由化，却忽视了某方面的细节。在设置手机来电彩铃时，一些突出个性的搞笑对话和古怪声音，有可能在与客户沟通时带来麻烦。

5. 涉及数字要确认

在电话沟通中，对于涉及日期、时间、金额、电话号码等的数字内容，务必形成听后立即复述、予以确认的良好习惯。说到日期时，不妨精确到星期几或几月几日，以确保信息准确无误。

6. 保持微笑

微笑能使语言更具感染力，尽管在电话中看不到，但能听得出，并能以此感受到通话的态度是积极还是消极。因此，应在电话沟通中保持微笑。

【阅读资料】

没有如果，只有结果

有一种职业，其从业者没有节假日，客户一个电话，他们就得风里来雨里去。这种职业就是销售。

用“行千里路，阅人无数”来形容他们再适合不过了。

1. 主动出击

销售和其他职业一样，需要具备职业素质。销售可能永远都不会有最合适的时候，只有主动出击，才能争取到最多的机会。

2. 尽可能多打电话

在寻找客户之前，永远不要忘记花时间准确定义你的目标市场。这样，在电话中与你交流的，就会是市场中最有可能成为你客户的人。如果你仅给最有可能成为客户的人打电话，那么每一个电话都将是高质量的，因为你联系到了最有可能大量购买你产品或服务的准客户。尽可能多打电话，由于每一个电话都是高质量的，因此多打总比少打好。

3. 电话要简短

销售电话的目标是获得一个约会。销售电话应该持续大约 3 分钟，而且应该专注于介绍你自己、你的产品，大概了解一下对方的需求，给出一个很好的理由让对方愿意花费宝贵的时间和你交谈。最重要的是别忘了约定与对方见面。

4. 在打电话之前准备一个名单

如果不事先准备名单，你大部分销售时间将不得不用来寻找所需要的名字。你会一直忙个不停，总感觉工作很努力，却没有打几个电话。因此，在手头要随时准备可供一个月使用的人员名单。

5. 专注于工作

在销售时间里避免接其他电话或者接待客户。正像任何重复性工作一样，在相邻的时间片段里重复该项工作的次数越多，销售人员就会变得越优秀。第二个电话会比第一个好，第三个会比第二个好……

6. 避开电话高峰时间销售

通常人们打销售电话的时间是在早上9点到下午5点之间。所以，你每天也可以在这个时段腾出一小时来推销。如果这种传统销售时段不奏效，就应该将销售时间改到非高峰时间，或在非高峰时间增加销售时间。

7. 开始之前先要预见结果

在销售中，前辈告诫我们开始之前就要预见结果。意思是，我们要先设定目标，然后制订一个计划朝着这个目标努力。这条建议在寻找客户和业务开拓方面非常有效。你的目标是要获得会面的机会，因此你在电话中的措辞就应该围绕这个目标而设计。

8. 销售需要毅力

毅力是销售成功的重要因素之一。大多数销售都是在第5次电话之后才成交的，然而大多数销售人员在第一次电话之后就放弃了。

找对方法，坚持下去，付出就会有回报。现在人们常说，这个世界上，没有一份工作是不辛苦、不委屈的，而对待“委屈”“辛苦”的态度，也决定了你的高度。很多人遇到委屈，就想转岗或者跳槽，但这么做是在逃避，因为问题根本没有得到解决。因为到了另外一个公司，这些情况依旧会存在，没有一份工作是简单的。当你觉得委屈的时候，大多数情况是你的期望和能力出现了偏差，它是在提醒你，需要想办法解决问题。乐观的心态、正确的方向与不懈的努力，才是积极解决问题的方法。

项目练习

一、判断题

1. 在进行客户拜访前，要明确本次拜访工作的目标。
2. 拜访资料不仅可以作为备忘录和参考资料，还可以作为反馈资料及时汇报上级。
3. 亲自接待就是指企业高层负责人亲自接待客户。
4. 客户需求一般分为硬需求与软需求，硬需求的满足是开展合作关系的必要条件。
5. 企业对来访客户传递价值理念，可以增进客户忠诚度。

二、简答题

1．客户拜访工作的步骤有哪些？

2．进行客户拜访前，需要做好哪些准备工作？

3．客户接待一般包括哪些工作程序？

三、案例分析题

案例：某人到商店里买皮鞋，在两种不同的样式面前他犹豫起来了。一双要价 95 元，比较便宜，但颜色差一些；另一双要价 145 元，比较贵，但颜色和质量比较好。售货员看到这种情况，指着比较贵的皮鞋说："您穿这双皮鞋特别好，这是我店刚刚进的新产品，销路特别好。"显然，他是让顾客买贵的，以便多赚些钱。"好是好，就是贵了些！"顾客说。"贵是贵了点，但质量和样式好。你想过没有，一双皮鞋能穿几年？" "大概两年吧。""好，咱们就按两年计算吧。这双鞋比那双贵 50 元。"售货员一边说着，一边按计算器， "每年贵 25 元，平均每月贵 2.1 元，平均每日贵不到 7 分钱。"说到这里，售货员望着顾客说："你看，每天只需多花 7 分钱，就能使你更潇洒，更有风度。难道这还不值得吗？"经过售货员一番计算和解说，顾客爽快地掏出 145 元买下了这双鞋。

问题：

1．这位售货员运用了哪些与客户沟通的技巧？

2．如果你是这位售货员，你觉得还可以怎样说服或打动顾客？

项目六 数字资源

项目七　进行商务谈判

学习目标

知识目标

（1）理解谈判、商务谈判的内涵及分类，深入理解零和谈判与双赢谈判的含义，掌握商务谈判的基本原则。

（2）理解商务谈判的一般流程，基本掌握商务谈判计划准备、开局摸底、实质磋商、成交后续四个阶段的主要工作内容与注意事项。

（3）理解沟通策略在商务谈判过程中的作用，基本掌握议价策略、打破僵局的时机性策略与方位性策略，掌握巧妙拒绝与谈判中的沟通技巧。

能力目标

（1）能形成对谈判、商务谈判的正确理解，能分辨商务谈判的类型；在掌握商务谈判基本原则的基础上，形成进行商务谈判的基本能力。

（2）能有意识地分析商务谈判各阶段的工作重点，基本形成商务谈判计划准备、开局摸底、实质磋商、成交后续四个阶段的主要工作能力。

（3）能有意识地运用商务谈判沟通策略、议价策略进行价格磋商，能适当运用时机性策略与方位性策略打破僵局，能在谈判过程中做到巧妙拒绝。

素养目标

（1）结合谈判、商务谈判工作的普遍性，进一步确立普遍联系的观点，坚定整体性、开放性观念，善于分析事物的内在联系，坚持合作共赢的思想。

（2）理解做好国际商务谈判的现实意义。

引导案例

小故事带给商务谈判的启示

两个孩子得到了一个橙子，这两个孩子便讨论如何分这个橙子。两个人吵来吵去，最终达成了一致意见，一个孩子负责切橙子，另一个孩子先选切好的橙子。这两个孩子按照约定的办法各自取得了一半橙子，高高兴兴地拿回家去了。

一个孩子把半个橙子拿到家，把皮剥掉扔进了垃圾桶，把果肉放到果汁机中打果汁喝；另一个孩子回到家把果肉挖掉扔进了垃圾桶，把橙子皮留下来磨碎了，混在面粉里烤蛋糕吃。

从上面的情形，我们可以看出，虽然两个孩子各自拿到了看似公平的一半，然而，他们各自得到的半个橙子均未物尽其用。这说明，他们事先并未做好沟通，没有申明各自的需求。

双方盲目追求形式上和立场上的公平，结果，双方各自的利益并未在谈判中达到最大化。

我们试想，如果两个孩子充分交流各自所需，或许他们会想办法将果皮和果肉分开，一个用果肉去榨汁，另一个拿果皮去做烤蛋糕。也可能是另外的情况，恰恰有一个孩子既想用果皮做蛋糕，又想喝橙汁。这时，如何创造价值就非常重要了。想要整个橙子的孩子可以将其他的问题拿出来一起谈。他可以说："如果把这个橙子全给我，你上次欠我的棒棒糖就不用还了。"其实，他的牙齿被蛀得一塌糊涂，父母上星期就不让他吃糖了。另一个可能很快就答应了。因为他刚刚从父母那儿要了五块钱，准备买糖还债。这次他可以用这五块钱去打游戏，才不在乎这酸溜溜的橙汁呢。

两个孩子的谈判过程实际上就是不断沟通和创造价值的过程。

案例分析

在商务谈判过程中，沟通是至关重要的。申明价值、创造价值、克服障碍的"沟通三部曲"为商务谈判提供了可以遵循的基本框架。申明价值有助于了解谈判双方的需求；创造价值有助于达到双赢的目的；克服障碍有助于双方顺利达成协议。可见，商务谈判实际上是谈判双方在寻求自己最大利益的同时，也满足对方的最大利益。因此，了解商务谈判的内涵，有利于在合作中为自己与合作方创造更大的价值，从而达到双赢的目的。

任务一　了解商务谈判

谈判是指双方或多方为实现某种目标，就有关条件达成协议的过程。谈判理论认为，谈判不仅是利益分配关系的调整，也是一种普遍存在的沟通方式、工作方式与社会现象。

一、商务谈判及其要素

商务谈判是指，在商业活动中双方或多方为了达成协议、解决争议或协同合作而进行交流和协商的过程。在商务谈判中，经济利益是最高目的，也是最高标准，谈判标的价格始终是谈判的焦点所在。商务谈判可能涉及国际谈判，国际谈判可能受到国家和地区政治、外交关系的影响；合同适用的法律一般不再是某一方所在国的法律，而是国际法律和国际惯例。另外，国际谈判一般比国内谈判更为复杂，因为利益主体的背景可能会不相同，如社会制度、宗教信仰、价值观、行为习惯、语言和风俗等，这些都是参与谈判者必须了解的。

商务谈判的基本要素包括谈判参与者、谈判议题、谈判时间、谈判地点，以及各方在谈判中使用的策略和技巧。

（1）谈判参与者。谈判参与者即参与谈判的双方。如果是多边谈判，那么参与者会更多。如果是间接谈判，那么直接参与谈判的各方背后还有各自的利益主体。

（2）谈判议题。商务谈判的议题是双方或多方协商的主要条款。商务谈判主要议题包括价格与费用、产品质量与规格、交货时间与方式、合同条款、售后服务与支持等。

（3）谈判时间。谈判时间指商务谈判开始、结束和持续的时间。其中，持续的时间从几分钟到几十年不等。

（4）谈判地点。谈判地点指商务谈判的具体地点，而分阶段的谈判可能会有多个谈判地点。

（5）策略与技巧。在每次商务谈判中，谈判各方都会或多或少地运用各种谈判策略和技巧。现有研究表明，几乎无法找到各方都不使用任何策略和技巧的商务谈判实例。

二、商务谈判分类

商务谈判可以从不同角度进行分类。

（一）按参与人数划分

按商务谈判的参与人数，可分为个体谈判与团队谈判。

1. 个体谈判

个体谈判是一对一式的谈判，即利益主体各派一人参加谈判，如采购员与销售代表、销售代表与客户之间的谈判。其优点是灵活、轻松、保密性强。缺点是难度大，对谈判者的专业能力、心理素质及谈判技巧等要求高，所以这类谈判宜派能力强，且善于沟通的人参加。

2. 团队谈判

团队谈判指商务谈判的各方派出两位或以上代表参与的谈判。团队内的成员有分工，有合作，有共同的目标。一般将每组 5 人以下的团队谈判称为小型团队谈判。小型团队谈判双方人数不一定相同。一般认为，人多的一方会给人留下“人多势众”的感受，因而在心理上占据微妙的优势；而人少的一方往往自觉“势单力薄”。所以，在此类团队谈判中，一般都要派出级别相当、人数相同的代表参与谈判。每组有 5 人或以上的谈判往往涉及重大项目，此类谈判也可能需要分阶段进行。

（二）按参与利益主体划分

按商务谈判中参与的利益主体，可以分为双边谈判与多边谈判。

双边谈判是有两个利益主体参加的商务谈判；有两个以上利益主体参加的，则称为多边谈判。前者的利益关系明确而简单，容易协调；后者的利益关系则较复杂，一般不易达成一致。

（三）按时间划分

商务谈判按涉及的时间长短划分，还可有以下分类。

· 即时谈判：一般指一天内完成的商务谈判。

· 短期谈判：一般指 1~3 周完成的商务谈判。

· 中期谈判：一般指 1~3 个月完成的商务谈判。

· 长期谈判：一般指 3 个月以上，甚至几十年完成的商务谈判。

（四）按地点划分

按谈判所在地与谈判主体间的关系，可分为主场谈判、客场谈判和第三地谈判。

对某一方来说，如果在自己所在地谈判，即为主场谈判，该方也就是东道主；对另一方或几方来说，即为客场谈判，他们是宾客；如果谈判不在任何一方所在地进行，那么，便是第三地谈判。谈判地点使谈判各方分别成了主人、客人或无所谓主客的身份，谈判各方应利用地点的不同，采取相应的谈判策略和技巧，以便赢得主动。

（五）按结果划分

按谈判形成的结果可划分为两种类型：零和谈判与双赢谈判。

零和谈判也称对抗性谈判，是有输有赢的谈判，一方所得就是另一方所失。谈判双方非常重视眼前的竞争所带来的利益，而不在意以后的关系，因此竭力争取己方最大利益。在零和谈判中，双方较少有妥协的余地，大家都追求同一实质利益，谈判双方以后交往的机会很小。在谈判中，双方首先各自明确立场；然后一方面要维护自己的立场，另一方面设法让对方做出让步；最后是以一方或双方妥协的方式达成协议，如果妥协不成，则谈判随之破裂。

双赢谈判也称合作性谈判，指谈判双方不但希望在谈判中得到各自所期望的利益，也希望通过谈判开拓长期的合作关系，其结果往往对双方都有利。为了达到双赢结果，谈判双方都会充分沟通、互换信息，让彼此了解真实的目标和要求。在双赢谈判中，谈判双方对另一方的需求十分敏感，各自都比较开放和灵活，先与对方共同探讨各个可行方案，再决定是否接纳其中的一个方案。现代商务谈判基本为双赢谈判。

总之，商务谈判一般要对以下问题达成协议：一是双方均认为重要的问题；二是可能引起冲突的问题；三是需要以合作的方式解决的问题。而且，商务谈判经常通过协议来达到某种平衡。商务谈判能力是现代职场人必须具备的能力之一，是一个人交际能力、沟通能力与思维能力的综合反映。同时，谈判能力也能反映出一个组织或团体的协调能力、变通与配合能力，以及对事件进程的把握与控制能力。

三、商务谈判原则

商务谈判是由谈判主体的利益需求驱动的，谈判各方是既合作又竞争的关系。

一方面，只有满足了对方的需求，才能满足己方的需求，因此需要合作；另一方面，需要在谈判过程中为己方获取尽可能多的利益，因此存在竞争。在商务谈判中，需要遵循以下原则。

1. 互利合作

商务谈判互利合作的基础在于，无论何种类型的谈判，人们都是为了改变现状而协商，双方为合作者而非敌对者。

在商务谈判中，若没有双方的合作与配合，就无法达成新的意向。因此在谈判中，双方应当以客观、冷静的态度，寻找合作的共同途径，消除达成协议的各种障碍。双方应基于互利原则，在谈判中寻求公平的交换条件，以满足各自的利益需求。

2. 利益磋商

利益磋商的核心是：轻立场，重利益。利益磋商原则是与立场原则相对的，只有不可调和的立场，没有不可调和的利益。在立场原则下谈判无法达成一个有效而又友好的协议，不利于创造性方案的寻找，造成谈判效率低。所以，在谈判中应着眼于利益磋商原则，在灵活变通中寻找维护共同利益与协调利益冲突的解决办法。

3. 对事不对人

对事不对人即区分人与事。在谈判中，应将对谈判对手的态度和对所讨论的问题的态度区分开来。谈判是由人来进行的，必然受到谈判者个人感情、价值观、性格等方面的影响。有些谈判者将人与事相混淆，将对对方要求的不满，变成对对方代表个人的指责与抱怨，导致关系恶化，影响谈判的顺利进行。对事不对人的核心在于，谈判者应充分认识到，理解对方并不等于同意对方的观点和看法，应当尽量多阐述客观情况，避免责备对方，伤害对方的感情，以达成谈判目的。

4. 坚定性与灵活性相结合

坚定性是指坚持己方的谈判目标，并坚持客观标准。所谓客观标准是指独立于双方意志的合乎情理并切实可用的准则，可能是一些惯例、通则，也可能是职业标准、科学鉴定结果等。

灵活性是指充分考虑谈判的各种可能性，准备多种选择方案，在充分讨论沟通的基础上提出互利型的选择方案。商务谈判的灵活性还包括，在谈判中做出必要的调整和妥协，在谈判出现僵持局面时采取多种方式来避免谈判破裂，以达成最优解决方案。

5. 寻求多种方案

寻求多种方案就是努力寻找皆大欢喜的解决之道。谈判各方的利益都具有多重性，各方的需求各有差异，因此大可不必在一个方案上僵持不下。谈判者应当理解，固守一种对方不能接受的方案最终会使谈判破裂，相反，若能充分利用创造力，在谈判中想出一种使各方受益的解决方案，则会将谈判推向成功。

6. 真诚与公正

真诚与公正原则的要求是，双方均应着眼于全局，以真实、诚信的态度进行谈判。双方应提供真实、准确的信息，并遵守达成的协议；双方应遵守相关法律法规和国际贸易规则，确保谈判的公正性和合法性。

成功和有效谈判的真正宗旨在于追求“双赢”或“各方皆赢”的谈判结局。从这个意义上讲，谈判就是合作的开始，谈判没有胜负，只是趋向共同目标的特定沟通协调过程。

【阅读资料】

理解谈判的本质才能做好谈判

说起谈判，总让人感到一股双方对决的“杀戮”之气，令人不寒而栗。其实谈判的本质是一种解决问题的模式。谈判是说服，也是协调冲突。

基本的谈判方法包括以下几种。

1. 利益交集法

这一方法的精髓在于“不谈立场，只谈利益”。这是什么意思呢？就是说，谈判时，不坚持彼此表面要求的做法，而要找出彼此真正的需求。

2. 集体挂钩法

假设谈判的内容有ABCDE五项，与其一项一项地谈，不妨试着把A、D和E放在一起谈，如此一来，谈判的力量就大为增加。例如，在合约谈判时，可以把交货期、价钱、售后服务一起谈（“如果您如此付款，那我们就会提供……”）。集体挂钩法可以扩大资源，增加弹性，谈成的概率自然大增。

3. 议题切割法

把一个大议题切割成几个小议题来谈，就拉大了双方利益交换的空间，有利于进一步达成共识。例如，主管突然要下属加入另一个工作小组，这个“去不去”的大议题，可以被切割成“什么时候去”“用什么角色去”“去多久”，以及“如何安排善后”等小议题来商量。同样，想跟老板要求5%的加薪，也可以切割成“什么时候加”“分几次加”“在什么前提下开始加”等议题来讨论。谈判专家建议，当发现桌上只有一个议题，而又非谈不可时，可以试着切割议题。

4. 平行交换法

如果需要谈好几个议题，而其中双方都有一些最在乎的事项，那就可以用平行交换法进行协商。例如，如果老板在加班费计算方式上让步，那员工也就会在休假天数上妥协。这种“你给我我要的，我给你你要的”平行交换方式，一开始就让双方各有所获，会为谈判营造良好的互动氛围，有助于整个谈判的成功。

因此，谈判的本质是一种思维方式与解决问题的办法，是趋向共同目标的特定沟通过程。

任务二 商务谈判流程

商务谈判具有基本的流程和步骤，了解流程对于做好谈判非常重要。首先，了解流程可以提高对谈判的准备能力，事先考虑和规划每个步骤的内容和策略，预测对方可能的反应和行动，使己方在谈判中更加自信和有条理；其次，了解流程有助于更好地设定谈判目标，并根据每个步骤的目标来确定自己的优先事项；最后，了解流程有助于自己全面考虑问题，在每个步骤中思考和探讨各种可能性和风险，从而增加成功概率。商务谈判流程一般分为计划准备、开局摸底、实质磋商、成交后续四个阶段。

一、计划准备阶段

商务谈判的计划准备阶段是第一个阶段，也是最重要的一个阶段，直接影响到谈判的成功与否。谈判前的计划准备包括以下工作。

（一）全面了解情况

在这一阶段，谈判主体应全面了解所要面对的谈判情况，包括谈判时间、地点、形式、程序，以及己方要通过谈判达到的目的、对方的需求、谈判助手的配备等。此外，还要对自己谈判时所用的书面材料做充分准备。

（二）确定目标和利益

在谈判之前，谈判主体需要明确自己的目标和利益。通过认真分析和研究，谈判主体应确定己方的底线和最优解，以便在谈判中有针对性地追求己方利益最大化。在谈判前，需要整理出 5 个要点。

（1）自己的真正利益。

（2）谈判对手的真正利益。

（3）自己不妥协时会发生的情况。

（4）谈判对手不妥协时会发生的情况。

（5）谈判的关键要素（以（3）与（4）为前提，找出（1）与（2）的交点）。

（三）分析谈判对手

在计划准备阶段，谈判主体需要分析谈判的对手，收集关于对手的全部信息，包括其需求、利益、底线等。这些信息有助于更好地了解对方的立场和动机，从而更加精确地制定己方的谈判策略。在获得信息的基础上，要分析对方的背景、谈判风格等，通过了解与分析，己方可以更好地预测对手可能的行为和反应，从而做出相应的应对。

在分析谈判对手时，还需要注意，谈判对手所代表的利益与需求应当是两方面的，一方面代表其组织，另一方面代表个人。

在谈判前，针对谈判对手的集体需求，可以考虑这样一些问题：无法达成协议时对方会有什么损失？对方希望从己方获得什么？对方是否还有其他途径可以获得？达成协议与否从近期与长远看有什么样的影响？谈判是由哪一方提出的，诚意有多少？

针对谈判对手的个人需求，可以从以下几方面考虑：该谈判人员的年龄及其在组织中的地位与发展预测；如圆满达成协议，是否会为其带来如奖金、提升等实在的利益；对手的声誉是否会受到本次谈判结果的影响；对手的性格、工作作风与特点等。

（四）制定谈判策略

前述工作中了解情况、确定目标和利益、分析谈判对手的目的都是为制定谈判策略做准备，计划准备阶段的重要工作就是谈判策略的制定。谈判主体需要考虑如何呈现自己的立场、如何应对对方的要求、如何处理谈判中的难题等，制定一个全面而具体的谈判策略可以为谈判提供指导和支持。

谈判主体可以准备多个谈判方案与应变策略。准备多个谈判方案的好处在于：万一初次商谈失败，可以提出不同的选择给对方思考；在准备多个方案可供选择时，有利于对变化的因素进行灵活应对；在谈判前还应当设想不同的情况，分析对方的心理，在对方有诚意时可适当让步，没有诚意时不随便降低自己的条件，确实没有达成协议的希望时则及早另谋出路。组织的领导者需要注意的是，灵活的应对策略需要赋予谈判者一定的变通权力。

（五）布置谈判环境

如果是主场谈判，准备工作还包括谈判环境的布置。从礼仪角度讲，当己方为谈判布置环境时，应考虑以下因素：一是光线，可利用自然光源也可用人造光源，应避免强光刺目，使光线尽量柔和；二是声响，室内应保持安静，使谈判能顺利进行，谈判场所不应临街，不在施工场所附近，门窗能隔音，没有电话声、脚步声等干扰；三是温度与湿度，室内最好保持温度在 20 摄氏度左右，相对湿度在 40%~60% 最适宜，保证空气清新与流通；四是空间与装饰，室内家具、门窗、墙壁色彩要力求和谐一致，陈设应实用美观，留有较大空间，以利于人的活动，谈判场所的装饰应洁净、庄重、大方，包括宽大整洁的桌子、简单舒适的座椅或沙发等，装饰品不宜过多过杂，力求简洁实用。

（六）培训谈判人员

在商务谈判中，谈判人员的素养是谈判能否顺利进行的关键。谈判能力与其他工作能力一样，是可以通过学习与实践提升的。

1. 形成良好的谈判素养

良好的谈判素养是谈判能够顺利进行的前提与有力保证，良好的谈判素养包括以下几个方面。

（1）有能力与组织成员进行良好沟通，取得组织成员的信任，能听取各方意见。

（2）能积极制订计划，善于思考与利用资源，具备一定的洞察力。

（3）有丰富学识，善于自我克制，不轻易放弃，心胸开阔，有耐心。

（4）有良好的判断力，能迅速找到问题症结所在。

（5）有说服能力与应变能力，措辞得体，关注对方的意见与要求，能考虑到对方立场。

（6）熟悉谈判规则，遵守谈判礼仪。

2. 培训商务谈判技巧

商务谈判技巧培训是一项集理论和实践于一体的工作，其培训内容主要包括如下几方面。

（1）产品知识培训。产品知识培训是商务谈判培训的基础，许多企业在对商务谈判人员进行培训的时候，第一项就是进行产品知识的培训。商务谈判人员对产品知识了解越多，在与对方进行谈判的时候就越能展示己方的优势，扬长避短。

（2）市场竞争状况分析培训。竞争状况主要包括竞争态势与竞争优势。企业在培训商务谈判人员时，都会绘制市场竞争方格图，把竞争对手和己方的主要竞争要素（如成本、产品功能、交货期、价格、用户等）进行评估，目的是找出己方的优势和不足。商务谈判人员可以针对竞争方格图进行讨论，交换各自所掌握的有关竞争优势方面的信息，实现信息共享。

（3）谈判技巧培训。谈判技巧培训是商务谈判培训过程中的重点内容。商务谈判计划准备阶段的技巧，包括心理准备、信息收集与分析、谈判目标确认、谈判策略制定等；商务谈判实质磋商阶段的技巧，主要包括报价、查询、解决矛盾、冷场处理、商务谈判策略执行等。

（4）心理素质培训。每一个谈判高手首先是一个谈判心理专家，所以商务谈判技巧培训中要加强谈判心理素质的培训力度。商务谈判成功的基础是信心、诚心、耐心，信心是谈判成功的首要心理素质，诚心应当贯穿于谈判的全过程中，耐心是一种从心理上战胜谈判对手的战术与策略。

（5）谈判礼仪培训。礼仪培训也是谈判技巧培训不可缺少的一部分。在谈判开局阶段，懂得谈判礼仪有助于谈判主体打造良好的职业形象，给对方良好的第一印象，有利于谈判的顺利开展；在谈判过程中，谈判礼仪会强化职业素养，增强谈判说服力。谈判礼仪培训会从仪表、仪态、人际交往、语言等方面开展。

3. 商务谈判技巧培训方法

（1）讲授法。讲授法是最基本的方法，也是培训中必不可少的方法。讲授法是由专业培训人员、谈判专家等作为培训师，通过直接讲授，配合其他展示的方式，系统地向受训者讲授理论知识、产品知识、实战技巧等。

（2）案例分析法。案例分析法是商务谈判技巧培训中使用最多的一种方法，它将传授知识和提高实战能力很好地融合在一起，是一种实用的培训方法，也是谈判者自学时使用的主要方法。培训讲师在使用案例分析法时，会搜集案例，有经验的培训师也会使用个人参与的真实案例，包括从案例背景至谈判结果的全过程内容，将案例分发给所有受训者，先让大家进行小组讨论，培训师再进行分析。

（3）情景模拟法。情景模拟法是指模仿商务谈判中的真实场景。所有受训者置身于模拟场景下进行角色扮演，发挥自己的能力，尽力扮演好自己的角色。这种培训方法对在校学生而言，在一定程度上类似于一种游戏，每一个受训者可以在玩中学，学中玩；对职场人来说，情景模拟法则类似于将自己所掌握的信息资源、理论知识和技能技巧进行预演。

二、开局摸底阶段

商务谈判的开局摸底阶段是从双方开始接触到一方正式报价前的阶段。这一阶段的工作旨在建立双方的互信，明确双方的需求和利益，并为进一步谈判奠定基础。这个阶段对后续谈判的顺利进行至关重要。

（一）相互介绍与确定议程

在这个阶段，双方先进行自我介绍，包括公司背景、产品或服务，以及在行业中的地位。这有助于双方对对方有一个初步的了解，建立双方的信任。同时，双方需要商定谈判议程，确定谈判重点议题，确保双方都有足够的时间来讨论重要议题，避免浪费时间在次要问题上，确保高效讨论和决策。

（二）确定共同目标

在开局摸底阶段，双方应讨论并确定可能的共同目标。确定共同目标有助于营造一种合作的氛围，找到共同的利益点，为最后寻求双赢的解决方案奠定基础。交流中要尊重对方，采取合适的语言和态度，建立互相尊重和信任的基础，促进谈判双方之间的理解和合作。

（三）相互了解需求和利益点

相互了解，既需要了解对方的需求和利益点，也要提出自己的需求和利益点。首先，通过提问和倾听，了解对方的需求、关注点和利益点，深入了解对方的立场和动机，从而为制定有效的谈判策略提供基础。然后，在了解对方的同时，也要清楚地表达自己的需求和利益点，以便在谈判中最大限度地追求自己的利益。谈判双方通过这一过程可以了解并确定各自的底线和最优解，并且有意识地避免触及对方的底线。

（四）确定下一步行动

开局摸底阶段还要确定谈判的规则和程序，明确下一步行动方案。首先，双方要商定谈判的规则和程序，如决策方式、信息共享要求、保密要求等，确保谈判过程公正和透明，建立良好的沟通和合作关系。然后，共同商定下一步的行动计划和时间表，确定讨论和决策事项，确保谈判的顺利进行。

三、实质磋商阶段

商务谈判的实质磋商阶段是指从一方报价以后至成交之前的阶段，是整个谈判的核心阶段，也是谈判中最复杂、直接决定谈判结果的阶段。这一阶段包括价格讨论、异议处理、僵局处理、妥协让步等诸多活动，是谈判策略与技巧集中运用的阶段。在实质磋商阶段，如果双方在价格问题上暂时无法达成一致，则又会回到其他问题上进行摸底，继续洽谈，再次摸底，直至最后攻克价格堡垒。可见，在商务谈判的实质磋商阶段，价格是至关重要的谈判内容，谈判技巧也大多围绕价格主题展开。

（一）实质磋商阶段的工作程序

商务谈判实质磋商阶段涵盖的内容会因不同的行业和项目而有所差异，一般性商务谈判在实质磋商阶段主要包括以下工作程序。

（1）提交谈判文件：双方交换相关文件，包括商务计划、合作协议草案、商务报价等，以便双方进行详细的讨论和分析。

（2）讨论和分析：双方就各自的要求、利益和关切进行详细讨论和分析，包括商务合作的细节、合作模式、合作期限等。

（3）提出修改建议：双方根据磋商过程中的讨论和分析，提出修改建议，包括修改合作协议的具体条款、调整商务合作方式等。

（4）确定协议条款：双方逐步确定合作协议的具体条款，包括合作内容、责任分担、利益分配、时间表等。

（二）实质磋商讨论的主要问题

一般商务谈判的实质磋商阶段主要集中讨论以下问题。

（1）合作目标和范围：双方明确商务合作目标，确定合作范围，包括合作领域、产品或服务的范围等。

（2）条款和条件：双方会就商务合作协议的具体条款进行讨论和磋商，包括合作期限、责任分担、权益保护、合作方式和方法等。

（3）价格和费用：双方会就产品或服务的定价、付款条件、费用分担等进行磋商，价格往往构成磋商的核心问题。

（4）合作方式和模式：双方会根据实际情况探讨合作的具体方式，如合资、合作、代理等。

根据不同行业和项目，以及不同的具体情况，可能还涉及对以下问题的磋商。

（1）知识产权保护：双方会讨论和磋商知识产权的保护措施，确保合作过程中的知识产权不受侵犯。

（2）风险管理和合规性：双方会就合作中的风险和合规要求进行讨论和磋商，以确保合作的合法性和可持续性。

（3）争议解决机制：双方会就合作中可能出现的争议及其解决方式达成共识，

如调解、仲裁或诉讼等。

四、成交后续阶段

商务谈判的成交后续阶段实际是成交与后续两个阶段，成交阶段是指双方在主要交易条件达成一致后，到协议正式签订完毕的阶段。但成交并不意味着谈判活动的完结，谈判真正的目的不是签订协议，而是履行协议，因此，协议签订后的阶段也是谈判的重要组成部分。

（一）达成协议

1. 确认最终协议

成交阶段的开始并不代表谈判双方的所有问题都已解决。实际上，这个阶段双方往往需要对价格和其他主要交易条件进行最后的谈判和确认，但此时双方的利益分歧已经不大，双方需要确认最终的商务合作协议，确保协议内容的准确性和完整性。双方需要就产品或服务的交付方式、时间和地点进行协商，并确定付款方式和时间，确保交易的顺利进行。成交阶段的主要任务是对前期谈判进行总结回顾，进行最后的报价和让步，并对协议进行审核。

2. 协议的合法性审核

商务合作需要符合相关法律法规要求。在达成协议后，双方可以请律师对协议内容进行合法性审核，解决可能存在的合法性问题，确保协议合法有效。在审核中，要关注的问题包括：双方需要确保协议条款的明确性，避免后续产生争议；双方需要在商务合作协议中明确风险管理措施，确保双方的权益得到保护；如果商务合作涉及敏感信息或商业机密，双方需要签署保密协议，确保信息安全；商务合作协议中可以约定履约保证措施，以确保双方履行协议义务，如履约保证金或履约保险等；协议中可以约定终止协议的条件和程序，以应对可能出现的协议终止情况。

3. 签署协议或合同

双方签署正式的商务合作协议或合同，确保协议或合同的法律效力。

（二）履行协议与合同

协议或合同的签订代表谈判告一段落，在签署协议后，双方应按照约定履行各自的责任，同时进行协议的监督和评估，确保协议有效执行和商务合作顺利进行。后续阶段的主要任务是对谈判进行总结和资料管理，确保协议的履行与维护双方的关系。

正式签署的合作协议与合同可能存在一些区别。需要注意的是，具体区别可能因国家和地区法律制度的不同而有所差异，因此在签署合作协议和合同之前，建议咨询专业律师以了解当地法律规定。本书将二者统称协议。

（三）合作评估与争议解决

在商务谈判的成交后续阶段，双方需要建立监督和评估机制，对商务合作的进展和效果进行评估，确保合作目标的实现。如果在商务合作过程中出现争议，双方需要根据协议约定的争议解决机制，进行协商、调解、仲裁或诉讼等，以解决纠纷。

【阅读资料】

我的一次谈判过程

20×× 年 4 月 30 日，樊总把最后的货款一分不剩地汇到公司账户上，至此为整个合作画上了圆满的句号。任何一次业务成功的背后都有一段经历，我想把它记录下来，以供各位同仁批评指正。

一、二次送样

4 月初，我在公司接待了某公司樊总，给他介绍产品、看资料。此次接待非常愉快，樊总对公司的实力、产品的性能和质量都表示满意，特意邀请我到他的公司去见他，这为此次合作埋下了伏笔。

4 月 19 日，我拜访了樊总，樊总表示最近有一个大的礼品采购项目。我一阵欣喜，如果能够做成，这将是公司在该地市场的突破——要知道樊总的公司可是当地的大户。虽然我知道可能耗费精力却毫无结果，但是我更相信事在人为。

按樊总要求，公司很快出了样品，樊总认真看了样品，但是对样品的效果和颜色不满意。我解释时间太紧，请樊总再给一次机会，樊总认真听取解释后表示接受。

我们马不停蹄地重新打样，并精心做了三个样品，把样品用报纸里三层、外三层包好，送到了樊总的办公室。樊总拿着三个样品，与其他样品进行对比，我赶紧仔细观察：一共有五家竞争者，都是不可小觑的竞争对手。这出乎我的意料。幸好我们的样品在质感和光泽方面稍胜一筹，于是我对樊总加以引导，大讲优势，樊总对于我们如此用心的态度和样品的效果赞赏有加，相当满意。我稍稍松口气，虽然辛劳，心中却充满喜悦。

二、三天谈判

接下来我们就货款的付款方式、价格、合作方式等问题进行了三天紧张的谈判。

4 月 23 日，我准时来到樊总的办公室。樊总首先很随意地说到他付款的惯例，接着很慎重地说，对我们的服务和样品效果比较满意，出于这点考虑，65% 首付，30% 在货品交付后结清，5% 的货款为质量保证金。我知道他这是以退为进，表面上比惯例提高了付款比例，实则拖延付款时间。

“樊总，您公司在本地是排名前五位的，应该不会为这点钱为难我们，是吧？”我严肃地讲完要求后，微笑着恭维。樊总的副手、负责采购的李经理一直不表态，这时带点威胁和强压的姿态，说：“我真不知道为什么樊总会选你们公司，不知道有多少家礼品公司想和我们合作，人家开的条件全部是前期无须付款，货到后再付款。”

我不依，说道：“他们有我们专业吗？一旦搞砸了，后悔就来不及了。要知道，这次采购可关乎公司形象品位的呀。”

不知不觉，已经到了午饭时间，樊总一挥手：“走，不谈了，先吃饭，我请客。我们都好好考虑一下吧，明天再谈。”

4 月 24 日，樊总没有提付款比例问题，而是对我们公司的报价提出异议，要求降价 10%。

“樊总，您应该已经进行过价格对比，我们的价格您不是不知道，公司此次和您合作，其实利润非常低，目的是打开市场，下次能和您继续合作。您提出来的降价我们理解，但也希望您能理解我们的诚意。”

“也不能这样讲，还有几家公司都是和我们长期合作的，价格也比较理想。”

“他们对您这个订单有多关注我并不知道，但我们公司非常重视，反应速度比他们快，而我们的质量一点也不比他们的逊色。我想这才是您想要的。”我扬长避短。

然后我一天都没有和该公司联系，表明这是公司的价格底线。

三、交锋

4 月 26 日，该公司李经理打电话给我，要求继续就其他问题进行谈判。

我在 25 号的时候并没有闲着，我仔细想了想，现在是 4 月底，如果没有达成供货协议的话，那么“五一”假期一过，完成时间就相当紧张，对于他们公司来说时间也不多了。我估计，樊总和其他竞争对手谈过。

机会来了，如果樊总和其他公司已经确定下来的话，就不会主动打电话给我要求继续谈判了。我相信，胜算在增大。商业谈判没有真正的赢家与输家，双赢才是最终目的。既然对方在选择供应商方面到了最后关键时刻，我想我应该有条件地让步，该出手时就出手。

“樊总，昨天我在公司领导面前努力争取与您合作的最好条件，现在向您提供一个解决方案：就是您答应公司的付款方式，公司在价格上退一步，在现在报价基础上下降 5%，您看如何？”我抛出合作建议方案。

“这样吧，能不能合作，我明天给你答复。”樊总似乎不急，这出乎我的意料。

四、柳暗花明

4 月 27 日上午，我犯了一个商家大忌。在等到 11 时 30 分的时候，我还没有接到电话，就主动打电话给樊总，询问他决定下来没有。樊总一句话让我跌入冰窟：可能合作机会很小。我一下就蒙了，我以为到手的合作竟然没戏。想到自己为之付出的时间和精力，想到公司领导对此事的关心与支持，想到同事协同作战的努力，难过涌上心头，欲哭无泪。

下午 3 点左右，我准备给樊总再去一个电话，做最后努力和表明自己的立场，一则了解自己失败的原因，二则向其表达“生意不成情谊在”，不能太小气。这时我的手机响了起来，李经理打过来了，他约我去他们公司谈。我急忙赶到该公司，还没有坐稳，樊总就微笑着拿出一张打印纸，我一看，原来是一个折中的解决方案：首付比例定到65%，其余的35%在货到后全部付给，不留质量保证金；价格下降7%。基本接近公司预期目标，我心中暗喜，却装作很为难的样子答应下来。接下来，双方就其他条款，如发货时间、首次发货量、保证年限等，进行了磋商，并最终签订了供货协议，我终于松了口气。

任务三　商务谈判沟通策略

商务谈判的结果受目标和利益、谈判策略和技巧、信息和资源，以及外部环境等因素的综合影响。其中，合理的谈判策略和灵活运用的谈判技巧是十分重要的。谈判策略包括设定目标、确定谈判方案等，谈判技巧包括倾听、提问、说服等沟通技巧，谈判策略和技巧可以影响互信程度与合作关系。

一、议价策略

如前所述，在商务谈判的实质磋商阶段，价格是至关重要的谈判点，谈判策略与技巧也大多围绕价格主题展开。因此，谈判中的议价策略是谈判策略中首先需要了解的。

【阅读资料】

加薪谈判

一位造酒厂的工会代表为工人要求增加工资一事向厂方提出了书面报告。一周后，厂方约他就新的劳动合同进行谈判。使他感到吃惊的是，谈判一开始厂方就向他详细介绍销售和成本情况，经理还花了很长时间谈下一年度的财务前景。为了争取时间考虑对策，他便拿起桌子上摆着的会议材料看了起来，最上面的一份就是他的书面报告。一看他才恍然大悟，原来是他在打字时出了差错：把要求增加工资12%打成了21%（而他本来打算以增加7%的工资来结束谈判），难怪厂方有如此之举了。他心里有了底，果不其然，厂方建议将工资增加12%。最后谈判下来，以增加工资15%达成协议，比他原来期望的多了8个百分点。看来，他原来的要求太低了。

从以上资料中我们可以看出，从谈判的角度讲，较大的价格差异也不一定是谈判的障碍。因此，在谈判中怎样恰如其分地使用价格因素，是谈判者需要着重注意的问题。

1. 报价策略

报价的基础是产品成本与市场行情，而检验成本的高低和对企业的发展是否有利，也要以市场行情为标准，所以，谈判者报价的根本基础是市场行情。在实际谈判过程中，谈判者应当依据以下原则来处理价格问题。

（1）通过反复比较，找出自己所得利益与对方接受的报价之间的最佳结合点。

（2）激发对方的需求，使对方的注意力集中在商品的价值上。

（3）一般在对方问及时才提出价格，但无论是什么时间或由哪一方先提出价格，谈判者都应阐明价值，这是价格洽谈原则的中心思想。

（4）报价时态度坚定，不主动进行解释或评价。

2. 还价策略

一方报价后，另一方就要对报价做出适当的反应，这就是还价。在还价过程中，为了使价格向有利于自己的一方发展，需要对双方的需求重点进行全面分析，可采用如下方法。

（1）询问对方报价依据及通融余地，注意倾听，不加以评论，找出对方让步点。

（2）要求对方开出上限和下限价格。

（3）运用各种方法或技巧探测对方的临界价格，如用“假如”提问。

3. 让步策略

在讨价还价的过程中，需要双方适时做出让步，以保证谈判得以进行下去，有以下让步策略可供参考。

（1）不做无谓的让步，每次让步都是为了换取对方在其他方面的让步或优惠，以让步换让步，哪怕是一句承诺。

（2）在次要问题上可以先行让步，以诱使对方在主要问题上的让步。

（3）把握让步的“度”，力争以小的让步换取对方的满意，不承诺同等幅度的让步。

（4）让步可以撤回，如果觉得自己的让步考虑不周，想收回，就要当机立断，以免错过时机，耽搁谈判进程。

（5）一次让步的幅度不宜过大，让步节奏也不能太快，让对方感觉每一次让步都来之不易。

（6）倾听也是一种让步，倾听可以获取信任、树立良好谈判形象并发现对方真实需求，而且对己方来说没有任何损失。

【阅读资料】

询价、议价技巧

在商务谈判中，谁掌握了对方的底价、时限、权限及最基本的交易条件等内容，谁就会赢得谈判的主动权。因此，在谈判初期，双方都会围绕这些内容施展各自的探测技巧。

1. 火力侦察法

先主动抛出一些带有挑衅性的话题，刺激对方表态，然后根据对方的反应判断其虚实。比如，甲买乙卖，甲向乙提出想购买几个不同的交易品种，并询问这些品种各自的价格。乙一时不清楚对方的真实意图，甲这样问，既像是打听行情，又像是在谈交易条件；既像是个大买主，又不敢肯定。乙心里很矛盾，如果据实回答，万一对方果真是来摸自己底的，那自己岂不被动？但是如果敷衍应付，有可能会错过一笔好的买卖，说不定对方还可能是位可以长期合作的伙伴。在情急之中，乙想：我何不探探对方的虚实呢？于是，他急中生智地说："我是货真价实，就怕你一味贪图便宜。"我们知道，商界中奉行这样的准则：一分钱一分货、便宜无好货。乙的回答暗含着对甲的挑衅意味。此外，这个回答的妙处还在于，只要甲接话，乙就能把握甲的实力情况，如果甲在乎货品质量，就不怕出高价；如果甲在乎货源的紧俏，就急于成交，语气也就显得较为迫切。在此基础上，乙就能确定自己的方案和策略了。

2. 迂回询问法

迂回询问能使对方松懈，然后乘其不备，巧妙探得对方的底牌。在主客场谈判中，东道主往往利用自己的主场优势实施这种技巧。东道主为了探得对方的时限，就极力表现出自己的热情好客，除了将对方的生活做周到安排外，还盛情邀请客人游览本地景点，领略风土人情，往往会在客人感到十分惬意之时，提出帮客人订购返程机票或车船票。这时客人往往会随口就将自己的返程日期告诉对方。这时，东道主便探知了对方的时限。

3. 聚焦深入法

该方法指先就某方面问题做扫描式提问，在探知对方隐情之后，再进行深入了解，从而找到问题的症结所在。例如，一笔交易（甲卖乙买）双方谈得都比较满意，但乙还是迟迟不肯签约，甲感到不解，于是甲就采用了这种方法。首先，甲证实了乙的购买意图。然后在此基础上，甲分别就对方对自己的信誉、产品质量、包装、交货期、适销期等逐项进行探问，乙的回答表明，上述方面都不存在问题。最后，甲又问到货款的支付问题，乙表示目前的贷款利率较高。甲得知这一点之后，随即又进行深入了解，并针对乙的隐忧，从风险等方面进行分析，最终消除了乙的疑虑，促成了签约。

4. 示错印证法

该方法指探测方先有意犯一些错误，比如把价格报错等，诱导对方表态，然后借题发挥，最后达到目的。例如，在某时装区，当某一位顾客在摊前驻足时，摊主就会前来搭话，说："看得出你是诚心来买的，这件衣服很合你的意，是不是？"察觉到顾客无任何反对意见时，他又继续说："这衣服标价 150 元，对你优惠，120 元，要不要？"如果对方没有表态，他可能又说："我今天还没开张，也想开个张，亏本卖给你，100 元，怎么样？"顾客此时会有些犹豫，摊主又会接着说："好啦，你不要对别人说，我就以 120 元卖给你。"早已留心的顾客往往会迫不及待地问："你刚才不是说100元吗？怎么又涨了？”此时，摊主通常会煞有介事地说：“是吗？我刚才说了这个价吗？啊，这个价可不行。”稍做停顿，又说，“好吧，就算是我说错了，那我也讲信用，除了你以外，不会再有这个价了，你也不要告诉别人，100元，你拿去好了！”话已至此，大多数顾客都会同意成交。这里，摊主假装口误将价格涨了上去，诱使顾客做出反应，巧妙地探测并验证了顾客的购买需求。在此之后，摊主再将涨上来的价让出去，就很容易促成交易。

二、打破僵局的策略

商务谈判中可能因为一些问题出现僵局。例如，双方对利益分配存在较大分歧，导致无法达成一致意见；双方信息不对称，一方可能掌握了对自己有利的信息而不愿意透露，导致谈判陷入僵局；双方之间缺乏信任，对对方的承诺和行为持怀疑态度，使得谈判无法继续进行；外部因素如政策法规变化、市场环境变化等对谈判产生影响；等等。这时，谈判双方需要共同努力，探索共同利益，打破谈判僵局。

1. 时机性策略

时机性策略是讲究恰到好处的时机感，在谈判出现僵局时适时引入新的因素，抓住重点，变被动为主动，从而打破僵局。具体形式有：

（1）出其不意：利用突然改变手段、方法和观点的方法使对方猝不及防，使谈判出现戏剧性结果。使用这一策略需要事先要想好改变的内容，而且要避免操之过急，应等待时机，经过细致观察，以寻找对己方有利的信息。

（2）主动退却：不动声色地主动退却，保护自己的核心目标，需要给对方以真诚和无奈的感觉。例如，一家连锁酒店集团正在与某市一家开发商进行谈判，希望在该市建设一家酒店。当地开发商提出了一些不利于酒店集团的条件，包括高额土地租金和不合理的建设要求。酒店集团认识到，这些条件将对酒店的经营和利润产生负面影响，为保护己方核心利益，酒店集团决定主动退却，暂时放弃与该开发商的谈判。酒店集团并不是完全退出市场，而是转而寻找其他合作伙伴进行谈判，以获得更有利的条件。当酒店集团找到新开发商时，原开发商主动重启谈判，酒店集团从而掌握了谈判主动权。当然，主动退却有时是欲擒故纵，引导对方跟随己方的节奏，有时是虚假撤退，运用耐心迷惑对方，蓄势待发寻找破局时机。

（3）设立限制：在谈判出现僵局时主动亮出底线，引入新的因素，在时空上用明确的限制来约束对方，实际上缩小对方的选择余地。这种方法要求先进行详细调查分析，以确保底线的合理性。例如，两家公司A和B正在谈一项合作协议，公司A希望以更低的价格购买公司B的产品，而公司B则希望获得更高的利润，谈判陷入僵局。在这种情况下，公司A可以设立限制并亮出底线，提出他们愿意支付的最高价格，超过这个底线他们将不会继续谈判，公司B不得不重新思考。这有可能打破僵局，达成一个双方都能接受的协议。

2. 方位性策略

方位性策略是指在商务谈判过程中，将先要实现的目标作为谈判定位，运用多种方法接近己方预设目标。

方位性策略打破僵局的核心在于，如果僵局出现在某个具体议题上，双方可以拓宽谈判议题范围，把多种因素都拉到所谈的问题中来，寻找其他可讨论的议题，为谈判提供新的突破口，用小问题的让步换取大目标的实现。此时，双方应增强信息共享程度，尽量减少信息不对称，以加强联系，推动合作，增加双方的理解和信任。如果双方无法破除僵局，还可以寻求第三方（如双方都信任的第三方公司、行业权威、中立调解人或仲裁机构）协助，双方可以考虑通过妥协和让步以解决分歧，或寻找双方都可以接受的折中方案，以促进谈判的顺利进行。

【阅读资料】

时机性策略破僵局

一家建筑公司与合作方进行了长达几个月的艰难谈判，好不容易在主要问题上基本达成了一致。就在合同签订之前，合作方突然提出要在合同中加条款。他们要求，如果工程完工时间比预定时间晚一个月以上，这家建筑公司就要支付一笔赔偿金。

一般来讲，面对这种情况，这家建筑公司可以有三个选择。一是让步，接受要求并签订合约，但是这就相当于给自己多套上了一层枷锁。二是拒绝，这样一来，好不容易达成的谈判成果，可能会彻底泡汤。三是妥协，尝试协商减少赔偿金额，这样虽然可以减少风险，但风险依然存在。

这家建筑公司实际上是怎么做的呢？他们并没有从通常的三种做法里进行选择，而是抓住时机，找到对己方也有利的信息，反过来向合作方也提出了一条新的要求：如果工程提前完工，合作方必须向建筑公司支付一笔奖金。

这个要求不卑不亢，既接受了对方的要求，也提出了对等条件；既抵消了合作方新要求带来的风险，又为自己增加了获得好处的可能。谈判的结果自然是协议达成，双方都很满意。

这家建筑公司的聪明之处就在于“以攻为守”。面对僵局，不是只采取消极防御的姿态，盯着自己所处的困境一筹莫展，而是把精力聚焦在对方的核心需求上，创造性地把谈判推向了成功。

谈判的本质其实就是一场基于利益交换的心理博弈，谈判越进展到后期，越不要害怕冲突，不要为了急于达成“双赢”协议而丢掉谈判底线，功亏一篑。谈判高手往往善于利用正确的策略与方法，抓住时机，化冲突为机遇，打破谈判僵局，创造新的“可协商空间”。

三、巧妙拒绝的技巧

在商务谈判中，巧妙拒绝对于自身利益维护和关系建设非常重要。巧妙拒绝可以保护己方利益，确保不会被不利的条件或合作提议所损害；同时，拒绝不一定意味着完全对立，通过巧妙拒绝，我们可以展示自己的专业素养，从而与对方建立长久的合作关系。巧妙拒绝有一些基本的方法和技巧。

1. 幽默拒绝

在商务谈判中，如果无法满足对方提出的要求，在拒绝对方时，选择适当的语言和态度非常重要，要尽量避免措辞过于直接或冷漠，以免伤害对方的感情或破坏合作关系。这时，可以采用幽默拒绝法，在轻松诙谐的话语中表达否定，或讲一个精彩的小故事让对方听出弦外之音。例如，某公司在同客户谈判时，对方提出了一个不能接受的价格，该公司的谈判代表并没有生气地立即回绝，而是故作轻松地说："如果贵方坚持这个价格，请为我们准备过冬的衣服和食物，你们总不忍心让我们员工饿着肚子、瑟瑟发抖地给你们干活儿吧？"双方一起笑起来，这样的拒绝方式既避免了使对方难堪，又充分表达了自己的立场。

2. 先认同再拒绝

人人都渴望被了解和认同，因此，可以利用这一点，先从对方表述的意见或观点中找出彼此同意的非实质性内容予以肯定，从而产生共鸣，给人以"英雄所见略同"之感，再趁机表达不同的看法。例如，某玩具生产公司经理面对经销商对产品知名度的质疑时，坦然地说："嗯，您说得对，我们的品牌不是很知名，可是，我公司将大部分经费应用在产品研发上，生产出样式新颖、质量上乘的玩具产品。从产品面市以来，一直产销两旺，市场前景很好。"

3. 暗示表拒绝

在商务谈判中，如果无法满足对方的条件，可以用暗示的方式表达自己的立场和拒绝理由。例如，"真的很抱歉，这个价格超出了我们的承受能力，除非我们采用劣质原料，使生产成本降低 50%，否则无法满足你们要求的价位。""如果政策允许的话……"等，这些话可以暗示对方所提的要求是无法达到的，既表达了自己拒绝的理由，又能促使对方重新考虑，做出妥协或让步。

4. 提出替代方案

在商言商，商务谈判中仅靠以理服人、以情动人是不够的，双方最关心的还是切实利益。在拒绝对方的提议时，可以提供替代方案来展示己方的灵活性和合作意愿，从而增加谈判的成功机会。例如，某自动剃须刀生产厂商面对经销商所提出的价格时，说："价格真的不能再降了，这样吧，再给你们配上一对电池，既可以做促销的赠品，也可以零售。"在拒绝对方时，在能力所及范围内给予对方适当的优惠条件或补偿作为替代方案，往往会取得意想不到的效果。

四、谈判中的沟通技巧

商务谈判实质上是一个双向沟通的过程，需要谈判各方遵循基本的沟通原则，本着客观、务实与互利精神，运用良好的沟通技巧，争取达成协议，取得最大的谈判效益与效率。

商务谈判中的沟通技巧包括陈述技巧、提问技巧、答复技巧和说服技巧。相对于商务谈判策略来说，它在更微观的层次上研究在谈判中如何取得成功。

1. 陈述技巧

商务谈判中的陈述，是指谈判者将本次交易的有关情况及己方的立场、看法等介绍给对方的行为和过程。陈述本身不是目的，因此时间不可过长。陈述应避免啰唆、词不达意。陈述时应礼貌得体。

陈述的技巧体现在何时陈述、陈述什么等方面。只有自己感到对方想听或对方明确要求自己陈述时才开口说话，而且应陈述那些对方听后的第一反应好，以及对方的评价对己方有利的内容，回避或淡化那些对方听完可能对己方做出消极评价的内容。

2. 提问技巧

商务谈判中的提问是了解对方立场、观点、态度和心理变化的有效手段，也是引导对方最终与己方达成共识的一种技巧。在具体谈判中，谈判者应该注意何时提问和怎样提问这两个问题。

首先，只有把提问建立在了解的基础上，才会使提问更有意义；其次，如果发现对方游离主题或顾左右而言他时可以提问，这样做的目的是让谈判更有效率，此时的提问等于在驾驭谈判的过程；最后，在自己陈述或答复完毕之后，提出有利于使谈判顺利通向己方目标的合适问题。

提问有很多种方式，可以问开放式问题，如“您如何评价我方的这一改进措施？”；为了引导对方做出有利于己方的回答，也可以问引导式问题，如“我们知道，贵公司对我方所报的优惠价格已经接受，是吗？”；等等。注意，每个问题应有明确的目的，提问本身应言简意赅，问完之后就要耐心等待对方回答，同时，需要把前面的问题弄清楚，再提后面的问题。

3. 答复技巧

商务谈判中的答复对各方都很重要。对回答者来说，答复是一种承诺；对提问者及其他听者来说，答复是做出判断与决策的前提和基础。这里，回答问题的一方会感到压力，因为怕自己说得不好，不利于己方或直接使谈判陷入僵局。

回答对方的提问，涉及何时回答、如何回答和回答什么三个问题。首先，要在听清对方的问题并了解对方的提问目的之后再回答，否则可能会带来麻烦。其次，对对方的问题可以回答全部，也可以回答一部分；可以立即回答，也可以延时回答。最后，回答问题时可以避实就虚，或顾左右而言他。

4. 说服技巧

商务谈判中的说服是谈判一方引导对方为共同解决某个问题而进行的游说，包含着细致准备、合理讨论、事实陈述，也包含着劝说者对情感的恰当运用。说服技巧在商务谈判中十分重要。站在对方立场、抓住关键点等说服技巧在商务谈判过程中同样适用。

【阅读资料】

运用说服技巧处理合同变故

某公司与一个工厂签订了订购合同，定于一个月内交货，可两个星期后，该工厂见物价暴涨，就想撕毁合同，将货物高价转卖。于是，该公司的经销人员马上前往谈判，力争对方履行合同。

工厂早就准备舌战一场，然而，该公司代表的一席话使对方改变了想法。公司代表说："这次和贵厂打交道，我们都感到你们做生意确实非常精明，特别是领导经营有方，更令我们钦佩，值得我们学习。这次我公司向贵厂订购的货物，是同另一家大公司合作经营的，若我们不能按期交货给那家公司，就可能惹出麻烦，也许到时要请贵厂领导出面解释我们的困难，想必你们是可以理解的。另外，我们是老主顾了，此次虽出了些矛盾，但将来还是要打交道的。若贵厂无意间让我们公司蒙受损失，不仅中断了我们的生意交往，也会使想同贵厂做生意的新客户退却。再说，目前贵厂客户众多，业务兴旺，倘若他们知道贵厂单方面撕毁这份合同，会觉得你们不守信用、不可信赖，那样，贵厂就得不偿失了。"

最终，工厂按约定履行了合同。

（资料来源：《与人交流能力训练手册》，人力资源和社会保障部职业技能鉴定中心，人民出版社，2011）

【阅读资料】

商务谈判的科学理念

理念是人脑中的高位意识形态，是指导和影响人们行为的基础观念。理念是由人的知识、经验、思维方式等因素影响和决定的，而理念一旦形成，又对人们的行为产生指导和影响。商务谈判是商业职场人的一种日常工作，也是他们在职业生涯中的一种创造性劳动，自然也受到理念的影响。本文探讨的商务谈判的科学理念问题，并不是要描述商务谈判人员的各种谈判理念，强调的是商务谈判人员应树立正确的、科学的理念。

理念一：商务谈判中合作比竞争更重要

1. 合作是商务谈判中矛盾的主要方面

我们处在一个利益纷争的时代。在每个涉及利益的领域平等谈判、公平博弈，其结果便是各方可以接受和获得最大利益。在诸多领域，没有博弈，就没有程序正义，就没有效率的均衡，就没有利益的增进。从这个角度看，商务谈判中似乎竞争更甚于合作。但竞争只是谈判中矛盾的一个方面，并不是矛盾的主要方面。谈判中矛盾的主要方面应该是合作。

现代博弈论把博弈分为合作博弈与非合作博弈两大类型。如果博弈中的参与者能够联合，达成一个具有约束力的协议，并且这种协议是可以强制执行的，则为合作博弈；如果不存在这样一个协议，博弈中的每个参与者都是独立地从自身出发，选择那些使自身利益最大化的行为或者对策，则为非合作博弈。谈判只有通过合作博弈才能有双赢的结果。有谈判专家认为，谈判是否成功，不是取决于所要解决的问题是对抗性的还是非对抗性的，而是取决于该问题是否可以通过谈判解决，也取决于谈判者是否乐于"争"和"取"，且愿意做出条件的交换和相应的妥协，还取决于谈判者是否能在一定程度上相互信任。这些条件，其实就是谈判中合作博弈的重要特征。

2. 商务谈判是一种合作的利己主义过程

在成功的谈判中，各方都是胜利者。应该把谈判看作一项合作的事业，如果双方能在一个合作的基础上进行谈判，就有可能使他们实现利益均沾，所以商务谈判是一种合作的利己主义过程。参与的每一方都有可能成功地实现合作的目标。

3. 合作无须摒弃竞争

竞争可以协调个人活动，使每个人估量自己同他人抗衡的能力和手段，实际上合作是竞争的成果。竞争使合作者更具积极性与进取心，而谈判最终的利益分配，也受双方谈判中竞争力的强弱影响。

理念二：谈判人格比谈判技巧更重要

有人认为：谈判的胜负主要取决于谈判人员思维是否灵活、应变是否巧妙、技巧是否高明等。这种观念对谈判的理解是很片面的。谈判人员确实需要具备这些素质，但谈判胜负的关键之一是谈判人员是否具有人格魅力。

人格，较通俗的理解就是个人的品质，指一个人比较稳定的对待客观事物的态度和习惯化的行为方式。它是人具有核心意义的个性心理特征。谈判工作对谈判人员的人格特征有较高的要求。同时，谈判人员必须尊重与维护对方的人格，特别是在对外谈判中，谈判人员只有对对方人格予以充分的尊重，才具备谈判最基础的条件。

理念三：学习中国的谈判文化，与学习西方的谈判理论一样重要

学习研究谈判，既要对西方当代谈判理论和实践的科学部分进行系统的消化吸收，又要将中华优秀传统文化中蕴藏的丰富的谈判文化发扬光大。谈判学的系统理论虽然是从西方大量引进的，但是西方谈判理论持有的观点并不会使中国传统谈判文化黯然失色，它们应该交相辉映、相得益彰，共同组成人类谈判文化的宝库。

儒家文化是中国古代谈判的重要指导观念。分析中国古代谈判的优秀范例，可以看到成功的谈判都具有一些重要特点：

（1）以理服人，通过对是非的具体理性分析，让人们在谈判中信服；

（2）以情动人，通过设身处地理解谈判对手，使双方感情融洽，使对手易于接受某些劝导；

（3）晓以利害关系，使对手识大体、顾大局，采取合理行为；

（4）在名、义、利问题上，重名轻利、重义轻利；

（5）讲究谈判谋略、以智取胜，体现谈判者的渊博学识；

（6）不畏强权，敢于直言，体现为国家、为事业的献身精神。

此外，《孙子兵法》的军事思想，对中国古代的谈判方法和策略制定也有重要的指导作用。

虽然西方的谈判理论和经验在谈判领域具有无可否认的作用，对我国的谈判界具有很大的影响，但西方的谈判理论和谈判科学毕竟产生于与我国有极大差别的社会、经济、文化环境，中国的谈判不能照搬西方的模式，应该努力发掘中国的谈判文化，建立具有中国特色的谈判理论，发展一套在中国行之有效的谈判模式。

项目练习

一、判断题

1. 谈判是一种普遍存在的沟通方式。

2. 在商务谈判中，经济利益是谈判的最高目的，也是谈判成功与否的唯一标准。

3. 现代商务谈判基本为零和谈判。

4. 商务谈判的开局摸底阶段，价格是至关重要的谈判点。

5. 利益磋商原则的核心是轻立场、重利益。

6. 在商务谈判中，谈判策略与谈判技巧大多围绕价格主题展开。

7. 商务谈判的实质磋商阶段是整个谈判的核心阶段，也是谈判中最复杂、直接决定谈判结果的阶段。

二、简答题

1. 商务谈判流程一般分成哪几个阶段？

2. 商务谈判在计划准备阶段需要做哪些工作？

3. 商务谈判有哪些基本原则？

4. 商务谈判中巧妙拒绝有哪些基本的方法和技巧？

5. 商务谈判技巧培训一般包括哪些内容？

项目七 数字资源

项目八　培养商务礼仪

学习目标

知识目标

（1）理解商务礼仪对于个人职业发展和企业业务发展的重要意义，掌握介绍与自我介绍的礼仪要点，基本掌握握手礼仪及名片使用技巧。

（2）理解职业仪态与职业礼仪对商务活动的重要影响，基本掌握职业仪态中正确的站姿、坐姿、走姿，掌握搭乘电梯礼仪、引领礼仪、迎送礼仪与用餐礼仪。

（3）理解职业形象在商务活动中的重要性，基本掌握商务着装技巧。

能力目标

（1）能有意识地注意并运用介绍与自我介绍、握手、名片使用的礼仪要点，形成正确进行介绍与自我介绍、握手、名片使用的能力。

（2）能有意识地注意职业仪态与职业礼仪，形成正确的站姿、坐姿、走姿，能应用搭乘电梯、引领、迎送与用餐环节礼仪要点，表现得体。

（3）能有意识地注意商务活动服饰礼仪，能正确运用商务着装技巧，形成表现出良好的商务形象与职业形象的能力。

素养目标

（1）增强职业活动、商务活动特别是涉外商务活动中的文化自信。

（2）在有意识提升商务礼仪及职场形象的过程中，树立健康乐观、积极进取的人生态度与工作价值观，坚持诚信经营、互利共赢的合作态度。

引导案例

未谈成业务的金先生

某照明器材厂的业务员金先生按事先预约进行客户拜访，他手拿企业新设计的照明器材样品，兴冲冲地登上六楼，脸上的汗珠都没来得及擦一下，便直接走进了业务部张经理的办公室，正在处理业务的张经理吓了一跳。

“对不起，这是我们企业设计的新产品，请您过目。”金先生说。

张经理停下手中的工作，接过金先生递过来的照明器材，随口赞道：“好漂亮啊！”并请金先生坐下，倒上一杯茶递给他，拿起照明器材端详起来。

金先生看到张经理对新产品如此感兴趣，如释重负，便往沙发上一靠，跷起二郎腿，一边吸烟一边安闲地环视着张经理的办公室。

当张经理问他电源开关为什么装在这个位置时，金先生先是习惯性地用手挠了挠头皮，然后做了较详尽的解释，但是张经理还是半信半疑。谈到价格时，张经理强调："这个价格比我们预算高出较多，能否再降低一些？"

金先生回答："我们经理说了，这是最低价格，一分也不能再降了。"

张经理沉默了半天没有开口。

金先生却有点沉不住气，不由自主地拉松领带，眼睛盯着张经理。张经理皱了皱眉，问："这种照明器材的性能先进在什么地方？"金先生又挠了挠头皮，反反复复地说："造型新、寿命长、节电。"

张经理托词离开了办公室，只剩下金先生一个人。金先生等了一会，感觉无聊，便随便抄起办公桌上的电话，同一个朋友闲谈起来。这时，门被推开，进来的却不是张经理，而是办公室秘书……业务没能谈成。

案例分析

显而易见，金先生在商务拜访活动中存在太多的礼仪缺陷。他要拜访的张经理是这次业务的负责人，他本应很重视礼仪，但从一开始，他便不重视自己的外在形象，这也是对他人的不尊重。张经理接过并赞美了金先生递过来的照明器材，还请金先生坐下并倒上一杯茶递给他，这里金先生应该表示感谢，但他没有，显然又没有注重礼仪。接下来，金先生往沙发上一靠，跷起二郎腿，一边吸烟一边安闲地环视着张经理的办公室。这也是一种不尊重对方的行为。其他不礼貌行为（如习惯性地用手挠头、不由自主地拉松领带等）也被不恰当地带到了商务活动中。另外，谈到价格时，金先生不应表现出如此坚决拒绝的态度。最后，金先生在等候的时间，用客户办公桌上的电话同朋友闲谈，更是有损个人职业形象，同时也拖累了公司形象。

任务一 初见礼仪

子曰：不学礼，无以立。时至今日，我们的生活、工作都离不开社交，离不开社交礼仪。商务礼仪是商务活动中的行为规范和社交准则，包括言谈举止、着装仪表、交往方式、沟通技巧等。在职场中，学习并遵循商务礼仪可以彰显职场人的专业形象，有助于与同事、客户和合作伙伴建立良好的关系，在商务场合中更加自信和得体地表现自己，从而提高与他人合作、建立业务关系和获取商机的能力，为个人职业发展和企业业务发展创造更多机会。

同时，商务礼仪也涉及跨文化交流中的尊重和理解，在经济全球化背景下，尊重国际礼仪和社交礼节，了解并遵循不同文化背景下的商务礼仪，有利于企业参与国际竞争，进行跨文化合作与国际交往。

一、介绍与自我介绍

（一）介绍

在商务礼仪中，相互介绍是最重要的内容之一。会见客人时，如有对方不熟悉的同行、同事在场，应首先为双方进行介绍。介绍的内容中最主要的是姓名，姓名只需介绍一次即可，还可以介绍一些有关个人的情况，使对方明确称呼，以便于沟通。在一般情况下，基本的介绍顺序是，先将地位低者介绍给地位高者，或先将年轻者介绍给年长者，或先将男士介绍给女士。

当我们被介绍给其他对象时，正确的做法和步骤是：起立；走上前去，目视对方，面带笑容；与对方握手；向对方致意并复述一遍他或她的姓名，如“很高兴见到你，张先生”。

（二）自我介绍

在自己未被介绍时，我们应主动做自我介绍。自我介绍时间不宜太长，应当包含足够的个人信息以及与接下来的谈话相关的内容。介绍时要做到表达清晰、流畅。

如果在某个场合需要做自我介绍，那么，最好的练习方法就是事先写出底稿，并对着镜子大声练习，直至自己感到满意为止。

（三）介绍与自我介绍时的注意事项

1. 不直呼其名

一般来说，最好使用尊称（先生、女士）来称呼他人（除非他人要求或确信可以直呼其名）。

2. 提供适当的介绍信息

（1）在介绍他人时，对其个人情况应做出客观或积极的评价。例如，可以说“张先生是计算机专家，如果你的计算机‘不听话’，你可以去找他”。

（2）介绍他人的内容应与工作有关。如果某人在介绍一位负责账目管理的经理时说“小王是这幢大楼里账目管理最有条理的一位”，这表明介绍者对小王的工作能力十分认可。如果他说“小王是这座大楼里眼睛最漂亮的一位”，则没有从业务角度来介绍。在工作场合，这样的介绍不太合适。

3. 介绍出现失误时要沉着

（1）如果不知道或忘了被介绍者的姓名，应该立即予以承认，可以说：

“瞧我这记性，我想不起你的名字了。”

“我记得以前见过你，可我想不起你的名字了。”

“怎么搞的，你的名字我应该记得很清楚的！”

“实在抱歉，我忘了你的名字了。”

（2）若同伴忘记介绍自己，则应采取主动，迅速报上自己的姓名：“我叫×××，我想我们没有见过面。”

（3）若他人叫错了自己的名字，或发错了音，或提供的有关自己的信息不准确，应礼貌地加以纠正，尽量避免使对方难堪。

二、握手礼仪

【阅读资料】

握手礼仪的起源

据说，握手礼仪起源于原始社会，当时由于环境险恶，因此人们即使在与人交往时手上也经常带有石块等武器以防不测。如果交往中双方都无恶意，则为表示友好，会放下手中的武器，伸开双手让对方抚摸掌心。后来，这种表达亲善友好的习惯就逐渐演变成今天的握手礼仪。

握手是当今全世界最通行的迎送礼节。人们在见面时、送别时、表示感谢或祝贺时，都习惯以握手致意。在商务交往中，握手是最简单的礼节，贯穿于交流过程中的各个环节。因此，掌握标准的握手礼仪是十分必要的。

（一）握手的基本方法

（1）握手时，应自报姓名并伸出右手。在多数场合，职位高的人应该先伸出手，若他（她）没有这样做，则其他人也可以先伸手。

（2）伸出手时稍带角度，且拇指向上，双方虎口应互相接触。一旦接触，便应轻轻放下拇指，用其余四指包住对方的手掌。

（3）握手要坚定有力，但力度应适中。晃动两至三下即可，然后松开。

（4）握手时双目应注视对方，微笑致意或问好，同时有多人需要握手时应按顺序进行，切忌交叉握手。与人握手时不要看向第三者或心不在焉。

（5）对方先伸出手时不要拒绝，在任何情况下拒绝对方主动要求握手的举动都是无礼的表现。但手上有水或不干净时应谢绝握手，同时必须解释并致歉。

（二）非常规情况的处理

（1）若对方采用了过于用力的握手方式，可把手放松。这种方法能让自己的手从对方的手中滑出。

（2）若对方的手未用力，那就应使双方的拇指关节紧贴。

（3）在自己伸出手而对方毫无反应时，可以把手放下，接着交谈，因为你的举止是正确的，问题出在对方。

（4）如果戴着手套，可以先脱掉手套再握手。如果在户外，也可以根据情境处理，当外面很冷时，不摘手套也是没问题的。

（5）如果对方用双手握住了你的手——有时称之为“拥抱式握手”，这时你不应把空着的另一只手盖在对方的手上。在这种情况下，大多是主动去握手的人将自己的另一只手盖在对方的手背上。很多人认为这种方式对于商务交往来说过于亲热，也有些人将其视为“较劲”，它会使对方感到困惑或受到威胁，因此，在商务交往中不赞成采取这种握手方式。

（6）如果你用来握手的那只手正拿着东西，可以先放下东西或换一只手来拿。在一些很可能需要握手的场合，应该用左手拿东西，以空出右手来握手。

三、名片使用技巧

（一）名片设计方法

名片是让新结识的朋友记住自己的姓名、地址和电话号码等的一种有效办法。当工作中被介绍给他人时，在彼此握手及简单交谈之后，可根据需要出示名片。名片不仅可向未来客户介绍自己和所在企业，还可展示个人职位及职称，因此，名片一定要精心设计。

（1）名片尺寸一般长 9 厘米，宽 5.5 厘米。形状奇特的名片虽然能引人注目，但在很多钱包或名片夹里都装不下，因而不易保存。

（2）双语双面名片对于经常出国做生意或与外企有业务往来的人是很有必要的。一面用中文，另一面则用英文。

（3）名片上的字可横排也可竖排。

（4）一张形象、效果俱佳的名片通常包括以下内容：

① 公司标志或商标；

② 姓名；

③ 职务；

④ 公司名称；

⑤ 公司地址；

⑥ 电话号码；

⑦ 传真号码 / 电子邮箱；

⑧ 若有必要，也可印上其他办事处的地址。

（二）名片交换时机

（1）当双方第一次见面时，一般都要赠送一张名片给对方，这是十分得体的礼仪。出示名片，表明有与对方继续联络的意向。

（2）在展销会开始时，销售经理与客户之间互换名片是一种传统，表示非正式的业务往来已经开始。同样，刚到办公室的来客也会向接待员出示名片，以便被介绍给有关人员。等见到主人时还要再递上一张名片，在这种情况下，商务名片实质上起到了社交名片的作用——既表明了自己的身份，还显示了有进行业务往来的意向。

（3）在宾客较多的场合，一开始就交换名片可帮助自己及早了解来客的身份。比如，会议上来了许多代表，而自己对他们的姓名职务都不太清楚，那么在会议开始前就应向他们索要名片，把它们摆放在桌上当座位图使用。

（4）去拜访某人时，如果主人没有出示名片，客人可在道别前索要，同时将自己的名片递给对方。如果对方有秘书在，则再递一张给秘书。

（5）用餐时不要出示名片，而应等到用餐结束后再出示。在私人宴会上，除非有人索要，否则不要散发名片，因为那样会混淆商务与社交的界限。在参加社交活动时，可随身携带名片，需要便可出示，但不可把社交联欢会变成推销会。

（6）有时如果本人不能亲自前往，可以送上名片来“代表”自己。比如，送交材料时可附上一张便笺和一张名片；在邮寄商业信函时附上一张名片，以便日后继续联络。

（三）交换名片要点

（1）双手食指和拇指执名片的两角，文字正向对方，一边自我介绍，一边递过名片。对于对方递过来的名片，应该用双手接过。

（2）如果双方同时递名片，则自己的名片应从对方的稍下方递过去，同时用左手接过对方的名片。

（3）接过名片后，要看上几秒钟，以示尊重。

（4）当对方人较多时，应从领导开始交换名片。收到名片不要立刻放进包里，应放在面前的桌子上，以备谈话时用。

（5）交换名片时的常见表达，如：

① 向别人索要名片时可以直接问“您有名片吗？”或“您能给我一张名片吗？”等。

② 出示自己的名片时，可以说“这是我的名片，如果有问题，尽管打电话给我”等。

③ 如果想给一位长期客户赠送名片，可以说“您有我的名片吗？”或“我一直想给您一张名片”等。

④ 当自己的职位或通信方式有变化时，可以说“这是我的新名片”等。

⑤ 当想拒绝他人索要名片时，可以说“对不起，我的名片都用光了”或“我忘带了”等。

（四）名片使用注意事项

（1）出示名片的礼仪与握手相似，通常是年长者或职位高者主动出示。

（2）名片应放在口袋或公文包等易拿取的地方，以便随时取出。

（3）看到名片上的姓名等要素，如有疑问，应第一时间问明白，此时人们是很乐意解答与自己有关的问题的。

（4）参加会议时，通常在会议开始前或结束时交换名片。如果自己要发言或做某些介绍时，可以顺势依次递出名片给身边的人。

任务二 职业仪态与礼仪

一、职业仪态

仪态是人的举止行为的统称，包括坐、站立、行走的姿势，气质和风度等。在商务活动中，良好的职业仪态能给人传递积极的第一印象，体现职业素养。

（一）站姿

最容易表现姿势特征的是人处于站立时的姿势。良好站姿为：头正，颈直，两眼平视前方，嘴微闭，肩平并保持放松，收腹挺胸，两臂自然下垂，手指并拢自然微屈，中指压裤缝，两腿挺直，膝盖相碰，脚跟并拢，两脚尖张开成 45 度或 60 度角，身体重心落在两脚正中。站立时，也可以保持两脚分开 15 厘米左右，与髋同宽，脚尖连线和肩膀平行。这是从整体上体现的一种精神饱满的体态。

应注意避免的是头下垂或上仰，收胸含腰，背曲膝松，臂部后突，手插在衣裤口袋里或搓脸，弄头发，脚打拍子，身靠柱子、餐桌、柜台或墙，等等。

【阅读资料】

不同站姿传递的信息

姿态是无声的语言，它在人们开口说话之前就传递出了信息。仔细观察如图 8.1 所示的不同站姿，分析它们各代表什么情绪。

图 8.1 不同站姿传递的信息

图 8.1（1）：表示漠不关心、屈从、疑惑或无可奈何。

图 8.1（2）：暗示一种自满的心理状态，同时也可表示厌烦和气愤，或一种漫不经心的态度。

图 8.1（3）：这种过分夸张的手势会给人一种傲慢感。在社交活动中，大多数人都讨厌同这种人交谈，因为其姿势常使人感到某种威胁。

图 8.1（4）：这是直接进犯的姿势，表示无所畏惧。

图 8.1（5）：这是典型的相互打量的姿势，态度可能友善，气氛却并不轻松。

（二）坐姿

坐姿是最重要的人体姿势之一，是一种静态造型，其包含的信息也非常丰富。人们在参加会议、会客交谈时都离不开坐，坐姿同样有美与丑、优雅与粗俗之分。不正确的坐姿会显得懒散无礼，正确的坐姿能显示出良好的职业形象。

下面介绍几种常见的坐姿。

（1）正坐。两腿并拢（男士膝部可分开不超过肩宽），上身挺直坐正，小腿与地面垂直，两手放在双膝上。

（2）侧坐。上身挺直；女士双膝并拢，两脚同时向左放或向右放，双手叠放于左腿或右腿上；男士小腿垂直于地面，上身微微向左或向右倾斜，左肘或右肘关节支撑于扶手上。

（3）开关式坐姿。上身挺直；女士双膝并拢，两小腿前后分开，两脚前后在一条线上；男士两小腿既可前后分开，也可左右分开，双手交叉于双膝上。

（4）重叠式坐姿。腿向正前方，将双脚交叉放或翘起一条腿架在另一条腿上；女士要尽力使上面小腿收回平行直下，脚尖屈向下；男士也不能翘起很高的“二郎腿”。

（5）交叉式坐姿。两腿前伸，一脚置于另一脚上，在踝关节处成前交叉坐式，也可小腿后屈，脚前掌着地，在踝关节处交叉成后交叉式坐姿。

无论哪种坐姿都要注意不要弯腰驼背。起立时，可一只脚向后收半步，而后站起。

（三）走姿

最能体现一个人精神面貌的姿态就是走姿，一个人的走姿可以反映其精神状态与性格特征等，如欢乐或悲痛、失意或懒散、热情而富有进取精神等。

1. 走路的基本姿态

走路时目光平视，头正颈直，挺胸收腹，两臂自然下垂，前后自然摆动。走路出步和落地时，脚尖都应指向正前方，由脚跟落地滚动至前脚掌，脚距约为自己的 1.5 ～ 2 个脚长。

走路姿态应该是优雅、自然的，同时要保持身体挺直，不摇晃。男士走路时要显示出阳刚之美，女士则要显示出柔和之美。

2. 注意事项

忌走八字步；如在狭窄的通道遇领导、尊者、贵宾、女士，则应主动站立一旁，以手示意，让其先走；上下楼梯时，不要弯腰弓背，手撑大腿，也不要一步踏两三级楼梯；若遇尊者，则应主动将有扶手的一边让给尊者。

3. 走路的步伐

走路的步伐要坚定有力。据说，在街头进行抢劫犯罪的人倾向于选择那些步履迟缓、行动犹疑不定的人作为袭击对象，因为抢这些人的钱包或公文包，和抢步伐坚定有力的人相比，逃跑的机会要多得多。当一位候选人迈着坚定的步伐，以昂扬的姿态走向讲台，或者热切地走向人群并和他们握手，人们会认为他自信又放松。

二、职业礼仪

（一）搭乘电梯礼仪

电梯是一个相对狭小封闭的空间。搭乘电梯时遵守规范和行为准则，可以确保搭乘者的安全和舒适。在职业场所与商务场合，遵守搭乘电梯的礼仪能体现个人素质，展示礼貌和尊重。

1. 进出电梯时

与不相识者同乘电梯时，应按照到达电梯口的先后顺序进入，由外到内依次而出。如遇到需要优先照顾的搭乘电梯者，如老、幼、病、残、孕，应让其先进先出。

与认识的人同乘电梯时，应视电梯类别而定。进入有人管理的电梯时，应主动后进后出；进入无人管理的电梯时，应先进后出，以便控制电梯为他人服务。与客户同乘电梯时，电梯内尽量侧身面对客户，到达目的楼层时要一只手按住开门按钮，另一只手做出请的动作，客人走出电梯后，自己立刻步出电梯，略快走几步，热情引导客户。

2. 电梯内

在电梯内保持适当的距离，避免身体接触或侵犯他人的个人空间。如果人太多做不到保持距离，也要注意避免接触，尽量保持安静，避免大声喧哗、打电话或播放音乐。尽量避免在电梯内吃东西或喝饮料。

电梯内可视情况决定是否寒暄。在电梯内人不多，且为同一单位或同一活动相识的人，没有其他人员时可略作寒暄；有外人或其他同事在时，可斟酌是否有必要寒暄。

3. 人多时

在电梯内人多时，先上的人要主动向里走，后上的人要视电梯内人数情况决定是否进入，遵守电梯的容量限制，当超载铃声响起，最后上来的人应主动下来等下一趟。如果排后的人比较年长或是上级，年轻人或下级可主动礼让。下电梯时，互相认识的人之间也不要太过客气，你推我让，避免耽搁时间，影响他人使用。

另外，搭乘电梯时，要熟悉电梯内的紧急按钮和安全设施，以便在紧急情况下知道如何操作和求助。

（二）引领礼仪

在客户来访接待或其他商务活动中，经常需要带客户进入办公室、会议室，或带客户参观等。在不同场合要注意引领礼仪。

（1）以右为尊，引领客户时引领者需站在客户左侧，在客户两三步之前，与客户之间的距离保持在1~1.5米。引领时要跟客户有目光接触，引领过程中有话语指引，如“您这边请”“请小心台阶”等。

（2）引导客户上楼时，应让客户走在前面，到楼梯拐角处需言语提醒，到达时要快步上前跟上客户步伐。上楼时让客户先上（当客户是穿短裙女士时除外），下楼时自己先下，给客户安全感。

（3）引导客户乘坐电梯时，引领者先进入电梯并按住电梯按钮，再请客户进入，在电梯里跟客户成90度站位，让客户看到侧脸，这样既方便跟客户寒暄，也能察觉到电梯所到楼层；到达时按住开的按钮，让客户先走出电梯。

（4）当客户走入会客场所时，引领者用手示意，请客户坐下。给客户上茶水时，在询问客户时需用封闭式选择，如：我们有水、绿茶、菊花茶和咖啡，您想喝哪种？客户选择茶饮后，要注意用干净的茶杯，茶水不要过浓或过淡，每一杯茶斟七分满。

（三）迎送礼仪

宾客迎送是常见的商务礼节，认真做好迎送工作可使宾客高兴而来，满意而归。宾客迎送的每一个细节都可以展现公司形象与员工职业形象，整体迎送活动要热情周到、有条不紊，使客人有宾至如归的感觉，防止出现怠慢宾客的情形。

1. 确定迎送规格

迎送规格应根据应邀来访宾客的身份，来访目的、性质及时间长短等因素综合考虑，遵循对等原则，迎送人员一般由级别相当的人员担任。

2. 掌握抵达与离开时间

迎候人员应当准确掌握宾客抵达时间，提前到达机场、车站或码头，以示对对方的尊重。送别人员应事先了解对方离开的准确时间，提前到达来宾住宿宾馆，陪同来宾一同前往机场、车站或码头，也可以视情况直接前往机场、车站或码头与来宾道别。

3. 接待入住

在得知来宾抵达日期后，应首先考虑其住宿安排。宾客到达后，通常只需稍加寒暄即陪同宾客前往宾馆，在行车途中或在宾馆前台简单介绍情况，征询对方意见后即可告辞，让宾客充分休息。

4. 车辆与陪同安排

陪同、迎送车辆都应事先安排好，不可临时调遣，给人以仓促之感。陪车时应请宾客坐在主人右侧。上车时，宾客要从右侧门上车，主人从左侧门上车。如果宾客已先上车并坐了主人位置，则不宜再请客人挪动位置。

5. 送别

送别宾客时要表达惜别之情。对于一般宾客，可送至电梯口或大门口，或者送上车并帮宾客关上车门；对于贵宾，则必须送至机场、车站或码头等地，并等待宾客身影离开视线后方可离去。

（四）用餐礼仪

在商务活动中，人们为了给谈话创造轻松的气氛，常常把餐桌当会议桌，边用餐边会谈。因此，商务用餐不仅仅是一个用餐过程，更是进一步与客户交流的绝佳机会。必要的就餐礼仪对于建立良好的商业关系和展示专业形象至关重要。

1. 指引就座

到达餐厅后，宾客需要等待主人或者主持人指引座位。一般情况下，主宾坐在主桌的两端，其他宾客则坐在相应桌位上。

2. 用餐姿态

保持优雅的用餐姿态，不大声嚼食物、不张大嘴吃东西。自用餐具不可伸入公共餐盘，应用公筷公匙取菜。关注餐桌上其他人，尤其是两侧宾客的需要。

3. 谈话内容

在商务宴请中，避免涉及敏感话题，保持谈话氛围轻松、友好，与宾客进行积极互动。在用餐过程中，给予宾客充分的关注，并展示出尊重和关心。

4. 饮酒礼仪

如果餐桌上提供酒精饮品，可适度饮用，敬酒应礼到为止，切忌劝酒、猜拳、喧哗等，如果本人不喝酒，可以礼貌地拒绝。

5. 告别礼仪

当商务宴请结束时，宾客可以向主人或者主持人表示感谢，并在适当时机离开。对于正式宴请，还可以发送感谢电子邮件或信息等，再次表达感激之情。

任务三 服饰礼仪

一、女士着装技巧

女士的职业服装可以比男士更具个性，但是应遵守一些规则，以树立良好的职业形象。

1. 西服套裙

西服套裙是女性的标准职业着装，可塑造出较为正式的职业形象。单排扣上衣可以不系扣，双排扣的则应系扣（包括内侧的纽扣）。套裙分两种：配套的，其上衣和裙子同色同料；不配套的，其上衣与裙子存在差异。

西服套裙的最佳颜色是黑色、藏青色、灰褐色、灰色和暗红色，也可选择精致的方格、印花和条纹的套裙。宜选择质地好、垂感好的面料。

2. 夹克与半裙

轻便的夹克可以与半裙搭配，用于不太正式的场合。

颜色方面，建议夹克与半裙选择相同的颜色。

面料方面，宜选择纯毛呢以及混纺面料，丝绸和亚麻混纺制品也可以。但不要选择皮革、丝绒、棉布或缎等面料。

3. 连衣裙

连衣裙可以单独穿或者和上衣搭配在一起穿。尽管其在某些场合很合适，但不如西服套裙职业感强。

颜色方面，建议采用灰色、藏青色、暗红色、米色、驼色、黄褐色、红色和玫瑰红色。可以选用简洁的印花或图案，而鲜明的图案和设计会显得过于显眼。

面料方面，丝绸最佳，也可选用 100% 的人造丝或加入人造纤维的亚麻制品，不宜使用纯亚麻，因为纯亚麻制品容易起褶；不宜使用棉布，因为对职业服装而言，其显得过于随意。

4. 配件

首饰：样式尽量简单大方。避免佩戴晃来晃去或叮当作响的首饰，也不要戴太多首饰，每只手最多戴一枚戒指。

腰带：宜用皮制腰带，皮带扣要简洁；皮带应与鞋相配。

围巾：选择围巾时要注意颜色中应包含与服装呼应的颜色；如果要将围巾打结系起来，最好选择 100% 丝绸面料。

袜：丝袜一般用来衬托裙装，颜色应与肤色相近或较深；穿袜时切记，裙摆与袜口之间避免露出一段腿部；穿浅色皮鞋时避免穿黑袜；避免穿带图案的袜子；可随身携带一双备用袜。

鞋：建议女士鞋跟高度为 2.5 厘米至 5 厘米，避免穿凉鞋、松糕鞋，尽量避免穿后跟用带系住的女鞋或露脚趾鞋；鞋的颜色应与衣服下摆一致或再深一些。

手提包和手提箱：宜用皮革制品；提包上不要带有设计者标签；女士的手提箱可以用硬衬，也可用软衬；最实用的颜色是黑色、棕色和暗红色。

眼镜：应选用职业化的眼镜，避免戴有色和半透明的眼镜。

二、男士着装技巧

男士在着装上的选择通常比女士少，但这并不意味着他们就不用考虑着装的问题。事实上，对男士来说，着装上细微的变化对人的形象有很大影响，因此，男士应通过服饰树立起能够反映个性特点和独特品味的个人风格。

1. 两件套西服

西服是一种国际性服装。一套合体的西服，可以使着装者显得潇洒、精神、风度翩翩。人们常说“西服七分在做，三分在穿”，那么，怎样穿西服才算得体呢?

（1）讲究规格。西服有两件套、三件套之分，正式场合应穿同质、同色的深色毛料套装西服。两件套西服在正式场合不能脱下外衣。按习俗，西服里一般不加毛背心或毛衣，特殊情况至多加一件“V”字领羊毛衣，否则显得十分臃肿，以致破坏西服的线条美。

（2）穿好衬衫。衬衫通常为单色，领子要挺括，不能有污垢、油渍。衬衫下摆要放在裤腰里，系好领扣和袖扣。衬衫衣袖要稍长于西服衣袖 0.5 ~ 1 厘米，领子要高出西服领 1 ~ 1.5 厘米，以显示衣着的层次。

（3）系好领带。西服驳领间的“V”字区最为明显，领带应处在这个部位的中心，领带的领结要饱满，与衬衫的领口要吻合紧凑，领带的长度以系好后下端正好触及腰上皮带扣上端处为标准。领带夹一般夹在衬衫第三粒与第四粒扣之间为宜，西服系好纽扣后，不宜使领带夹外露。

（4）用好衣袋。西服上衣两侧的口袋只作装饰用，不可装物品，否则会使西服上衣变形。西服上衣左胸部的衣袋只可放装饰手帕。有些物品，如票夹、名片盒可放在上衣内侧衣袋里，裤袋亦不可装物品，以求臀位合适，裤形美观。

（5）系好纽扣。双排扣西服应把纽扣全扣上，以示庄重。单排两粒扣西服，只扣上面一粒扣，单排三粒扣西服则扣中间一粒扣，坐下时可解开。单排扣的西服也可以全部不扣。

（6）穿好皮鞋。穿西服一定要穿皮鞋，而且裤子要盖住皮鞋鞋面。不能穿旅游鞋、轻便鞋或布鞋、露脚趾的凉鞋。宜着深色线织中筒袜，切忌穿半透明的尼龙或涤纶丝袜，也不建议穿白色袜子和色彩鲜艳的花袜子。

2. 运动式夹克配长裤

运动式夹克和长裤的颜色应形成一定的对比。颜色方面，应选择藏青色、灰色和铁灰色等，它们可以与多种颜色配套。棕色与驼色的运动夹克配上蓝裤子、合适的衬衫和领带，要比相同颜色的西服套装更合适。蓝色可搭配的颜色较多，如藏青色或灰色。深色的夹克可以配颜色较浅的长裤，包括黄褐色或米色。

面料的选择：与西装的情况相同，夹克的质地应为纯毛、混纺、棉或混合丝的，长裤应为纯毛呢、混纺。

3. 配件

戒指和手表：男士每只手只戴一枚戒指；可以戴纯银、金质或不锈钢制优质美观手表。

腰带：宜为真皮制成，颜色应为黑色、棕色或暗红色；皮带的颜色应与鞋相配，皮带扣要简洁。

手提箱和钱包：手提箱宜为皮质，颜色为棕色、黑色或暗红色均可。

三、职业便装

“职业便装”是职业装中的一种，常用于一般会议、公司组织的聚餐、户外活动或在办公室“非正式着装日”等场合。我们虽然把它称作“便装”，但它又完全不同于纯粹的便装和休闲服。尽管这种着装比标准的职业装显得随意一些，但仍在工作场合，因此，它必须符合职业装标准：形象优美，干净合体，熨烫平整。

对女士而言，职业便装包括衬衫、长裤等。

对男士而言，职业便装包括长裤配衬衫，有领的棉 T 恤衫或毛衣，牛仔裤。穿牛仔裤时要注意不应穿破洞牛仔裤。可以穿平底便鞋和无带 / 扣便鞋。

项目练习

一、判断题

1．在为他人做介绍时，先被提到的一方是更为被重视的一方。

2．有多人需要握手时，可以同时与多人握手或交叉握手，以便节省时间。

3．用餐时可以散发名片，可以扩大个人商务圈。

4．走路的姿态能体现出一个人的精神面貌。

5．搭乘电梯时，要熟悉电梯内的紧急按钮和安全设施，以便紧急情况下知道如何处理。

二、简答题

1．为他人做介绍时应注意哪些问题？自我介绍时需要注意哪些问题？

2．有哪些要注意的职业礼节？重点应注意哪些细节？

3．握手及名片使用有哪些基本技巧或需要注意的问题？

三、案例分析题

案例：一家生产企业的总经理小叶经过多方努力，终于得到一次与一家著名的科技企业董事长见面的机会。商谈合作时为了给对方留下精明能干、时尚新潮的好印象，小叶上身穿了一件 T 恤衫，下身穿一条牛仔裤，脚穿一双旅游鞋，戴一副时尚墨镜。当他精神抖擞、兴高采烈地出现在对方面前时，对方上下打量了他一会儿……这次合作没有成功。

问题：

1. 请说明小叶经理期望的合作没有成功的主要原因是什么？

2. 请说明符合礼仪的正确做法。

项目八 数字资源

郑重声明

读者意见反馈

为收集对教材的意见建议，进一步完善教材编写并做好服务工作，读者可将对本教材的意见建议通过如下渠道反馈至我社。

咨询电话　400-810-0598

反馈邮箱　gjdzfwb@pub.hep.cn

通信地址　北京市朝阳区惠新东街 4 号富盛大厦 1 座　高等教育出版社总编辑办公室

邮政编码　100029

防伪查询说明

用户购书后刮开封底防伪涂层，使用手机微信等软件扫描二维码，会跳转至防伪查询网页，获得所购图书详细信息。

防伪客服电话　(010) 58582300

网络增值服务使用说明

一、注册/登录

访问http://abook.hep.com.cn/，点击“注册”，在注册页面输入用户名、密码及常用的邮箱进行注册。已注册的用户直接输入用户名和密码登录即可进入“我的课程”页面。

二、课程绑定

点击“我的课程”页面右上方“绑定课程”，正确输入教材封底防伪标签上的20位密码，点击“确定”完成课程绑定。

三、访问课程

在“正在学习”列表中选择已绑定的课程，点击“进入课程”即可浏览或下载与本书配套的课程资源。刚绑定的课程请在“申请学习”列表中选择相应课程并点击“进入课程”。

如有账号问题，请发邮件至：abook@hep.com.cn。